문화 징후에 대한
사회학적 내시경 탐사록

한국사회의 문화풍경

핸드폰, 택배, 찜질방, 카페, 노래방, PC방, 편의점, 라면

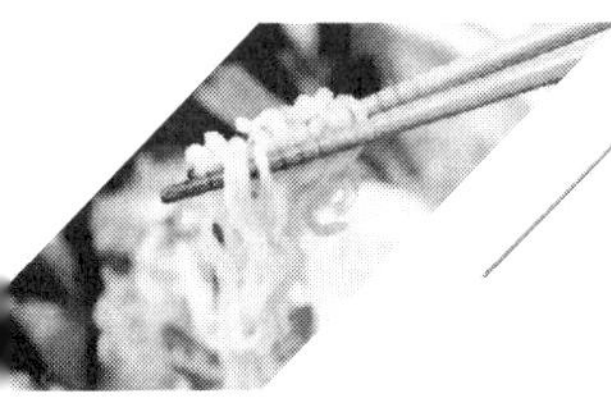

이수안 · 김광기 · 김무경 · 김홍중 · 박선웅
박소진 · 윤명희 · 전상인 · 최종렬 공저

이 책은 현대 한국사회의 일상적 삶의 영역에서 발견되는 중요하고 매력적인 문화적 징후(symptom)의 구체적 양상인 핸드폰, 택배, 찜질방, 카페, 노래방, PC방, 편의점, 라면을 마치 내시경으로 들여다보듯 미시적으로 탐색하여 네 가지의 문화공간, 즉 소통문화, 소비문화, 여가 · 공간문화, 음식문화의 사회학적 의미를 묻고 그것들이 빚어내는 한국 현대사회의 문화적 풍경을 그려보고 있다. 한편으로는 새롭게 변화된 사회적 조건들에 대한 섬세한 관심과 더불어 이제까지 비교적 소홀하게 대했던 '삶의 영역'에 대한 좀 더 미시적인, 그러나 새로운 시선을 통하여 '낯설게 바라보는' 사회학적 접근을 시도하고 있다는 점에서 기존의 서적들과 차별성을 지닌다.

도서출판 그린

서문

언제부터인가 사회학은 각종 이론들과 개념의 복잡성 속에 함몰되어 우리 주변에서 일상적으로 일어나는 흥미로운 변화와 현상들을 포착하고 설명하지 못하고 있다. 그 이유는 여러가지가 있겠으나 우선 생각해볼만한 것은 한국사회의 구조적 변동과 한국 사회학이 갖고 있는 경향과 특수성에 기인한다. 한국에서 사회학은 급변하는 정치사회적 상황 속에서 시대의 본질과 미래를 진단하고 예견하는 선지자적 언설의 상징으로 기능하였다. 그러한 시대적 요청에 부응했던 사회학이 이제 새로운 시대의 요구에 응답할 때가 도래하고 있다. 그것은 과거에는 존재하지 않았던 혹은 미약한 방식으로 존재했던 현상들을 학문적으로 풀어내는 작업이다.

한편 한국사회의 근대화, 민주화, 산업화 등 구조적이고 거시적인 변동을 설명하고 이해하는 선도적인 학문으로 기능하는 과정에서 사회학은 한국사회를 구성하는 근본 시스템의 변동과 진화에 관심의 초점을 기울이는 경향을 보였다. 따라서 사회학은 미시적 차원보다는 거시적 차원에, 그리고 행위보다는 구조에 더 많은 설명의 노력을 기울였다. 바로 그 결과 사회학의 언어는 보통의 사회적 행위자들이 구체적인 삶을 영위하는 '생활'의 차원으로부터 유리되는 경향이 발생하였다. 이는 사회학이 대중으로부터 분리되는 결과를 가져왔고 이제 그 거리를 다시 좁혀야할 필요성을 낳게 된 것이다.

사회학이 이처럼 높은 곳으로부터 소리와 냄새와 접촉과 맛이 실제로 존재하는 낮은 땅 즉 '생활공간'으로 내려올 때 사회학이 당면하고 있는 위기적 상황을 극복할 수 있는 동력을 얻어낼 수 있다. 바로 그곳이 서구의 이론들로 구축된 현대 사회학의 새로운 토착화의 가능성을 상상할 수 있는 곳이기도 하며, 대중과의 밀착된 소통을 가능하게 하는 공통의 언어를 구사할 수 있는 곳이기도 하다. 이러한 맥락에서 우리는 아파트, 라면과 같은 인스턴트 음식, 택배와 배달행위, 핸드폰, 다양한 유형의 방 문화 등의 사회학적 의미를 물어볼 수 있다. 사실 일상적 삶의 거의 모든 국면들이 미시적 접근의 대상이 될 수 있으며, 그런 연구들 역시 축적되어 있는 것이 사실이다. 그럼에도 불구하고 사회학의 주류적 흐름은 여전히 일상생활의 사회학적 의미를 십분 고려하지 않는 것처럼 보인다. 이전의 사회학적 상상력이 거시 구조를 조명하고자 했다면, 새로운 사회학적 상상력은 '생활의 공간'을 미시적으로 탐색해야 할 것이다.

이러한 문제의식에 따라 한국문화사회학회의 구성원들을 중심으로 한 아홉 명의 연구진은 2009년도에 한국연구재단에서 공모한 사회과학 지정주제 지원사업에 「현대 한국사회의 문화적 풍경 - 핸드폰, 택배, 방(房), 라면을 중심으로」라는 과제로 선정되어 2년동안 연구를 진행하였으며 이 연구의 결과물을 한데 모아 책으로 엮어낸다. 이 연구는, 그러므로 현대 한국 사회의 일상적 삶의 영역에서 발견되는 중요하고 매력적인 네 가지 문화 현상을 미시적으로 탐색하고자 하는 시도인 것이다. 이 책을 구성하는 아홉 명 저자들의 연구내용은 다음과 같이 요약된다.

김홍중은 "미디어스케이프와 모바일 성찰성"에서 휴대전화가 변화시킨 우리의 사회적 삶의 다양한 모습들 중에서 특히 휴대전화를 사용하는 인간의 체험구조의 변화상에 초점을 맞추어, 이를 이론적으로 탐색하려 시도한다. 이를 위해서 휴대전화의 사물성에 대한 현상학적 탐구를 시도하여 그것이 언제나 사용자의 '손'에 부착되어 있는 일종의 보철이자, 사용자의 신체를 재구성하는 하나의 장치임을 보일 것이다. 더 나아가서 휴대전화가 사용자의 체험을 특수한 방식으로 구조화하는 경향을 첫째, 산만한 지각 환경이 유도하는 체험의 파편화의 경향과 둘째, 휴대전화 사용에 동반되는 '가상 피막의 형성'이 야기하는 모나드화임을 보일 것이다. 마지막으로 이 주체성을 기든스가 말하는 '성찰적 개인'과 연관시킴으로써 모바일 테크놀로지가 형성하는 '모바일 성찰성'의 가능성을 이론적으로 탐색한다.

2011년 현재 한국사회에서는 '언제 어디서나' 무엇이든 배달되고 있다. 최종렬은 "배달의 사회학"에서 이러한 배달의 일상화를 현상학과 일상생활의 사회학의 도움을 받아 살펴보고 있다. 먼저 현상학의 관점에서 텔레테크놀로지와 결합된 배달이 한국인의 일상생활의 실재를 어떻게 근본적으로 변형시키고 있는지 살펴본다. 다음으로 일상생활의 사회학, 특히 고프만의 관점에서 주문자와 배달자의 대면적 상호작용에 나타나는 질서를 탐구한다. 마지막으로 배달을 통해서 본 2011년 한국사회의 문화풍경에 대해 논의한다.

"찜질방: 숨은 광장?"에서 김무경은 시민들이 일상적으로 이용하는 '찜질방'의 분석으로 통하여 '방문화'의 의미, 더 나아가서는 '한국인의 일상문화'의 현재적 모습을 살피고 있다. 이를 위해 찜질방의 공간구성, 이용자들의 성격분석, 이용자들의 의례, 그리고 찜질방과 관련된 상상계(想像界)를 그 분석 대상으로 하였다. 찜질방이라는 공간은 첫째, '숨은 광장'이라고 가정할 수 있으며, 둘째, '공과 사의 혼융'을 보여준다는 의미에서 한국에 고유한 공간이라기보다는 '포스트모던적'이라고 일반화시킬 수 있는 공간이다. 이로써 저자는 이 공간이 한국사회에 대한 '신화분석'의 측면에서 보았을 때 '디오니소스적'이라는 점을 상기시키고 있다.

이수인의 "혼종공간으로서 카페와 유목민의 문화풍경"은 근대 이후 도입된 다방의 진화를 거친 카페라는 공간이 갖는 문화적 징후를 내시경으로 보듯 들여다본다. 경계 공간(liminal space)으로서의 카페의 분석에 외부에서 내부로, 객관에서 주관으로, 대상에서 자아로 점점 깊이 들어가 공간적 주체가 공간을 향유하는 과정의 문화적 의미를 포착하는 방법론을 채택하고 있다. 기본적으로는 소통의 공간인 카페가 점차 다양한 형태와 기능을 갖게 됨에 따라 공간적 주체의 향유 방식에 따라 각자의 자아와 만나고 인터넷이나 핸드폰을 통하여 또다른 공간으로 유목하는 주체로서 구성하는 혼성적 풍경에 주목하였다. 특히 이 글에서 인용된 문화기술지는 오래된 도심의 골목길에 위치하는 아지트형 카페가 갖는, '모든 사람에게 열려있지만 어떠한 지침 없이는 쉽게 이해되지 않는, 어느 누구의 영역도 아닌' 절묘한 경계 공간으로서의 성격을 드러냄으로써 '만남'이 반드시 타인과의 만남을 의미하지 않을 수 있다는 점을 포착하고 이로써 카페가 정신적 유목민으로서의 자아와의 대면을 가능하게 하는 공간으로 진화하고 있음을 보여준다.

박소진은 "자기표현과 전시: 대학생의 노래방 체험"에서 노래방이라는 공간의 탄생과 진화의 맥락 속에서 20대 대학생들의 노래방에 대한 경험에 초점을 맞춘다. 공간사회학의 논의를 기반으로 공간의 체험에 대한 질적 접근의 한 시도로서, 대학생들이 작성한 노래방 경험에 대한 에세이를 주로 분석하였다. 최근 노래방은 공간의 고급화 경향, 정보통신 기술발전과 오디션 열풍과 관련한 다양한 변화를 겪었으며, 이러한 변화는 노래방의 이미지를 '닫힌' 밀실에서 '열린' 전시의 공간으로 변화시켰으며 젊은이들의 자기표현 욕구와 조우하였다. 젊은이들에게 학창시절 노래방 경험은 학업스트레스를 해소할 수 있는 '자기들끼리만의' 일상에서 벗어난 공간으로서 큰 의미를 가졌다. 20대 대학생들에게 노래방은 각자 주인공이 되어 자기를 드러내는 '자기표현'의 공간인 동시에 서로를 품평하는 일종의 '전시'공간이기도 하다. 이 글은 노래방을 그곳을 찾는 사람들이 경험하고 기억하고 상상하는 하나의 장소로서 인식함으로서 공간의 체험에 대한 질적 접근을 시도했다는 점에서 의의가 있다.

윤명희는 "네트워크 풍경, PC방으로 연결되다"에서 PC방을 새로운 공간 혹은 병리적 공간으로 보는 이분법에서 벗어나 네트워크 시대 한국사회의 일상적인 삶 풍경이 구체적으로 드러나는 공간으로 접근한다. 이 연구는 PC방이 어떤 개별의 공간임과 동시에 인터넷 매개의 일상풍경이 드러나는 네트워크화 된 공간이라는 차원으로 확장될 수 있음에 주목한다. 이와 관련하여 이 연구는 형이상학적인 공간론에서 벗어나 구체적인 장소에 주목하는 현대 공간성 연구와 함께, 미디어의 확장에 따른 탈장소와 재연결의 차원에 주목하는 연구들을 검토하고 있다. 이를 기반으로 컴퓨터와 인터넷으로 매개된 방들, 즉 PC방이라는 네트워크화 된 공간에서 나타나는 이중적이고 혼성적인 일상풍경을 분석하고 있다.

전상인은 "편의점으로 읽는 도시인의 삶과 문화"에서 편의점의 눈으로 이 시대 우리나라 도시인의 삶과 문화를 읽는다. 한국은 '편의점 제국'이라고 불러도 무방할 정도로 편의점이 소매업에서 차지하는 비중은 날로 증대하고 있다. 이처럼 언제부터인가 편의점이 생활의 중심에 성큼 들어와 있음에도 불구하고 사회학은 편의점 확산이나 편의점 중독 현상에 별다른 주목을 하지 않았다. 이 글은 김애란의 단편소설 "나는 편의점에 간다"를 길잡이로 앞세워 편의점에 대한 사회학적 재발견 혹은 재인식을 시도한다. 이 글에서 편의점은 소비주의 시대의 첨병, 맥도날드 사회의 전형, 세계화 추세와의 접점, 신종 도시 인프라, 그리고 사회양극화의 전선 등으로 이해되었다.

김광기는 "라면의 사회학"에서 라면과 근대성에 대해 다루고 있다. 한국인의 기호 식품 중 하나인 라면 속에 녹아 있는 근대성을 찾는 작업을 시도 한 것이다. 이를 위해 김광기는 두 가지 전략을 채택했다. 하나는 라면 속에 녹아 있는 일반적인 근대성의 포착이고 나머지 하나는 한국적 근대성의 규명이다. 그는 근대성의 수많은 특징 중 주요한 몇 가지 요소가 근대적 식품인 라면과 중첩되고 있음을 그의 연구에서 확인한다. 이후 김광기는 그것을 넘어 한국적 근대성을 꿰뚫어 보는 하나의 창으로서 라면을 지목하며 라면을 통해 한국적 근대성과 서구의 근대성과의 차이점을 밝히고 있다.

박선웅은 "라면의 기호학"을 통해 기호학적 관점에서 라면의 사회적 의미를 조명한다. 기호는 유사성과 차이의 논리에 의해 기호체계가 조직되면서 의미를 발생시킨다. 음식과 관련하여, '먹을 수 있는'과 '먹을 수 없는', '날 것의'과 '가공된', '정성이 깃든'과 '간편한', '영양이 풍부한'과 '불량한', 주식과 간식 등의 이항대립적 쌍의 기호들은 음식 담론을 구성하며 특정 음식에 의미를 부여한다. 또한 음식의 기호체계는 사회적 의미체계, 예컨대, 문명과 자연, 정상과 비정상, 제도와 비제도 등의 음식외적 코드에 조응한다. 음식 코드가 음식 외적인 사회·문화적 의미체계로 확장되면서, 음식의 사회적 의미가 해독될 수 있다. 라면은 구조화된 음식의 분류체계에서 특정한 위치를 차지하고 있으며, 그 위치로 인해 특정한 의미를 생성한다. 라면은 '가난'과 '역경'을 상징하고, '유해한' 식품으로 인식됨에 따라 밥과의 관계 속에서 다양한 사회적 의미를 생성한다. 밥은 정성이 깃들고, 영양이 풍부한 주식이라면, 라면은 간편하고 영양가가 많지 않은 간식에 해당된다. 그리고 밥과 라면은 음식 외적 코드와 조우하게 된다. 밥이 사회적으로 부, 제도, 정상을 상징한다면, 라면은 그와 대립된 가난, 비제도, 비정상을 의미한다. 90년대 이후, '건강'과 '영양'을 증진시키기 위한 다양한 메뉴의 개발과 '정성'이 담긴 라면 요리의 탄생은 그동안 라면을 의미화 했던 이항대립적 코드를 서서히 내파시키고 있다. 이러한 라면의 변신은 닫혀진 근대적 의미체계를 무너뜨리는 탈근대적인 문화풍경의 한 부분을 차지한다.

이 책의 근간이 된 2년 간의 연구과제 「현대 한국사회의 문화적 풍경 - 핸드폰, 택배, 방(房), 라면을 중심으로」 는 "현대 한국사회의 문화적 풍경을 모바일성, 즉각성, 공간적 유동성 등에 초점을 맞추어 분석한 과제로서 시의적절한 논제를 독창적으로 해석했다"는 평가를 받으면서 지난 2012년 10월에 한국연구재단으로부터 인문사회분야 기초학문육성지원 10년 사업의 대표 우수성과 중 하나로 선정되었다. 이로써 환원주의적 거시담론에 의해 실종된 '구체적 삶'을 복원하는 한편 부차적이고 종속적인 변수로 간주되어온 일상생활을 세밀하게 들여다봄으로써 한국사회의 문화풍경에 대한 학문적 탐색 및 실천적 논의의 중심으로 부각시키려는 우리의 시도가 학문적 성과로 객관성을 부여받는 계기를 획득하였다. 이는 또한 9명의 연구자 모두가 중심적 역할을 하고 있는 한국문화사회학회가 2005년에 창립한 이래 한국 사회학계에 신선하고 활기찬 학문적 기류의 핵심적 역할을 담당하고 있음을 증명하는 것이기도 하다.

이상과 같이 괄목할만한 성과로 대미를 장식한 이 과제의 연구책임자로서 연구를 지원해준 한국연구재단에 지면을 빌어 감사의 뜻을 표한다. 또한 2009년 당시 한국사회학회장으로서 선정에 대해 함께 기뻐하고 격려해주신 동국대학교의 양영진 교수님께 감사드리며, 이 책의 저자이기도 한 8명의 공동연구원 모두에게, 그리고 2년간 연구보조원으로 애써준 계명대 사회학과 박사과정의 김영은 씨에게 고마운 마음을 전한다. 한편 전임연구원의 연구교수 임용 및 연구실 제공 등 실질적인 연구 기반을 제공해준 이화여자대학교 이화인문과학원의 지원이 큰 도움이 되었음을 밝힌다. 마지막으로 연구결과물을 기꺼이 책으로 엮어 출간해 주신 그린출판사 윤덕우 사장님과 이영조 과장님께 감사드린다.

이 책이 현대 한국사회의 문화적 풍경의 의미를 포착하고 해석하는데 작은 길잡이가 되기를 바라면서 서문에 가늠한다.

2013년 1월 저자를 대표하여 이수안 씀.

차례

제1편

미디어스케이프와
모바일 성찰성

01

미디어스케이프와 모바일 성찰성

김홍중

I. 들어가며

1990년대 중반 이후 개인적 통신수단으로 전파되어 그 기능과 중요성이 점차 확장되고 있는 휴대전화는 우리 시대의 가장 중요한 모바일 미디어인 동시에, 사회적 삶의 필수품으로 자리 잡아 가고 있다(이 글에서는 '휴대전화'라는 용어를 통일적으로 사용할 것이다). 방송통신위원회의 통계자료(2010년)에 의하면, 2010년 6월 말 현재 한국의 휴대전화 가입자 수는 SKT에 25,146,337명, KT에 15,594,035명, LG 유플러스에 8,868,349명 등 모두 49,608,721명으로 집계된다(방송통신위원회, 2010). 거의 총인구에 육박하는 이 압도적 수치는 휴대전화가 현대의 한국인들에게 차지하는 의미를 직감하게 한다. 한국 사회에서 휴대전화는 이제 일상적이고 정상적인 사회생활의 기본 풍경을 이루고 있다. 휴대전화 없는 삶은 상상하기조차 어렵게 된 셈이다. 간혹 실수로 휴대전화를 집에 놓고 오거나 아니면 분실했을 때 우리가 겪게 되는 심각한 불편이 이를 입증한다. 연령이나 성별, 직업과 상황, 그리고 개인적 편차에 따른 휴대전화 사용 패턴, 빈도, 의존도는 물론 상이하겠지만, 일상적 삶의 수많은 기능들을 휴대전화가 융합(convergence)적으로 내장하고 있으며, 그런 추세가 향후 더 강화되리라는 사실은 자명한 것으로 보인다.

우리는 휴대전화로 업무와 관련된 통화를 하고 지인들과 사소한 잡담을 나누고 SMS를 활용하여 텍스트 메시지를 보내고 DMB 서비스를 통해 TV를 시청한다. 또한 휴대전화는 아이나 부모의 안전을 확인하고 음악을 듣고 날씨를 조회하고 사진을 찍어 전송하며 비용을 지불하거나 주식을 거래하거나 게임을 하거나 인터넷에 접속하여 메일을 체크하기 위한 도구로 활용된다. 휴대 전화 속에는 소유자의 중요한 인간관계의 대부분이 전화번호의 형태로 저장되어 있고 친밀한 사랑과 우정의 관계를 맺고 있는 사람들과 자기 자신의 사진들 또한 저장되어 있다. 휴대전화는 약 47가지의 기능을 갖고 있는 '맥가이버 칼'에 비유되기도 하며(Itami, 2006. 재인용 김성도, 2008: 36), 현대적 삶의 '서바이벌 키트', '마이크로 여행가방이자 '이동 사무실'이라는 별명을 갖고 있기도 하다(Gonord & Menrath, 2005: 124). 실제로 우리의 일상적 삶은 휴대전화와의 심층적이고 유기적 연관 속에서 (재)구성되어 가고 있다. 이 과정은 단순히 기술적 실행의 차원을 넘어서 "자기와 세계에 대한 개인들의 지각과 그 결과로 개인들이 집합적으로 세계를 구성하는 방식에 있어서의 근본적인 변동"의 과정이기도하다(Townsend, 2000: 85).

이 글은 휴대전화가 변화시킨 사회적 삶의 다양한 모습들 중에서 휴대전화와 그것을 사용하는 인간[1]의 인터페이스 상호작용 속에서 형성되는 특수한 체험양식을 이론적으로 탐구하고자 한다. 사실 휴대전화에 대한 다양한 사회학적 연구들은 모바일 미디어가 가져온 사회관계의 변동, 새로운 사회적 의례들의 문법, 상호작용 양식의 변화, 휴대전화를 통해 구성되는 네트워크의 성격, 휴대전화가 허용하는 새로운 관행들, 모바일 결속의 특이성, 휴대전화 사용에 있어서 문화의

1) 필요에 따라서 '휴대전화 사용자'를 '호모 모빌리쿠스'라 부르고자 한다. 이는 김성도의 용례를 따른 것이다(김성도, 2008). 호모 모빌리쿠스 이외에도 휴대전화 사용자를 이념형적으로 포착하여 명명하는 시도는 다양한 방식으로 존재한다. 가령 김신동은 '휴대전화의 사용자'를 '호모 텔레포니쿠스(homo telephonicus'라 부르고(김신동, 2001), 김영민은 '휴대전화인간(homo cell-phonicus)'이라는 용어를 사용한다(김영민, 2004). 프랑스어로 휴대전화를 의미하는 'le portable'의 변형시켜 '휴대전화인(homo portabilis)'이라는 표현도 존재하며(Benasayag·Rey, 2006: 57), 각종 통신 테크놀로지를 활용하여 의사소통에 열광하는 '소통인(homo-communicans)'이라는 표현도 존재한다(Breton, 1992: 54).

역할 등의 다양한 주제들을 집중적으로 탐구해왔다(링, 2008; Castells et al., 2007; Caron & Caronia, 2007; Goggin, 2006; Chayko, 2008). 그런데 이처럼 집적된 연구들 속에서, 휴대전화 현상의 핵심에 존재하는, 휴대전화 사용자의 '체험 양식'에 대한 관심은 다소 주변화되어 있는 것으로 보인다.

사실, 고전 사회학 이론체계가 구상하는 행위자는 몸을 갖고 있는 존재라기보다는 순수한 의식과 인지의 주체로 상정되어 있다. 이는 특히 베버에서 하버마스에 이르는 독일적 전통에서 더욱 두드러지는 현상으로서, 사회적 행위자는 비물질적이고 추상적인 시/공간 속에서 의식적으로 행위(계산, 판단, 대화)하는 존재로 형상화된다. 말하자면, 그에게는 미학적(감성적) 지각, 판단, 향유, 체감 등의 '체험'의 차원이 제거되어 있다. 반대로 체험을 말하고, 체험에 관심을 갖고, 체험에 눈을 돌리는 순간, 우리는 의식의 수준을 넘어서 곧바로 지각의 수준으로 하강하게 된다. 즉, 사회적 행위자(들)의 '의식', '의견', '관념', '세계관', '가치관', '사유체계', '심성' 등의 내면적이고 인지적인 프로세스를 건너 뛰어, 그의 신체와 그 신체를 둘러싸고 있는 물리적 환경 사이에 어떤 상호작용이 발생하는가라는 기초적(현상학적) 관점이 자연스럽게 열린다(Ferguson, 2006: 103 이하; 크레이브, 1988: 127; 메를로-퐁티, 1945; O'Leary, 2010: 119-123). 체험의 관점에서 보면 사실 사회적 행위자는 생각하기 이전에 느낀다. 그에게 세계의 감수(感受) 즉 체험은 사유나 계산보다 앞선다. 이와 같은 감성·미학적(esthetic) 체험 양식을 규정하는 중요한 프레임워크는 근대 세계에서 주로 테크놀로지와 미디어를 통해서 주어진다. 행위자의 체험 양식을 탐구한다는 것은 그 행위자의 신체를 특정한 방식으로 규정하고 조건 짓는 미디어와 상징 그리고 가치와 규범의 테크놀로지를 분석한다는 것을 의미한다[2].

이런 맥락에서 휴대전화와 그 사용자에 대해서 현상학적으로 접근한다는 것은, 휴대전화와 그 사용을 둘러싼 각종의 자연적 태도들을 괄호에 묶는 판단중지

2) '체험의 사회학'(Dubet, 1994)을 주창하는 프랑수와 뒤베의 이론을 원용하여 '휴대전화 사용자'의 체험 도식을 분석한 연구로는 죠레기베리를 참조할 것(Jauréguiberry, 2003: 133-168).

를 통해서, 이 현상의 중심에 놓여 있는 '휴대전화' 그리고 '그것을 사용하는 행위자의 체험' 그 자체로 사회학적 상상력을 돌린다는 것을 의미한다(Husserl, 1913: 118-125). 그렇다고 해서 이 작업이 후설 현상학의 '초월론적 주관성'을 지향하는 것은 아니다. 현상학으로부터 빌려오는 것은 의미의 원천으로서의 주관적 의식세계가 아니라, 현상학적 시선, 사유, 절차 그리고 방법일 뿐이다. 슈츠나 가핑클이 잘 보여준 것처럼, 사회학은 후설의 철학적 심연에 빠지지 않으면서 현상학적 통찰을 사회세계의 이해와 설명과 묘사에 효과적으로 사용할 수 있다(Schutz, 1962; Garfinkel, 1967). 이 글은 휴대전화와 그 사용자의 체험 양식을 최대한 그 대상의 논리에 맞추어 관찰하고 기술하고자 한다. 휴대전화와 그 사용자 사이에 존재하는 휴대전화 인터페이스에서 벌어지는 사태들을 휴대전화 사용자의 체험구조에 일어난 변동으로 파악하면서 이를 이론적으로 서술할 것이며, 더 나아가서 휴대전화 사용자들이 그와 같은 체험양식의 변화 속에서 형성하는 독특한 성찰성을 사회학적으로 규명하고자 시도할 것이다.

II. 휴대전화는 어떤 사물인가?

휴대전화 사용자의 체험 구조를 파악하기 위해서, 또한 행위자들은 어떤 전략과 전술을 통해서 객관적 체험구조에 적응하고 그 구조를 창조적으로 활용하며 변형시키는지를 탐구하기 위해서, 우선 휴대전화에 대한 탐구를 시도해야 한다. 그 까닭은 호모 모빌리쿠스의 변화된 체험 양식의 핵심에는 휴대전화라는 사물이 놓여 있기 때문이다. 흥미로운 것은 자연적 태도들(사용) 속에서 드러나는 휴대전화의 도구적 성격을 괄호에 묶고 휴대전화를 성찰하는 순간 휴대전화는 자신이 갖고 있는 다차원적 혹은 다가치적(polyvalent) 속성을 드러낸다는 사실이다. 좀 더 구체적으로 살펴보겠지만 휴대전화는 사용자와 정서적 친밀성을 맺는 중간대상인 동시에, 그것을 사용하는 인간의 신체에 동화되어 신체와의 경계가 상당히 불분명한 일종의 보철로 기능하기까지 한다. 더 나아가서 휴대전화는 사용자와의 긴밀한 상호작용의 '방식' 즉 하나의 인터페이스(interface)를 형성한다 이 모든 경우에 휴대전화는 사용자의 신체, 체험, 감각과 매우 유기적인 관계를 구성하는 사물로 나타난다.

1. 중간대상

휴대전화는 인간의 손과 특별한 관계를 맺고 있다. 그것은 한 손으로 감아쥐기에 적당한 크기이며, 손바닥의 많은 부분과 접촉할 수 있는 모양으로 되어 있다. 우리는 그것을 쥐고, 호주머니에 넣고, 꺼내어 조작하고, 바라본다. 휴대전화가 사용자의 손과 맺는 이 밀착된 관계가 바로 휴대전화의 사물성의 가장 중요한 특징이라 할 수 있다[3]. 이런 성격은 모바일 미디어의 광범위한 보급을 위해서 요구되는 두 가지 요건인 착용성(wearability)과 파지성(handiness)에 잘 부합한다 (전경란, 2007: 112). 실제로 휴대전화의 급속한 보급은, 1990년대 중반에 현재 일반화된 것과 같이 작고 가벼운 부피와 크기의 단말기가 발명된 이후에 비로소 가능해졌다. 가령 1996년 모토로라가 출시한 폴더형 휴대폰 '스타텍(StarTAC)'은 8.89cm의 크기로 무게도 90g이 채 되지 않는 소형품이었으며, 곧이어 소니가 9.14cm, 에릭슨이 10cm 크기에 휴대전화를 출시하게 된다(김원석, 2008: 38-9). 이와 같은 경량화, 소형화, 간편화 속에서 휴대전화는 손에 쥘 수 있다는 의미의 단순한 '파지적 사물(object always at hand)'에서 '신체에 가깝고 언제나 손안에 있는 존재(being almost always in the hand)'로 변환된다(Lasen, 2004: 4).

언제나 손안에 있는 존재로서의 휴대전화를 '사용할 때' 그 사물과 인간신체의

3) 이는 휴대전화에 붙여진 다양한 이름들에도 잘 반영되어 있다. 프랑스에서는 le portable 또는 le G(GSM의 약어), 핀란드에서는 브랜드명에서 '손의 확장(extension of hand)'이라는 의미도 있는 kanny(또는 kännykkä)(Oksman & Rautiainen, 2003: 104), 독일에서는 handy, 스페인에서는 el movil, 미국에서는 cell phone, 아랍에서는 el mobile이나 sayaar 또는 휴대라는 의미의 makhmul이나 무선전화(air telephone)라는 의미의 telephone gowal, 태국에서는 moto, 일본에서는 keitai denwa(携帯電話) 또는 간단히 keitai나 ke-tai, 그리고 중국에서는 sho ji(手機)라는 이름이 사용된다 (이재현, 2004: 4; 김성도, 2008: 13).

접점은 손가락이다. 휴대전화의 기능적 조작은 많은 경우 클릭을 통해 이루어지기 때문이다. 마우스나 비디오 게임 조이스틱 혹은 TV의 리모트 컨트롤과 같이 클릭을 통해 조작되는 사물은 간단하고 단순한 '터치'를 통해서 그 기계와 연관되어 있는 외부세계를 변화시킬 수 있는 듯이 보이게 하는 전능감을 준다(Everett, 2003: 14-25). 흥미로운 것은 휴대전화를 통화의 목적으로 사용하지 않는 경우에도 많은 사람들이 단말기를 무의식적으로 만지작거리거나 쓰다듬는 등, 단말기와의 촉각적 접촉을 수행하고 있다는 사실이다. 심지어 휴대전화가 사용자와 맺는 감각적 친밀성은 소위 '유령진동증후군'이나 '벨소리의 환청'과 같은 유사 병리적 현상을 동반하기까지도 한다(김찬호, 2008: 59). 이 현상들은 실제의 신호가 부재함에도 불구하고 인간의 신경체계가 외부로부터의 호출에 환상적으로 반응하고 있다는 사실을 보여준다. 호주머니 속에 있거나 가방 속에 들어 있어 수신 신호가 매우 약화되어 있다 할지라도, 휴대전화의 벨소리나 진동은 사실 사용자의 내적 신경계와 유기적인 수준에서 연결되어 있는 듯이 보인다. 언제나 손으로 만지작거리며, 손의 감각 영역 속에 존재한다는 점에서 휴대전화는 그 사용자와 정서적으로 친밀한 관계를 형성하게 된다[4].

휴대전화에 대한 현상학적 관찰을 통해 그 사물이 은닉하고 있는 신화적 성격을 분석하는 티스롱(Serge Tisseron)에 의하면 현대인들에게 휴대전화는, 유아들이 항상 갖고 다니며 말을 걸고 쓰다듬는, 플러시 천으로 만든 장난감 동물(peluche)과 동일한 기능을 수행한다. 아이를 안심시키는 힘을 갖는 장난감 동물처럼 현대인들에게 휴대전화는 그 실제적 유용성을 넘어서 심리적 안정감을 준다는 것이다(Tisseron, 2000: 22-4). 바로 이런 이유로 인해서, 많은 연구자들에

4) 페리오(Jacques Perriault)는 인간과 기계 사이에 존재하는 정서적 관계를 지적한다. 특히 통신 기술과 연관하여 그는 기계들이 일종의 조정 기능을 수행함을 언급하면서 "기계는 정서적 불안정성을 교정해준다"고 말한다(Perriault, 1989: 134). 맥루한 또한 유선 전화기의 감각적 특이성에 대해서 다음과 같이 언급한 바 있다. "어린이와 10대 청소년들은 전화를 이해하고 있다. 그들은 전화의 코드와 수화기를 마치 그것들이 사랑스러운 애완동물이나 되는 양 애무한다 (...). 그러므로 전화를 통해 키스하는 것은 참으로 자연스러운 일이다(맥루한, 1964: 37).

의해서 휴대전화는 위니캇(Donald Winnicott)의 개념인 '중간대상(transitional object)'에 비유된 바 있다(Jauréguiberry, 2003: 35; Benasayag & Rey, 2006: 57-60; Martin, 2007: 20-2). 중간대상이란, 유아가 모친과의 융합상태를 벗어나는 과정에서 신체와 외부 현실 사이에 형성시키는 '중간영역'에 속하는 전형적인 사물들(장난감 동물, 천이나 담요의 한 부분, 천의 조각, 모직물의 보푸라기, 털실뭉치)을 가리킨다. 중간영역은 유아가 자신의 욕망을 환상적으로 실험하는 공간으로서, 주관적 세계와 객관적 세계가 분리되기 이전의 매개적 공간을 가리킨다. 대개 엄마의 상징적 대용물인 이 사물들은 엄마의 체취나 아이의 침에 의해 고유한 냄새를 갖고 있으며, 유아는 이 대상에 대한 독점권을 갖는다(위니캇, 1971: 13 이하). 중간대상은 유아가 엄마로부터 분리되는 과정에서 발생하는 분리불안을 완화시키는 동시에, 스스로를 엄마와 다른 독자적 개체로서 인정하고 받아들이는 과정을 도와준다. 휴대전화가 중간대상에 자주 비유되는 것은, 중간대상의 경우에 주체가 객관 세계에 대해 갖는 양가성을 휴대전화 역시 갖고 있기 때문이다. 한편으로 그것은 사용자의 존재론적 안전감을 확보해주는 '페티시(物神)'인 동시에, 그것을 창조적으로 활용함으로써 외부 세계를 이해하고 장악할 수 있는 '상징'이다.

2. 디지털 보철

휴대전화는 사용자의 신체와 의식에 체현되거나 육화되어 확장된 기관이다. 그것은 안경이나 키보드 혹은 마우스처럼 이미 인간 신체의 운용과 활동의 영역 속에 포섭되어 사물의 사용자와 '한 몸을 이루는' 일종의 보철로 기능하고 있다. 보철이란 20세기 초반 이후 특히 전쟁 부상자들의 소실된 신체 부위를 인공적으로 보정하는 기술로 급속하게 발전된 테크놀로지의 일종이다(Richardson, 2008: 66-8; Oksman & Rautiainen, 2003; Warnier, 1999: 21 이하). 보철 테크놀로지는 지난 세기 동안 의료적 목적을 중심으로 크게 확장된다. 의수, 의족, 의안,

인공 고막, 인공 각막, 인공 장기, 인공 치아, 인공 피부 등을 포함하는 인공적 인간 신체의 생산과 활용이 그것이다. 보철 테크놀로지가 침투해 들어간 20세기적 인간의 신체는 더 이상 순수한 자연이 아니다. 그것은 테크놀로지에 의해서 침투되고, 보완되고, 재구성된 신체에 다름 아니다(Cf. Ott *et al.*, 2002; Serlin, 2004). 모바일 테크놀로지는 이러한 보철의 영역을 크게 확장시킨다. 인간 신체는 워크맨, 디지털 바로미터, GPS, 위성 통제 손목시계, 마이크로칩 스키-패스가 내장된 스키 장갑, 그리고 휴대 전화를 착용하는 매체가 된다(Calefato, 2003: 163-4).

더 나아가 귀속에 장착할 수 있는 이어폰, 인간의 눈동자에서 구현되는 디스플레이용 스크린, 이들을 인간 몸에 흐르는 전류를 이용하여 상호 연결시키는 기술 등과 결합되어 휴대전화는 인간의 몸에 단순히 육화되는 것을 넘어서 인간의 신체를 하나의 살아 있는 미디어로 전환시키고 있다(전경란, 2007: 113). 이는 휴대폰의 경우 또한 마찬가지이다. "휴대폰은 독특한 촉각적 운동성을 지닌다. 문자 메시지와 게임에서 두드러지듯, 휴대폰의 인터페이스를 중심으로 행해지는 운동적 인터랙티브 행위는 휴대폰 사용자의 육체적 감각과 물질적 텍스처 간의 정교한 상호 반응 교환을 기반으로 하는 것이다. 휴대폰은 마치 맥루언이 주장한 것처럼 '인간 육체의 확장'일 뿐 아니라 반복적인 감각적 경험을 통해 인간의 정체성을 형성하는 주요 기제인 것이다. 보기, 듣기, 말하기, 만지기의 감각을 아우르며 휴대폰은 인간의 디지털 보철물이 된다. 이에 상응하여 인간의 몸은 테크놀로지와 정보체계를 육화한다. 이렇게 개인은 가상적/현실적, 상징적/육체적으로 모바일 질서를 실천함으로써 모바일 주체로 형성되는 것이다"(김예란, 2007: 23-4). 촉각적 운동성을 통해서 사용자와의 긴밀한 관계를 형성하는 모바일 보철인 휴대전화는 이제 역으로 상징적/육체적인 수준에서 그 주체의 특성을 구성하는 기제로 작용한다.

3. 인터페이스

더 나아가 휴대전화는 미디어 생태학적 시각에서 말하는, 미디어 환경 즉 하나의 '인터페이스'를 형성한다. 미디어생태학적 시각이란 "미디어를 메시지 전달의 도구나 중립적 회로(conduit)가 아닌 인간의 소통과 상호작용 과정을 특정한 방식으로 구성하는 환경"으로 보는 관점을 가리킨다(이동후, 2009: 115-6). 일반적으로 인터페이스는 "두 시스템 사이의 경계나 접점"을 지칭한다. 가령, 사용자 인터페이스(user interface)는 "인간과 기계 사이의 상호작용을 가능하게 해주는, 사용자와 시스템 사이의 인터페이스, 즉 사용자에게 노출되는 시스템의 한 부분"을 가리킨다. 그러나 인간의 체험을 고려하여 말하자면 그것은 "인간(사용자)과 도구(기계) 사이의 상호작용방식"을 포괄적으로 가리킨다(이재현, 2003: 137) [5].

주지하듯이 미디어를 인간과의 상호작용과 체험의 수준에서 하나의 환경으로 포착하는 이런 관점은 이미 맥루한에 의해 제출된 바 있다. 그는 미디어가 어떤 메시지를 실어 나르는 투명한 매체가 아니라 그 자체로 새로운 의미를 창출하는 메시지라는 사실을 '미디어는 메시지다'라는 명제를 통해서 언명한 바 있다. 미디어가 메시지인 이유는, 그것이 내포하고 있는 테크놀로지의 효과가 인간의 감각비율(sense ratios)과 지각 패턴(patterns of perceptions)을 변화시키기 때문이다(맥루한, 1964: 51). 따라서 미디어는 메시지일 뿐 아니라 사용자의 피부와 신경중추를 마찰하는 일종의 '마사지'이기도 하다(맥루한 · 피오레, 1967: 10). 좀 더 구체적으로, 휴대전화를 소통에 대한 철학적 숙고 속에서 점검하는 마이어슨(Geroge Myerson)은 이렇게 쓴다. "전화는 물건인 동시에 기술이다. 그러나 이

5) 마노비치(Lev Manovich)는 '문화 인터페이스'라는 용어를 사용하는데, 이는 인간-컴퓨터-문화 인터페이스를 가리키는 것으로서, "컴퓨터가 우리와 문화 데이터가 상호작용하도록 하는 방식을 설명"한다. 문화의 형식들을 전파하는 기반이 컴퓨터가 되었을 때 우리는 컴퓨터를 마주하는 것이 아니라 컴퓨터가 매개하는 "기호화된 문화"와 마주하게 된다. 문화 인터페이스에는 "웹사이트, CD-ROM과 DVD 작품, 멀티미디어 백과사전, 온라인 미술관과 잡지, 컴퓨터 게임, 그리고 그 외의 뉴미디어 문화 객체들의 디자이너들에 의해 사용된 인터페이스들"이 포함된다(마노비치, 2001: 118-9).

것은 또한 관념 체계의 일부분이며 심지어는 일상생활을 바라보는 방식의 일부분이다. 전화는 가족, 친밀함, 비상사태, 일과라는 개념의 일부가 되어 있다. 이동전화화 현상이 말하고 있는 것은 구식 전화는 더 이상 존재하지 않으며, 따라서 기존 관념 체계도 사라지고 있다는 점이다"(마이어슨, 2001: 15).

휴대전화 인터페이스는, 휴대전화의 사용자들이 어떤 방식으로 휴대전화에 의해 제공되는 체험 양식을 체화하고 습관화하며 또한 자신들의 신체적 감각을 통해 구현하는가 라는 질문을 던질 수 있게 한다. 돌려 말해서 휴대전화 인터페이스는 호모 모빌리쿠스의 '주체화'의 구조적 패턴들을 현상학적으로 파악할 수 있는 이론적 가능성을 열어 준다. 인터페이스를 통해서 행위자가 미디어 환경과 다양한 방식의 영향, 교섭, 거부 등을 벌여나갈 수 있기 때문이다.

Ⅲ. 휴대전화 미디어스케이프와 모바일 체험구조의 현상학

1. 미디어스케이프(mediascape)

앞에서 살펴본 것처럼, 휴대전화는 사용자와 도구적이고 기능적인 관계를 넘어서 신체적이고 유기적이며 소통적인 관계를 맺는다. 휴대전화는 촉각적 친밀성을 통해서 호모 모빌리쿠스의 신체와 결합되어 있으며, 더 나아가서 그의 아비투스, 체험 양식, 지각 방식 등을 재조정하기 때문이다. 휴대전화와 그 사용자는 분리된 두 존재라기보다는 오히려 하나로 통합되어 있다. 휴대전화 인터페이스에 접속된 휴대전화 사용자는 휴대전화를 손에 들고 부재하는 타자들과 소통하고, 휴대전화 스크린을 통해서 발산되는 영상과 음악을 즐기고, 다른 사이버세계 속으로 진입하기도 한다. 그는 면대면(face-to-face) 상호작용이 아닌 다른 유형의 상호작용을 수행하면서, 움직이는 존재이다. 그는 움직이면서, 마치 무전기를 사용하듯이, 시간과 장소에 구애받지 않고, 미세한 변화들을 효율적으로 통제해가면서 또한 사적 권리가 보장된 시/공간을 자유롭게 창출하면서 의사소통할 수 있다(김평호, 2002: 45-6). 보이지 않는 사람과 통화하고, 때로는 바로 옆에 있는 사람과의 차단된 공간 속으로 몰입하여 들어가, 자신 만의 지각 세계를 만들어내기도 한다. 그가 사용하는 모바일 테크놀로지와 모바일 미디어는 사용자 자신을 모바일 세계 속으로 진입시킨다. 환언하면 휴대전화를 자신 신체의 일부로 체화하고 있는 호모 모빌리쿠스가 살고 있는 세계는, 휴대전화 인터페이스가 독특한 방식으로 재구성한 세계이다. 휴대전화가 변화시킨 수많은 사회적 삶의 수준들 중에서 가장 근본적인(왜냐하면 그것이 가장 감각적인 체험의 수준이기 때문에) 차원에서 발견되는 것이 바로, 호모 모빌리쿠스가 자신의 독특한 '기술적 주체성' 속에서 체험하는 이 세계의 새로움이라 할 수 있다. 휴대전화 사용에 대한 현상학적 성찰은 궁극적으로 이 호모 모빌리쿠스의 체험 세계의 구조를 드러내려는 작업이다.

이 세계를 '미디어스케이프'라 불러보자[6]. 미디어와 풍경(스케이프)의 결합으로 구성된 이 용어는, 미디어가 새로운 방식으로 구조화한 세계와 그 세계의 내부에서 행위하는 행위자 그리고 그 행위자의 감각적 체험 구조를 조형하는 미디어 고유의 인터페이스를 모두 내포하는 개념이다. 미디어스케이프는 현실에 존재하는 실제의 풍경이 아니다. 그것은 하나의 인지적 모델이며, 파슨스적 의미의 단위행위(unit act)의 상상적 표상이기도 하며, 현실에서 벌어지는 수많은, 휴대전화가 매개된 사회적 행위들의 이념형이기도 하다(Cf. Parsons, 1937: 43 이

6) 미디어스케이프라는 용어는 아파두라이에 의해 이미 제시된 바 있다. 그는 자신의 저서 『고삐풀린 현대성』에서 지구화 시대의 사회적 현실의 변화무쌍한 변전을 포착하기 위해서 지구적 문화흐름의 다섯 가지 차원을 각각 에스노스케이프(ethonoscape), 미디어스케이프(mediascape), 테크노스케이프(technoscape), 파이낸스스케이프(financescape), 이데오스케이프(ideoscape)의 개념으로 제시한다(아파두라이, 1996: 61 이하). 그러나 이 논문에서 말하는 풍경은 아파두라이가 이야기하는 미디어스케이프와 매우 다르다. 그는 전세계적인 수준에서 일어나는 문화변동의 유동적이고 비규칙적인 양태를 묘사하기 위해서 위의 용어들을 사용한다. 가령 그가 말하는 미디어스케이프는 "정보들을 생산하고 퍼뜨릴 수 있는 전자적 장치들의 배분(신문, 잡지, 텔레비전 방송국, 그리고 영화 제작 스튜디어)과 이런 미디어에 의해 생산된 세계의 이미지들"을 가리킨다(아파두라이, 1996: 65). 그에게 미디어스케이프는 전세계적인 수준에서 발견되는 미디어 장치들, 그것이 생산하는 이미지들, 그것의 효과들이 구성하는 한 영역을 가리킨다. 이런 점에서 이 논문의 용법과는 상당한 차이를 보인다.

하; Weber, 1904: 191). 휴대전화를 사용한다는 것, 휴대전화를 통해 소통한다는 것, 휴대전화와 여하한 관계를 맺는다는 것, 휴대전화가 구성하는 체험양식을 체화한다는 것은 추상적인 사실이나 명제가 아니라, 우리가 그것에 대해서 영상적으로, 감각적으로, 상상적으로 하나의 그림을 그려낼 수 있는 구체적인 이미지로 표상된다. 그 이미지 안에서, 어떤 휴대전화 사용자가 휴대전화 인터페이스에 접속하여 특정한 행위를 수행하고 있으며, 그를 둘러싼 세계가 그에게 독특한 방식으로 체험되고 있다. 미디어에 의해 창출된, 그리고 독특한 방식으로 구조화된 바로 세계의 영상이 '미디어스케이프'이다. 그 세계를 하나의 구조나 시스템 혹은 도식으로 추상화시키지 않고 '풍경' 개념이 내포하는 풍부한 영상적, 물질적, 시각적 함의 속에서 이해하고자 하는 이유는 미디어스케이프에 대한 현상학적 접근, 관찰, 기술을 시도하기 위해서이다. 현상학적 탐구가 체험의 수준까지의 하강을 요청한다면, 미디어가 창출한 세계는 구조나 시스템이나 도식으로 이해되기 이전에 하나의 구체적 '상황' 즉 풍경으로 이해될 수 있다. 이런 맥락에서 이제 다루어질 것은 휴대전화가 창출하는 미디어스케이프의 의 세 가지의 중요한 구조적 특징들이다. 첫째는 휴대전화가 창출한 미디어스케이프가 부과하는 '탈내면화'의 현상이며, 둘째는 휴대전화 사용자 주체성의 '모나드화'이며, 마지막으로 호모 모빌리쿠스가 구현하는 '모바일 성찰성'의 형식이다.

2. 탈내면화

휴대전화 미디어풍경 속에서 호모 모빌리쿠스는 움직이는 인간이다. 그는 자유롭게 소통하며 효과적으로 정보들을 획득하며, 더 많은 사람들과 편리한 의사소통과 접촉을 시도한다. 이 이동성은 자유로운 소통과 효과적인 정보의 획득가능성을 확장한다. 더 많은 사람들과의 더 편리한 의사소통과 접촉이 가능해졌고, 장소의 규정으로부터 해방된 상황들을 자율적으로 창출하면서 사회적 관계를 맺을 수 있는 환경이 기술적으로 제공되었다. 강력한 이동성은 그러나 그 부정적인 측면으로서 '인간 시청각 기능의 상시적 과잉 가동(over-engagement)'을 조장한다(박승관·김대호·김은미, 2003: 91). 언제나 이동 중인 행위자가 언제나 이동 중인 정보원과 항상적으로 접속(상호작용)할 수 있는 기술적 가능성이 열렸다는 것은 인간 감각기관이 일종의 '아노미적 상황'에 노출되어 있다는 것을 의미한다[7]. 정보 커뮤니케이션 테크놀로지(ICT) 그리고 모바일 테크놀로지의 시대에 호모 모빌리쿠스를 지배하는 것은 이런 의미에서 지각의 산만성(distraction)이다.

사실, 지각의 산만성이라는 테마는 휴대전화와 모바일 테크놀로지의 연관 속에서 처음 논의된 것이 아니라 이미 20세기 초반에 짐멜, 크라카우어 그리고 벤야민에 의해서 각기 상이한 방식으로 다루어진 바 있다(짐멜, 1903: 36-41; Kracauer, 1926: 323-8; Benjamin,, GS VII-1, 380-1). 공통적으로 근대 도시의 감각과잉, 테크놀로지의 발전이 가져온 감각적 체험의 변화, 영화를 비롯한 근대적 대중문화의 특수성 등의 문제를 다루면서, 근대의 지각 환경은 그 속의 인간에게 사물과 현상을 오랜 시간에 걸쳐 정관할 시간을 주지 않는다는 사실, 대신 속도와 충격, 만화경적 변환이 행위의 주체를 끊임없이 타격하고 자극하는 환경 속에서 주체는 집중이 아닌 산만의 자세로 세계를 지각한다는 사실이 지적되고 있다. 벤야민이 말하듯이 건축과 영화는 정관적 태도의 중요한 감각 형태인 시각이 아닌 촉각적 체험을 통해서 감상되는 예술형식이다. 그림을 보는 자가 집중해 있다면 영화를 보는 자의 정신은 산만하다. 그는 깊은 사유를 할 수 있는 내면적 고요함을 갖지 못한다. 그는 망막을 촉각적으로 더듬고 지나가는 수많은 잔상들을 수용하기에 바쁘다. 영화는 아우라의 예술이 아니라 삶의 파편들의 산란한 몽타주이다. 그리고 그가 지적하고 있듯이 이런 영화는 근대성의 보편적 체험과 지각의 형식에 그 뿌리를 내리고 있는, 근대적 체험 구조의 한 표징이라 할 수 있다(Benjamin, GS I-2: 503). 미디어의 개념을 폭넓게 사용한다면(근대 도

---

7) 21세기의 테크놀로지 환경 속에서 소위 '정보탐닉증(information addicts)'과 '감각 중독증(sensory junkies)'으로 불리는 병리적 현상(인터넷 중독, 휴대전화 중독, 게임 중독 등)이 점점 일반화되고 있으며, 산만한 지각 환경(영상 화면, 데이터, 비트로 구성된 각종 스크린 화면의 시청과 게임들)은 '감각 결핍(sensory deprivation)'에 대한 방어 기제로서의 감각 과잉을 유도하고 있다는 지적이 있다(볼츠, 1995: 158).

시까지를 포함하는), 이들은 최초로 근대적 미디어스케이프에 대한 현상학적 탐구를 시도했던 것이며, 그 핵심에 바로 근대 미디어스케이프의 산만성이 자리잡고 있다.

모바일 미디어의 사용자는 바로 이 산만성을 포괄적으로 그리고 이와 동시에 일상적으로 체험한다. 가령, MP3의 청취자는, 음향시설이 갖추어진 콘서트홀에 앉아 있는 음악의 감상자와 달리, 거리의 소음, 예상치 못한 충돌, 각종의 변화무쌍한 시각적 데이터, 손에 들고 있는 책의 정보 등이 구성하는 잡다하고 분산된 지각 환경 속에서 음악을 듣는다(Sterne, 2006: 836). GPS로 길을 찾으며 DMB TV를 시청하면서 운전을 하는 운전자는 운전과 TV 시청과 GPS를 참조하는 최소한 세 가지의 업무를 동시에 진행하는 것이다. 모바일 테크놀로지가 창출하는 미디어스케이프의 이런 다중현실적 성격은 휴대전화의 사용자가 휴대전화를 통해서 다양한 행위를 수행하는 일반적인 양태 속에서 같은 방식으로 발견된다. 휴대전화의 사용자는 휴대전화의 진동과 호출음에 민감하게 반응하며, 수시로 휴대전화의 메시지 도착 여부를 확인한다. 휴대전화로 통화를 하면서 주변 사람들과 대화를 하거나, 다른 업무를 보는 다중작업(multi-tasking), 고프먼의 용어를 빌려 말하자면 다중적 관여(multiple involvement)는 매우 빈번한 일이 되었다. 휴대전화의 사용자는 그가 현재 어떤 관여(involvement)를 시행하고 있는지와 무관하게, 항상적으로, 자신의 의도와는 상관없이, 돌발적인 '또 다른 관여'의 발생 가능성에 노출되어 있다. 만일 그가 '지배적 관여'와 '종속된 관여'의 이중적 관여를 시행하고 있었다면, 급작스럽게 울린 휴대전화는 이전의 지배적 관여를 종속적 관여로 만들고, 이전의 종속적 관여를 관여로부터 철회할 수 있다(Goffman, 1963: 44). 정신집중에 요구되는 지속적 시간은, 터치나 클릭에 의해서 새로운 지각 대상이 제공되거나 신호와 호출에 의해서 새로운 상황이 발생함에 따라서 단절되고 파편화된다. 지각 환경의 산만은 시간의 분절적 활용을 통해서 강화된다. 모바일 테크놀로지를 일상적으로 사용하는 행위자는 급한 일부터

처리하고자 정보의 원천을 항상적으로 섭렵하며 이동하는 재퍼(zapper)의 면모를 띤다(이재현, 2004: 108).

이와 같은 지각의 산만성은 사실 테크놀로지가, 의미 있는 행위를 가능하게 하는 시간과 공간의 기본적 구조를 분절시켜, 인간 행위가 안정성을 상실한 채 파편화되는 현상과 그 맥을 같이 한다. 가령 휴대전화가 구조화하는 체험의 시간은 이제 유장하게 흐르는 강물이나 화살에 비유될 수 없는, 끊어진 채로 이어지는 점선과 같은 형태 변화된다. 지속되는 시간이 외부와의 접속에 의해서 산만하게 단절되고 그 단절점에서 다시 열리는 새로운 시간으로의 참여가 행위자에게 요청된다. 모바일 미디어는 '죽은 시간', '잃어버린 시간', '중지된 시간', '빈 시간', '틈새 시간'을 잘게 쪼개어서 '유용한 시간'으로 전환시키는데, 그 과정에서 시간의 파편화가 발생한다(이재현, 2004: 105). 이는 또한 뒤에서 좀 더 자세히 살펴보게 될 공간 체험의 파편화와도 연관된다. 모바일 미디어는 이동 중의 인간을, 그가 물리적으로 속해 있는 공간으로부터 절연시켜, 새로운 가상공간으로 끌어들일 수 있는 공간이동의 장치를 가능하게 한다. 공적 공간의 내부에서 휴대전화를 사용하는 수많은 사람들은 각기 그 안에 사적 공간을 구성하고 통화, 접속, 조회, 촬영, 시청 등을 행위한다. 공간의 전일성은 파편화된 공간성 속에서 소멸한다. 모바일 미디어는 체험의 가장 원초적 범주인 시간과 공간을 이처럼 산만한 방식으로 분할하는 것이다.

바로 이런 맥락에서 호모 모빌리쿠스의 독특성이 발견된다. 그는 산만한 미디어스케이프에 적응하여 그것을 자신의 상황 관리에 활용하는 존재로서 소위 '내면적 성찰인'과는 매우 상이한 유형으로 특징지어진다. 주지하듯이 내면적 성찰인의 모델은 반성(反省)에 집중하는 의식과 의미의 인간이다. 그는 "사적인 장소이며 그 위치가 어딘지 명확하게 파악되지는 않지만 그것이 퍼스낼러티를 결정하는 내면(intérieur)"을 갖고 있는 "내부로 향한 인간"이다(Breton, 1992: 55). 그러나 호모 모빌리쿠스는 외부를 향한 인간이며, 그런 의미에서 리즈먼(David Riesman)

이 말하는 타자지향적 인간에 차라리 더 가깝다(Plant, 2001: 70). 그는 자신의 내부에서 존재근거를 발견한다기보다는 광대한 소통시스템에 연결되어 있고 산만한 지각환경에 노출되어 있는 "접속된 개인"이다(Breton, 1992: 56).

모바일 테크놀로지는 그것에 접속되어 있는 행위자가 자신의 내면으로 의식을 기울이는 시간과 공간을 구조적으로 제약함으로써 이미 20세기 초반부터 진행되어 오던 소위 '내면인'의 해체를 가속화시킨다. 이는 근대 문화가 인간 내면에 부여하던 역동적이고 심층적이며 때로는 근원적인 가치와 의미가 모바일 테크놀로지의 등장과 그것이 형성시키는 새로운 방식의 체험 속에서 자연스럽게 퇴색되어가고 있다는 사실을 암시하는 것이다. 탈내면화된 주체는 한편으로는 근대적 내면성이 보유하는 웅장한 정신세계의 교양과 깊이를 결여한 피상성의 인간으로 보이지만 사실은 그와 같은 주체들을 강하게 규정하는 소위 선험적 자아의 성채로부터 자유로운 존재이기도 하다. 그는 접속되어 있고, 빠르게 움직이며 상황에 대처하고, 소통한다. 그는 의미를 가지고 소통하는 것이 아니라 소통 속에서 발생하는 의미를 순발력 있게 전유한다. 그는 반성을 실천하지는 않지만, 그렇다고 해서 그가 성찰적이지 않은 것은 아니다. 그는 반성과 다른 방식으로 성찰성을 구현한다. 모바일 성찰성은 이런 새로운 유형의 성찰성, 기든스가 개념화한 후기 근대의 성찰성이다. 체험의 파편화 현상은 그 자체로 긍정적이거나 부정적이라기보다는, 테크놀로지의 발전 속에서 인간 행위자가 겪게 되는 객관적 변화의 한 차원으로 파악된다.

3. 모나드화

휴대전화가 창출하는 미디어스케이프에 대한 현상학적 관찰을 통해 가장 보편적인 것으로 발견되는 체험의 객관적 구조는 휴대전화의 사용이 구성하는 리얼리티의 시/공간 구조화이다. 이는 모바일 테크놀로지에 내재된 시/공간 조정 기능에 기인한다. 가령 휴대전화의 사용자가 공적 공간에서 자신에게 걸려 온 통화를 받는 순간(혹은 휴대전화의 특정 기능을 사용하기 위해서 휴대전화에 접속하는 순간), 눈앞의 실제적 대화자와 대화적 상황은 부차적인 것으로 밀려난다. 그 결과 나타나는 현상이 '공적 공간의 사사화(privatization)' 혹은 '사적 영역의 공격적 확장'이다(배진한, 2006: 241-5; Cameron, 2000: 129-30). 과거에 모두에게 공유된 것으로 인지되던 시/공간(도로, 공원, 쇼핑센터, 건물로비, 극장, 강의실, 도서관, 경기장, 미술관, 찜질방, 관공서, 식당, 교통수단 내부 등)이 휴대전화를 통해서 '사적으로' 절단되어 점령되는 현상이 그것이다[8].

사실, 휴대전화를 보편적으로 사용하기 이전에도, 공적 공간의 내부에 사적 공간이 형성되는 현상은 언제나 존재해왔다. 가령 공공장소에서 신문, 잡지 혹은 책을 읽는 자는 그가 참여하는 물리적 공간의 맥락과 스스로를 차단시키고 독서세계로 철수하기 위해서 그의 주변에 '미디어 벽(media wall)'을 친다(Gumpert · Drucker, 2004). 물리적으로는 벽의 이쪽과 저쪽이 동질적인 세계이지만, 현상학적 관점에서 보면 양자는 분리된 두 개의 리얼리티를 구성하고 있다. 한 편에는 독서자에게 고유하게 주어져 있는 지식의 세계가 펼쳐지고 있을 것이며, 다른 한편에는 독서자가 있는 공간(가령 공원)의 물질성이 지배하는 다른 리얼리티가 자리를 잡고 있다. 슈츠가 말하듯이 하나의 리얼리티는 독자적 '우주'이며, 각각의 우주는 상이한 시/공간 질서와 의미체계 그리고 관계의 형식을 갖는다[9]. 이런 이유로 하나의 리얼리티에서 다른 리얼리티로의 이선은 충격과 도약(leaf)을 통해서 이루어진다. 가령 누군가가 펼쳐진 신문을 찢으면서 독서가의 얼굴과

8) 공적 공간의 사사화는 동시에 사적 공간이 공무(公務)나 업무에 의해서 간섭받는 그 역의 결과와 동시적으로 진행된다. 엄밀하게 말하면 휴대전화의 사용은 공적 공간과 사적 공간의 경계를 심층적으로 와해시키는 결과를 가져왔다고 말할 수 있다(한동섭·전형석, 2006: 147).

9) 슈츠의 용어로 말하자면, 리얼리티는 '의미의 유한한 영역(finite province of meaning)'이다. 의미의 유한한 영역'은 윌리엄 제임스의 '하위-우주(sub-universe)' 개념을 변용한 것으로서, 사회적 행위자의 의미가 독자적이고, 정연하고, 동질적인 체험으로 구성될 수 있게 해 주는 동일 리얼리티의 차원을 가리킨다. 슈츠는 꿈의 현실, 무대의 현실, 예술의 현실, 농담의 현실, 놀이의 현실 등 서로 상이한 다양한 현실들(multiple realities)이 사회적 삶을 구성하고 있다고 보는데, 이중 하나의 현실에서 다른 현실로의 변전은 언제나 충격 혹은 도약을 통해서 이루어지며, 각각의 현실들은 각자의 독특한 인지적 스타일(cognitive style), 현실의 액센트(accent of reality) 그리고 체험의 일관성을 보장한다 ((Schutz, 1973: 229-234).

대면한다면, 신문을 읽던 자가 자신과 공중 사이에 쳐 놓았던 미디어 벽은 순간 와해되고, 사적 시/공간도 다시 공적 공간으로 회수되는 것이다.

이처럼 언제나 사적 공간의 확보가 가능했던 것은 사실이지만, 휴대전화의 등장과 함께 공적 공간에서 사적공간으로의 리얼리티 수준의 전환은 공간적으로 편재화되고 시간적으로 상시화되었다. 휴대전화를 소지하고 전원을 켜 놓고 있는 한, 어디에서나 그리고 언제나 하나의 리얼리티(사용자가 현재 관여하고 있는 사회적 상황)에서 다른 리얼리티(휴대전화를 통해 참여하게 될 대화적·비대화적 상황)로 이륙할 준비가 되어 있기 때문이다. 그는 자신이 일차적으로 관여하는 사회적 상황으로부터 이륙하여 가상적인 방식으로 구성된 '개인적 시/공'에 착륙한다. 정식화하여 말하자면, 휴대전화 미디어스케이프 속에서, 휴대전화의 사용자가 물리적 시/공간(리얼리티)로부터 탈(脫)맥락화되어 '개인적 시/공'에 재(再)맥락화되는 것은 반복적으로 진행된다(Licoppe·Heurtin, 2002). 이 과정에서 행위자의 육체를 둘러싸고 있는 것처럼 보이는, 그리하여 그 내부로 침범해서도 안 되며, 그 내부에서 들려오는 소리나 내용에 시민적 무관심(civil inattention)을 보여야 할 것처럼 느껴지는, 어떤 가상 피막(皮膜)이 형성된다. 그 피막은 강화된 개인의 영역을 표시하는 사회적 경계로서, 실재하는 것이 아니라 가상적으로 존재한다는 이유로 '가상 투명 캡슐' 혹은 '가상 전화 부스'라 불리기도 한다. 또한 비누 거품을 연상시킨다는 점에서 이 막은 '거품(bubble)'으로 불리기도 하고, 거품의 구체적 기능을 명시하여 '상호작용적 거품(interactional bubble)'이라 언명되기도 한다(Fortunari, 2003: 62; 링, 2008: 112; Kopomaa, 2004: 270-1; Cameron, 2000: 129). 또한 거품의 형성 자체가 모바일 미디어와 연관이 있다는 사실로 인해서 동일한 막이 '모바일 거품(mobile bubble)'이라 불리기도 한다(Bull, 2005: 173). 좀 더 공격적인 비유로서, 특히 여성들이 휴대전화에 대해서 갖는 안전감을 표현하는 '전화방패(phoneshield)'라는 표현도 존재한다(Plant, 2001: 62).

휴대전화가 창출하는 미디어스케이프를 특징짓는 가장 중요한 현상으로 나타나는 이 가상 피막은 사용자의 전체 신체를 감싸며 다른 존재를 그 내부에 허용하지 않는 순수하게 개인적인 시/공간을 보장한다. 휴대전화가 울려 통화를 시작하는 순간 주변의 사람들은 그 막의 내부에서 진행되는 대화의 내용에 대한 관심을 철회한 듯이 행동하기 시작한다. 커뮤니케이션 테크놀로지의 사용 속에서 구조적으로 나타나고 또 사라지는 가상 피막을 사용하여, 호모 모빌리쿠스는 자율적인 방식으로 공적 영적과 사적 영역에의 참여를 조절한다. 가상 피막의 내부로 진입할 때에 그들은 스스로를 격리 혹은 고립시킨다. 이런 점에서 가상 피막은 모바일 미디어스케이프의 행위자를 일종의 '모바일 모나드'로 만든다. 모바일 모나드는 모바일 테크놀로지를 통해서 가상 피막을 형성하고 그 내부에서 자신의 다양한 사적 욕망들을 자유롭게 충족시킬 수 있다. 그것은 "복잡하고 다양한 사회적 관계 속에서 각자에게 의미 있는 개인적인 영역을 건설하고자 하는 행위, 사고, 그리고 욕망"의 기술적 실현이다(김평호, 2002: 52). 사실 외부와의 소통이 차단된 단자적 존재를 구성하는 이 모바일 '모나디즘'은 나르시시즘과 인접해있다. 모바일 모나드가 기술적 도움을 얻어 자신만의 세계로 스스로를 단절시켜 유폐시킬 수 있기 때문에, 그는 타인들에 대한 관심을 철회하고 자신에게 고유한 코쿠닝(cocooning)의 공간을 건축한다. 그 공간은 그리하여 도구적 사용이 아닌 일종의 표현적 사용 혹은 자기연출의 공간이 된다(Ling & Yttri, 2002: 139-40).

IV. 호모 모빌리쿠스는 성찰적 존재인가?

1. 반성과 성찰

휴대전화의 모바일 테크놀로지가 창출하는 미디어스케이프에 대한 현상학적 분석을 통해 호모 모빌리쿠스가 특수한 방식으로 자신의 성찰성을 실현하는 존재라는 사실을 확인한 바 있다. 그러나 과연 호모 모빌리쿠스는 일반적으로 '성찰성'이라 불리는 그와 같은 능력을 갖고 있는가? 오히려 그의 체험구조는 성찰성의 약화를 방증하는 것이 아닌가? 이 문제는 사실 '성찰성'의 개념 그 자체를 이론적으로 성찰하는 과정을 요구한다. 왜냐하면 일반적으로 사용되는 '성찰성'이라는 용어는 근대 인식론의 반성(reflection) 개념에 뿌리를 내리고 있는데, 이는 내성적인 인지적 결단, 판단, 집중의 행위를 가리키기 때문이다. 어원적으로 반영(反映)이나 반사(反射)를 의미하는 이 개념은 기본적으로 인식에 대한 시각중심적 모델에 뿌리내리고 있다(Sandywell, 1996: xiv). 반성이란 거울에 비추어 보는 것, 거울에 반사(반영)된 자신을 다시 보는 것을 의미한다. 인식론의 맥락에서 거울은 언제나 자신의 '의식'이다. 그리하여 반성을 실천한다는 것은 결국 자신의 의식에 비친 자기 자신을 바라본다는 것을 의미한다. 이런 행위가 가능하기 위해서는 반성의 주체는 외부로 향한 눈을 닫고, 이제까지는 인지되지 않던 내적 자기와의 내밀한 관계에 정신을 집중해야 한다. 이런 점에서 반성은 관조적이며 내향적인 의식의 지향이다. '보는 나'와 '보여지는 나' 사이에는 순수하게 인식론적 관계가 설정되며, 반성이 이루어지는 시/공간은 철저하게 인식주체의 내면이다. 그것은 근대 서구 인식론의 기본 모델인 주관-객관의 이분법을 주관의 내부에 재기입한 형태로 이해할 수 있다.

이런 영향 속에서 '성찰성'이라는 용어는 내향적, 내성적, 관조적 의식주체와 자연스럽게 연결되어 있다. 성찰은 '사유'를 의미하며 더 나아가 언제나 '자신에 대한 지식'을 의미한다. 그러나 이때의 성찰은 고전적 의미의 반성과 구분하기 어렵다. 그와 같은 내성의 모델로부터 벗어난 '성찰성'의 논의는 가능한 것인가? 성찰성의 개념은 반드시 그런 사유상(像) 속에서만 가능한 것인가? 이런 맥락에서 흥미로운 것이 벡, 기든스, 래시가 1994년에 함께 쓴 『성찰적근대화』에서 모색된 '반성과 구분되는 성찰성'의 개념화 시도이다. 후기 근대(late modernity)를 사는 사회적 행위자의 가장 주목할 만한 특징 중의 하나로 설정된 '성찰성'은, 비록 세 이론가 사이에 그 개념이 완벽하게 통일되지 않았지만, 인식론적 반성과 준별된다. 반성이 아닌 성찰성의 독자적 개념화는 성찰적 개인이 반성하는 개인과 다른 존재라는 사실을 부각시킨다.

우선 기든스는 성찰성의 뿌리가 반성에 있음을 분명히 하지만, 20세기 후반의 후기 근대에 문제가 되는 것은 그와 같은 인식론적 반성이 아니라, 사회구조의 변동에 따라 명백하게 드러나는 새로운 성찰성의 문제임을 지적한다. 그는 전통적인 반성과 깊게 연관되어 있는 행위에 대한 성찰적 감시(reflexive monitoring of action)와 근대성의 역사적 구조 변동과정에서 등장하는 현대의 성찰성을 구분하고 있다[10]. "현대의 성찰성은 모든 인간 활동에 고유한, 행위에 대한 성찰적 감시와 구분되어야 한다. 현대의 성찰성은 사회적 활동의 대다수 측면의 감수성, 또 자연과의 물질적 관계의 가변성을 뜻하며, 새로운 정보나 지식에 비추어 이루어지는 항상적인 수정을 뜻한다. 이러한 정보나 지식은 현대적 제도에 부수하는 것이 아니라 현대적 제도를 구성하는 것이다 - 현대적 사회조건에서는 성찰성에 대한 성찰가능성이 많이 존재하기 때문에 이는 복잡한 현상이다"(기든스, 1991: 65). 단순히 개인의 내면에 침잠하여 의식 속에 반영된 자기를 관조하는 철학적 반성과 구분되는 이 현대적 성찰성을 기든스는 '구조적 성찰성'과 '자아 성찰성'의 개념으로 나누어 고찰하고 있다(래시, 1994: 171; 기든스, 1991: 143). 기든스에게 성찰적 개인은 반성적 인간이 아니라 전문가집단의 소언과 도움을 얻어가면서, 외부에서 유입되는 정보와 지식을 충분히 활용하면서 '자기'를 디자인해 나가는 존재이다.

성찰성과 반성의 이런 구분은 울리히 벡에게서도 발견된다. 벡은 우선 성찰성과 반성을 개념적으로 구분한다. "이 개념(성찰적 근대화 - 필자)은 (성찰적(reflexive)이라는 형용사가 시사하는 것처럼) 반성(reflection)이 아니라, (일차

---

10) 기든스는 이미 1984년의 『사회구성론』에서 성찰성을 "인간이 나타내 보이고 또한 타인도 나타내 보일 것으로 기대하는 행위에 대한 지속적 감시(continuous monitoring of action)"로 정의한다(기든스, 1984: 45-6). 이때 성찰성은 사회적 행위의 의미에 대한 자기이해라는 이론적 함의를 갖고 있는 것으로서 사회학의 전통 속에서 베버, 미드, 쿨리, 슈츠, 고프먼, 가핑클, 부르디외, 하버마스, 굴드너, 루만 등에 의해 사회적 상호작용의 중요한 특징으로 인지되어 온 바 있다(Beck, 1999: 110-1).

적인) 자기대면(self-confrontation)을 의미한다 (...). 산업사회에서 위험사회로의 자동적이며, 바라지도 않고, 보이지도 않는 이행을 (반성과 구분해서 대조하기 위해) 성찰성(reflexivity)이라고 부르기고 하자"(벡, 1994a: 27-8). 벡에게 성찰성의 주체는 개인이 아니라 오히려 근대성 그 자체이다. 그가 말하는 성찰성은 사실상 재귀성(再歸性)에 가까운 것으로서 근대의 산물이 근대에게 다시 재귀함으로써 발생하는 문제를 지시한다. 중요한 것은 벡 역시 반성과 성찰성을 명백히 구분하고 있으며 위험사회에서 반성은 중요한 역할을 수행할 수 없다고 판단한다는 점이다(벡, 1994b: 243-7).

이런 점에서 흥미로운 것은 래시의 견해이다. 래시는 '미학적 성찰성' 혹은 '해석학적 성찰성'의 개념으로 성찰성의 인지적 성격을 비판하면서 동시에 성찰성을 몸의 차원, 성향과 습관의 차원, 즉 아비투스의 차원으로까지 하강시키고 있다[11]. 이 때 성찰성은 반성이나 의식을 통한 내성(內省)이 아니라, 감성·미학적 차원 즉 체험 혹은 실천의 수준에서 발휘되는 감각적인 능력이다(래시, 1994: 221 이하; Lash, 1993). 이렇게 본다면 성찰성은 반성과 한결 더 날카롭게 구분된다. 성찰성은 고도의 결단을 위한 내향적 집중이 아니다. 그것은 의식의 자기지향이라기보다는 오히려 감각, 취향, 미학적인 소통 속에서 이루어지는 "자기-해석(self-interpretation)"이다(Lash, 1993: 8). 성찰성을 반성의 모델 위에 정초하는 것은 20세기 후반의 새로운 삶의 환경 속에서 등장하는 다양한 실천, 문화, 태도 등을 바라보지 못하게 하는 결과를 가져올 수 있다. 따라서 래시는 정보통신 환경, 미디어 구조의 확산이 가져온 사회구조적 변동 속에서 과거의 '반성' 모델이 붕괴하고, 다른 형태의 '성찰성'이 드러나고 있다는 사실을 좀 더 적극적으로 주장한다. 이미 어리(John Urry)와 함께 성찰적 개인을 형성하는 물적 기반으로서 '정보통신구조(information and communication structure)'의 중요성

11) '미학적(esthetic)'이라는 용어는 그 그리스어 어원 aisthēsis가 가리키듯이, 감수성, 감각, 지각의 방식을 가리킨다. 미학이 예술작품과의 연관을 갖기 이전에 그것은 감각적 체험을 가리킨다. 래시가 말하는 미학적 성찰성도 감성적, 감각적, 체험적 수준에서 발휘되는 성찰성을 의미한다. 이런 점에서 esthetic을 경우에 따라서 '감성·미학적'이라는 용어로 번역 사용하기로 한다.

을 지적한 바 있는 그는 2001년의 한 논문에서 이와 같은 입장을 더욱 급진적으로 표명한다[12]. 그에 의하면 정보통신구조가 구성하는 '기술적 삶의 형식(technological forms of life)'은 앞서 말한 '반성'을 불가능하게 하며 그 대신 소통에 기초한 성찰성을 유포한다는 것이다. 그는 이렇게 쓴다. "이 경험주의적 현상학 속에서, 의미구성은 그 내면성을 상실한다. 주체의 내면성은 납작해진다. 예술가, 분석가, 철학자의 표현적 주체성, 프롤레타리아트 의식의 내면성은 침식된다. 표현적 주체성은 의식을 내적 대화로 간주해왔다. 의미는 의식 안에 자리 잡고 있는 것이었다. 자신이 스스로 의미를 만들어내는 것이었던 셈이다. 기술적 삶의 형식 속에서, 의미구성은 타자들을 위한 것이 되었다. 의미구성은 설명하기이며, 해설하기이며, 그것은 '소통'이다(...). 기술 문화 속에서 성찰성(reflexivity)은 반성(reflection)과 분리된 과정이 아니다. 그런 반성을 위한 시간과 공간이 존재하지 않는다. 말과 사물, 생각과 실행 사이에 융합이 일어난다. 더 나아가서, 생각한다는 것은 동시에 행동한다는 것이 아니다. 생각한다는 것은 동시에 소통한다는 것이다. 기술적 문화에서 성찰성은 실천이 된다. 그것은 커뮤니케이션이 된다"(Lash, 2001: 110).

새로운 기술이 지배하는 21세기적 미디어스케이프 속에서 반성은 약화된다. 반성과 더불어 내면적 성찰성도 퇴조한다(탈내면화). 대신 래시에 의하면 소통하는 성찰성, 즉각적인 커뮤니케이션, 타자지향적 의미구성과 같은 새로운 방식의 주체성의 능력이 강화된다. 이런 능력은 여전히 '성찰성'이라는 이름으로 불린다. 소멸한 것은 성찰성이 아니라 반성 능력이다. 반성이 아닌 소통에 기초한 성찰성

12) "반대로 오늘날의 성찰적 개인들 밑에는 어떤 구조적 기반이 진정 존재하다고 우리는 주장한다. 그리고 이것은 사회구조가 아니라 점점 확산되고 있는 정보통신구조(information and communication structure)라고. 우리는 일국적 범위를 가진 사회구조들이 이런 지구적인 정보통신구조들로 대체되는 과정이 경향적으로 전개되기 시작하고 있다고 제안한다. 이 정보통신구조들은 바로 네트워크화된 흐름이며 이 책의 주제인 바로 기호와 공간의 경제이다. 따라서 정보의 구조화된 흐름과 축적은 인지적 성찰성의 기초이다. 그러므로 이미지와 표출적 상징의 구조화된 흐름과 축적은 싹트고 있는 미학적 성찰성의 조건이다. 인지적 성찰성과 미학적 성찰성 모두의 조건을 따라서 공간 속의 기호의 경제이다"(래시 & 어리, 1994: 21).

을 섬세하게 파악하는 것은, 미디어와 테크놀로지의 힘이 행위자의 자기-해석 능력을 결코 일방적으로 좌우하지 않으며, 행위자는 미디어스케이프의 진화 속에서 나름의 방식으로 자신의 성찰적 능력을 유지한다는 인식에 기초하고 있다. 이를 모바일 성찰성이라 부른다.

2. 모바일 성찰성

휴대전화가 구조화하는 파편화된 체험 속에서 구성되는 호모 모빌리쿠스는 한편으로 외부세계의 산란한 감각적 지각과 의미 없는 소통에 노출되어 있다. 그러나 이 산만성에의 노출은 사실은 각도를 바꾸어 살펴보면 일상적 삶의 다양한 영역들을 미세하게 조정할 수 있는 유연성(flexibility)과 직접적으로 연결된다. 한 자리에서 수많은 대상들과 접촉·접속할 수 있는 가능성(산만성의 원인이기도 한)으로 인해 휴대전화 고유의 기능인 일상생활의 미시조정(micro-coordination)이 파생되기 때문이다(Licoppe & Heurtin, 2002: 95). 미시조정이란 휴대전화 특유의 이동성을 통해 약속시간이나 장소의 변경과 같은 섬세한 활동들을 원활하게 조정하는 것을 가리킨다. 휴대전화를 갖고 있는 사람들끼리의 만남(meeting)은 근접만남(approximeeting)이 된다(Plant, 2001: 61). 이런 유연성은 휴대전화 사용자가 모바일 테크놀로지를 활용하여 일상적 삶의 미세 국면들을 자율적으로 관리할 수 있다는 것, 과거에 견고하게 구축되어 있던 시간 체험의 양상들을 유연하게 조절함으로써 타인들을 포함한 환경 그 자체를 통제하고 있다는 것을 보여준다(김고연주·이지은, 2006: 99). 이 미시조정 행위는 휴대전화 미디어스케이프가 만들어내는, 수많은 '규범적 회색지대'에 의해서 구조적으로 요청된다. 규범적 회색지대는 공적 영역과 사적 영역사이에, 일과 여가사이에, 통화를 하고 싶은 사람과 통화하고 싶지 않은 사람 사이에서 형성되며, 휴대전화 사용자에게 특정한 '선택'과 '판단'을 요구한다. 전화를 받아야 할 것인가 말 것인가? 문자 메시지에 응답을 할 것인가 말 것인가? 전화를 할 것인가 문자 메시지를 보낼 것인가? 문자 메시지는 어떤 어투로 작성할 것인가? 이모티콘을 사용하는 것이 좋은가 아니면 무례한가? 전화나 문자를 보내도 좋은 시간인가? 그와의 관계가 그런 소통을 허용하는가 그렇지 않은가? 공식적으로 주어진 여가 시간에 공무로 걸려 오는 전화를 받아야 하는가 말아야 하는가? 어떤 공적 공간에서 전화를 받을 수 있는가? 목소리의 톤은 어느 정도로 해야 하는가? 현재 물리적으로 상호작용하는 존재와 휴대전화를 통해서 원격현존하는(tele-present) 존재 사이에 누구에게 우선권을 주어야 하는가? 휴대전화가 존재하지 않던 시기에는 발생할 수 없었던 이런 수많은 새로운 선택의 상황들이 행위자의 자율적 의사결정을 요청한다. 돌려 말하면, 특정한 규칙이나 외적 규범이 가장 적합한 행동양식을 선험적으로 규정하지 않는 이와 같은 규범적 회색지대에서 판단과 선택과 책임은 휴대전화의 이제 전적으로 사용자의 몫이 된다(Jauréguiberry, 2003: 144-5; Gonord & Menrath, 2005: 26).

휴대전화가 요구하는 성찰성은 전화벨이 울리는 순간 바로 행위자의 판단을 요청하기 시작한다. 성찰성은 휴대전화의 사용 그 자체에 내재되어 있다. 예를 들어 앞서 말한, 휴대전화 사용에서 나타나는 가상 피막의 경우, 그것이 형성되는 것은 언제나 모바일 주체의 의지에 따라 자유로운 방식으로 실행될 수 있는 것이 아니다. 가상 피막의 형성이 언제나 자유롭게 이루어지지 않는 것은, 휴대전화의 사용을 규정하는 사회의 암묵적 규범 때문이다. 말하자면 가상 피막의 존재는 사회적으로 인정되어야 구성될 수 있다. 어떤 경우에 가상 피막이 설정되는지, 어떤 경우에는 그것이 설정되지 않는지는 그 사회가 공적 공간에서 설립되는 사적 영역(그 경계가 바로 가상 피막이다)에 대하여 어떤 암묵적 합의를 이루었는가에 달려 있다. 그것은 기술적 결정이 아니라 사회적 결정에 따른다. 가령 수업 중에 걸려온 전화, 영화관에서, 혹은 KTX의 객실에서 울리는 휴대전화를 일상적인 음량과 어조로 받는 행위는 무례한 것으로 여겨진다. 이런 경우 대개 행위자는 휴대전화를 끄거나 작은 목소리로 전화를 받을 수 없는 상황이라는 사실을 통보하고 차후로 통화를 미루거나 전화기를 들고 사적 공간으로 인정된 새로운 장소로 이동하여 통화를 시도한다. 가상피막의 형성은 좌절된다. 가상 피막이 이처럼 사회적 에티켓에 대한 암묵적 합의와 교섭 양상에 따라서 '거품'처럼 사라질 수도 있는 취약성을 갖고 있기 때문에, 휴대전화의 사용자는 전화를 사용하는 과정에서 상황적합성을 고려할 수밖에는 없다. 그런데 이와 같은 성찰은 많은 경우 (반성과는 달리) 행위자의 신체에 습관화되어 지성의 의식적인 숙고 행위를 요구하지 않는다. 즉 성찰은 아비투스화되어 있는 경우가 많다(래시, 1994: 224-5). 지하철과 같이 휴대전화 사용이 완전히 금지되지도 완전히 허용되지도 않은 애매한 공간에서 휴대전화의 사용자는 전화에티켓에 수반되는 제스처를 취하거나(입을 손으로 가린다거나 고개를 돌리는 행위), 아니면 자신이 전화를 받는다는 사실에 대한 공중(公衆)의 반응을 살피는 등의 (습관화된) 성찰적 행위에 돌입한다.

리코프와 허틴이 지적하고 있듯이, 휴대전화 사용에 내재된 시/공간의 탈맥락화와 모나드적 공간의 형성은 기든스가 근대성의 역동성의 가장 중요한 요인으로 제시하는 시/공간의 분리 그리고 제도의 장소귀속탈피를 가능하게 하는 테크놀로지 중의 하나로 이해할 수 있다(Licoppe & Heurtin, 2002: 96). 시/공간의 물질적 구속으로부터 자유로워지는 '개인'은 근대적 성찰성의 독특성이라 할 수 있는 '미학적 성찰성'을 구현한다. 기본적으로 인식론적이며 윤리적인 반성과 달리 근대적 성찰성은 자아의 물질화된 차원(신체, 스타일, 블로그, 사진 등과 같은 자기표현)에 대한 유희적 자기 관리를 그 중요한 구성요소로 갖고 있다. 그 대표적인 실례가 바로 '셀카'로 대표되는 개인적 영상 행위이다. 주지하듯이, 셀카는 휴대전화에 부착된 카메라를 통해서 자신의 모습을 찍고, 편집하고, 이송하는 전형적인 자기연출적, 자기표현적 행위이다(Gye, 2006: 138, 141-2). 스스로가 주체이자 동시에 객체로서 자기를 대상화하는 체험을 제공하는 셀카는 자신을 "검토하고, 의미화하고, 성찰하는 윤리적 태도"를 구비하고 있다는 점에서 푸코적 의미의 '자기 배려' 혹은 '자기의 테크노로지'의 면모를 보여주는 것으로 해석될 수도 있다(김예란·권정민, 2008: 228; 신용식, 2005: 18 이하). 모바일 테크놀로지가 허용하는 나르시시즘적 행위는 자기의 테크놀로지에 내포된 감성·미학적 성찰성을 구현하는 실천의 양식들이다. 모바일 모나드는 단순한 나르시스가 아니라, 자신을 감각적으로 연출하는 가능성을 '유희적인 방식'으로 보여주고 있다. 이런 미학적 자기 조회는 휴대전화가 구조화하는 체험형식에 내재된 모나드적 시/공간의 구조화에 기술적으로 친화적이다.

휴대전화 미디어스케이프에 내포된 성찰성의 특성은 이런 점에서 다층적이며 감각적이다. 앞서 말한 바와 같이, 휴대전화의 사용자는 반성의 인간은 아니다. 그러나 그렇다고 해서 그가, 피상적 커뮤니케이션에 종속되어 있고, 기술 수단에 쉽게 중독되어 산만한 정신 상태를 벗어나지 못하고, 현실과 기술이 제공하는 가상적 세계를 구분하지 못하는, 그리고 감각적 자극의 전자적 홍수 속에서 숙고의 시간을 상실해버린 표피적 인간이라고 파악하는 것은 단견이다. 후기 근대의 성찰적 개인은 반성의 능력과 조건과 환경에서 등장하는 것이 아니라, 일종의 아노미적 상황, 절대적 준거의 해체, 내면의 응시가 아닌 행위의 근거에 대한 인식가능성의 기술적 확장 속에서 등장한다. 이런 점에서 휴대전화 미디어스케이프는 자신에게 고유한 성찰성의 형식(모바일 성찰성)을 구성하고 있다고 볼 수 있다. 모바일 성찰성은 모바일 테크놀로지의 영향 하에서 형성되는 성찰성의 차원을 의미하는 동시에, 성찰하는 존재의 물리적, 상징적, 사회적 이동성을 표현한다. 환언하면 이 주체는 성찰성의 인식론적 뿌리인 반성의 이미지, 즉 사유의 정주(定住)와 반대되는 노마드적 소통인이다. 그는 고독 속에서 자신의 내면으로 침잠하는 존재가 아니라, 끊임없이 공간과 공간을 가로지르며 타자들과 접속하는 자이다. 그가 체현하는 성찰성의 특성을 다음과 같이 정리할 수 있다.

첫째, 모바일 성찰성은, 불확실성의 지각 조건 속에서 애매하고 아노미적인 상황들을 섬세하게 조정해가면서, 자기입법적으로 판단, 선택, 실천하는 주체의 자기조절 능력을 가리킨다. 둘째, 모바일 성찰성이 실현되기 위해 요구되는 물리적 장치는 가상 피막을 통해서 형성되는 모나드적 공간이며, 모바일 성찰성의 주체는 이 공간을 시의적절하게(성찰적으로) 활용하여 유희적·미학적으로 자기를 조회하고 전시하고 연출한다. 셋째, 모바일 성찰성의 주체는 내면에 존재하는 초월적 타자의 시선으로 자신을 바라보는 것이 아니라, 어딘가에서 자신에게 전화를 걸거나 호출을 해 올지 모르는 타자들(그리고 외부 공간을 흘러다니는 무수한 정보들)의 항상적 원격현존에 외적으로 지향되어 있다. 넷째, 모바일 성찰성은 규범적이거나 인지적인 대신에 감성·미학적 성격을 갖고 있으며 그의 성찰성은 신체를 매개로 발휘되며, 체험의 수준에서 실천된다.

V. 마치며

이상에서 휴대전화가 구성하는 미디어스케이프에 내재하는 세 가지의 중요한 체험 양식을 각각 탈내면화, 모나드화, 모바일 성찰성의 개념으로 포착하였다. 이를 위해서 휴대전화와 그것을 사용하는 행위자의 체험에 대한 현상학적 관찰과 묘사 그리고 개념화를 제안했다. 이 글에서 제안된 미디어스케이프는 특정 미디어가 구성하는 세계/상황의 이념형적 이미지를 의미한다. 미디어스케이프를 정확하게 묘사하는 것은 해당 미디어(휴대전화)와 그 사용자의 인터페이스, 그리고 그 인터페이스의 영향 속에서 특수한 방식으로 재구성되는 체험 세계를 감각적인 수준에서 포착하여 이를 제시하는 것을 의미한다. 이와 같은 방식의 탐구는 휴대전화와 같이 우리의 일상생활에 깊이 침투하여, 그것에 대한 반성이 특수한 조건과 거리두기를 통해서만 가능한 그런 사물(중간대상, 보철, 인터페이스)의 의미를 탐구하기 위해서 불가피한 것이다. 휴대전화 미디어스케이프를 특징짓는 세 가지 체험양식을 상술하는 과정에서 휴대전화가 독특한 성찰성의 유형을 구조화하고 있음을 발견하고 이를 모바일 성찰성이라 명명했다. 모바일 성찰성의 주체는 행위의 의미를 자신의 내면으로부터 생성시키는 대신, 외적으로 구비된 커뮤니케이션 공간과의 긴밀한 교섭 속에서, 즉 자신의 외부에서 구성해낸다. 모바일 성찰성을 발휘하여, 호모 모빌리쿠스는 개인의 사적 공간과 공적 공간 사이의 미묘한 경계선을 미세하게 조정한다. 새로운 테크놀로지가 열어놓은, 아직 규범화되지 않은 수많은 사안들을 자신의 힘으로 정리하고, 그 행동규준을 마련한다. 래시가 분석한 것과 같이 기술적 합리성이 지배하는 후기 근대적 상황에서 모바일 성찰성은 모바일 미디어가 재구성한 세계에 존재하는 행위자들을 탈내면적인 동시에 자기입법적인 존재로 만드는 한 원리로 기능하고 있다고 할 수 있다.

〈참고문헌〉

기든스(Giddens, Anthony). 1984. 『사회구성론』. 황명주, 정희태, 권진현 옮김. 자작아카데미. 1998.

__________. 1991. 『현대성과 자아정체성』. 권기돈 옮김. 새물결. 1997.

__________. 1994. "탈전통사회에서 산다는 것". 『성찰적근대화』. 임현진, 정일준 옮김. 한울. 1998.

김고연주·이지은. 2006. "정서적 매체로서의 핸드폰". 『미디어, 젠더 & 문화』 (5): 94-124.

김성도. 2008. 『호모 모빌리쿠스』. 삼성경제연구소. 2008.

김신동. 2001. "호모 텔레포니쿠스의 등장". 『한국언론학보』 (45-2): 62-85.

김영민. 2004. "거울 속에는 소리가 없소". 『당대비평』 (25): 300-317.

김예란, 2007. "모바일 정체성". 『모바일 미디어의 문화와 시장』. 커뮤니케이션북스.

김예란·권정민. 2008. "일상적 '찍기'와 '되기'로서의 정체성". 『젠더, 이주, 모바일 놀이』. 한울.

김원석. 2008. 『호모 모빌리언스』. 지성사.

김찬호. 2008. 『휴대폰이 말하다』. 지식의날개.

김평호. 2002. "이동성, 그리고 사인주의". 『한국언론정보학보』 (18): 37-61.

래시(Lash, Scott). 1994. "성찰성과 그것의 분신들: 구조, 미학, 공동체". 『성찰적근대화』. 임현진, 정일준 옮김. 한울. 1998.

래시 & 어리(Lash, Scott & Urry, John). 1994. 『기호와 공간의 경제』. 박형준, 권기돈 옮김. 현대미학사. 1998.

링(Ling, Rich). 2008. 『모바일 미디어와 새로운 인간관계 네트워크의 출현』. 배진한 옮김. 커뮤니케이션북스. 2009.

마노비치(Manovich, Lev). 2001. 『뉴미디어의 언어』. 서정신 옮김. 2004. 생각의나무.

마이어슨(Myerson, George). 2001. 『하이데거, 하버마스, 그리고 이동전화』. 김경미 역. 2003. 이제이북스.

맥루한(McLuhan, Marshall). 1964. 『미디어의 이해』. 김성기·이한우 옮김. 민음사. 2002.

맥루한·피오레(McLuhan, Marsahll. & Fiore, Quentin). 1967. 『미디어는 마사지다』.

김진홍 옮김. 커뮤니케이션북스. 2001.
메를로-퐁티(Merleau-Ponty, Maurice). 1945. 『지각의 현상학』. 류의근 옮김. 문학과지성. 2002.
박승관·김대호·김은미. 2003. "한국사회에서의 DMB 도입과 그 의의". 『한국언론학회 심포지움 및 세미나』. 학술대회자료. 한국언론학회: 71-94.
방송통신위원회. 2010. "유, 무선 통신서비스 가입자현황". http://www.kcc.go.kr
배진한. 2006. "공적 공간에서의 이동전화 이용에 영향을 미치는 요인에 관한 연구". 『언론과학연구』(6-3): 237-271
베버(Weber, Max). 1904. "사회과학적 글고 사회정책적 인식의 '객관성'". 『막스 베버 사상 선집 I』. 전성우 옮김. 나남출판. 2002.
벡(Beck, Ulich). 1994a. "정치의 재창조: 성찰적 근대화 이론을 향하여". 『성찰적근대화』. 임현진, 정일준 옮김. 한울. 1998.
__________. 1994b. "답변과 비판". 『성찰적근대화』. 임현진, 정일준 옮김. 한울. 1998.
볼츠(Bolz, Norbert). 1995. 『구텐베르크-은하계의 끝에서』. 윤종석 옮김. 문학과지성. 2000.
신용식. 2005. "디지털 시대의 개인적 영상의 미학적 의미". 『디지털영상학술지』(2-1): 11-27.
아파두라이(Appadurai, Arjun). 1996. 『고삐풀린 현대성』. 차원현, 채호석, 배개화 옮김. 2004. 현실문화연구.
위니캇(Winnicott, Donald). 1971. 『놀이와 현실』. 이재훈 옮김. 한국심리치료연구소. 1997.
이동후. 2009. "휴대전화 인터페이스에 관한 미디어 생태학적 고찰". 『인간, 환경, 미래』(2).
이재현. 2003. "멀티미디어와 문화 인터페이스". 『언론정보연구』(40).
이재현. 2004. 『모바일 미디어와 모바일 사회』. 커뮤니케이션북스.
전경란. 2007. "모바일 사회, 모바일 라이프, 그리고 모바일 문화". 『모바일미디어의 문화와 시장』. 커뮤니케이션북스.
짐멜(Simmel, Georg). 1903. "대도시와 정신적 삶". 『짐멜의 모더니티 읽기』. 김덕영·윤미애 옮김. 새물결. 2005.

크레이브(Craib, Ian). 1988. 『현대사회이론의 조명』. 김동일 옮김. 문맥사.

한동섭·전형석. 2006. "모바일 커뮤니케이션과 사회문화". 『모바일미디어』. 커뮤니케이션북스.

Beck, U. 1999. *World Risk Society*. Polity.

Benasayag, M. & Rey. A. D. 2006. *Plus jamais seul*. Paris. Bayard.

Benjamin, W. 1972-89. *Gesammelte Schriften*. Frankfurt a. M.

Breton, Ph. 1992. *L'utopie de la communication*. Paris. La Découverte.

Bull, M. 2005. "The Intimate Sound of Urban Experience". Kristóf Nyíri (ed.). *A Sense of Place*. Vienna. Passagen Verlag.

Calefato, P. 2003. 'Wearing Communication: Home, Travel, Space. in *Mediating the Body*. ed. L. Fortunari et al. London. Lawrence Erlbaum.

Cameron, D. 2000. "Language. Small Incivilities". *Critical Quarterly*(42-2): 127-131.

Caron, A. H. & Caronia, L. 2007. *Moving Cultures*. McGill-Queen's University Press.

Castells, M. et al. 2007. *Mobile Communication and Society*. Cambridge, Mass., London, England. The MIT Press.

Chayko, M. 2008. *Portable Communities*. Suny Press.

Dubet, F. 1994. *Sociologie de l'expérience*. Paris. Seuil.

Everett, A. 2003. "Digitextuality and Click Theory". A. Everett & J. T. Caldwell. *New Media. Theories and Practices of Digitextuality*. N.Y. and London. Routldege.

Ferguson, H. 2006. *Phenomenological Sociology*. Sage.

Fortunari, L. 2003. "Real People, Artificial Bodies". in *Mediating the Body*. ed. L. Fortunari et al. London. Lawrence Erlbaum.

Garfinkel, H. 1967. *Studies in Ethnomethodology*. Polity.

Goffman, E. 1963. *Behavior in Public Places*. New York. The Free Press.

Goggin, G. 2006. *Cell Phone Culture*. London and N.Y. Routlege.

Gonord, A. & Menrath, J. 2005. *Mobile attitude*. Paris. Hachette.

Gumpert, G. & Drucker, S. 2004. "Plato's Cave. Public Space Transformed".

http://openspace.eca.ac.uk/conference/proceedings/PDF/Gumpert.pdf.
Gye, L. 2006. "Picture This". G. Goggin. *Mobile Phone Cultures.* Routledge.
Habuchi, I. 2005. "Accelating Reflexivity". *Personal, Portable, Pedestrian.* ed. M. Ito, D. Okabe, and M. Matsuda. The MIT Press.
Husserl, E. 1913. 『순수현상학과 현상학적 철학의 이념들 1』. 이종훈 옮김. 한길. 2009.
Itami, K. 2006. "Jamais sans mon mobile. La journée ordinaire d'un Japonais". in *Courier International.* n° 342-343. le 21, décembre.
Jauréguiberry, F. 2003. *Les branchés du portable.* Paris. PUF.
Kopomaa, T. 2004. "Speaking Mobile". *The Cybercities Reader.* ed. Stephen Graham. Routledge.
Kracauer, S. 1926. "Cult of Distraction". *The Mass Ornament.* trad. Thomas Y. Levin. Havard University Press. 1995.
Lasen, A. 2004. "Affective Technologies: Emotions and Mobile Phones". *Receiver* no 11. http://www.vodafone.com/flash/receiver/11/articles/pdf/11_03.pdf.
Lash, S. 1993. "Reflexive Modernization". *Theory, Culture & Society*(10-1).
Lash, S. 2001. "Technological Forms of Life". *Theory, Culture & Society*(18-1): 105-120.
Licoppe, C. & Heurtin, J.-Ph. 2002. "France: preserving the image". J. E. Katz & M. A. Aakhus (eds.). *Perpetual Contact.* Cambridge University Press.
Ling, R. & Yttri, B. 2002. "Hyper-coordination via mobile phones in Norway". J. E. Katz & M. A. Aakhus (eds.). *Perpetual Contact.* Cambridge University Press.
Martin, C. 2007. *Le téléphone portable et nous.* Paris, L'Harmattan.
Oksman, V. & Rautiainen, P. 2003. "Extension of the Hand: Children's and Teenagers' Relationship With the Mobile Phone in Finland". *Mediating the Body.* ed. L. Fortunari et al. London. Lawrence Erlbaum.
O'Leary, Z. 2010. *The Essential Guide to Doing Your Research Project.* Sage.
Ott, K. *et al.*(eds.) 2002. *Artificial Parts, Practical Lives.* N.Y. & London. New York University Press.

Parsons, T. 1937. *The Structure of Social Action*. N.Y. The Free Press.

Perriault, J. 1989. *La logique de l'usage*. Paris. L'Harmattan.

Plant, S. 2001. "On the Mobile". Report for Motorola. available http://www.motorola.com/mot/doc/0/234_MotDoc.pdf.

Richardson, I. 2008. "Pocket Technospaces". *Mobile Phone Cultures*. Gerard Goggin. ed. London and New York. Routledge.

Sandywell, B. 1996. *Reflexivity and the Crisis of Western Reason. vol. 1*. London and New York. Routledge. p. 333-6.

Schutz, A. 1962. *The Phenomenology of the Social World*. trans. G. Walsh & F. Lehnert. Northwestern University Press.

________. 1973. *Collected Papers I*. Hague. Martinus Nijhoff.

Serlin, D. 2004. *Replaceable You*. Chicago & London. Chicago University Press.

Sterne, J. 2006. "The mp3 as cultural artifact". *New Media & society* (8-5): 825-842.

Tisseron, S. 2000. *Petites mythologies d'aujourd'hui*. Paris. Aubier.

Townsend, A. M. 2000. "Life in the Real-Time City". *Journal of Urban Technology* (7-2): 85-104.

Warnier, J.-P. 1999. *Constuire la culture matérielle*. Paris. PUF.

제2편

배달의 사회학

02

배달의 사회학

최종렬

I. 들어가며

2011년 현재, 한국사회에 '언제 어디서나' 무엇이든 배달되고 있다. 커피와 자장면 같은 기존의 배달 품목은 물론 한식과 양식 가릴 것 없이 거의 모든 음식이 언제 어디서나 배달되고 있다. 나무, 돌, 자동차, 컴퓨터, 가구, 가전제품 등과 같이 무거운 것은 물론 옷, 완구, 학용품처럼 가벼운 것도 배달되고 있다. 심지어 분양 받는 애완견이 KTX로 배달되기도 한다. 꽃, 화분, 사탕, 초콜릿 등이 개인 기념일은 물론 스승의 날이나 어버이날 등 특별한 날에도 배달된다. 경조사에도 배달을 시키면 배달직원이 축의금과 조의금을 내주고 방명록에 대신 사인까지 해준다. 친밀한 사적인 관계에서만 가능한 친밀성도 노래방도우미나 안마처럼 출장으로 배달된다. 심지어 대리운전의 경우에는 자기 자신까지도 배달된다. 더 나아가 주문하지 않은 것도 배달되는데, 이 글을 최종적으로 제출하는 이 순간 핸드폰으로 다음과 같은 문자가 배달되었다. "고객님 신청하신 생활자금 1차 승인 나셨습니다. 전화즉시입금가능. 연이율 6.3%."

과연, 2011년 현재 한국사회에 배달되지 않는 것이 있기나 한 것일까? 상품 논리를 따라 말하자면 충분한 이윤을 내지 못하는 것은 배달 품목에서 제외될 수 있을 것이다. 자장면 한 그릇처럼 너무 값이 싼 것이 이 경우인데, 이도 현재 가격경쟁이 치열해지면서 배달이 가능해지고 있다. 반면 너무나 비싼 것도 배달이 안 될 수 있지만, 이 역시 값만 충분히 치른다면 배달가능하다. 현재 현금, 어음, 상품권 등 현금화가 가능한 것으로 배상가능성이 있는 것은 배달에서 기피된다. 또한 전문가의 인증을 필요로 하는 것, 예컨대 처방전을 필요로 하는 약은 현재 배달 불가능하다. 하지만 시장제도에 대한 신뢰를 가능하게 하는 불신의 철저한 제도화를 통해 이 역시 앞으로 점차 극복될 수 있을 것이다.

한국사회에 배달이 일상화된 것은 통계수치에서도 분명히 나타난다. 2007년 한 해 동안 15세 이상 국민 한 사람이 택배를 이용한 건수는 22.5개인데, 2002년 8.8개에 비교하면 가히 폭발적인 성장세라 할 수 있다. 택배시장이 1992년 도입된 이래 약 10년간 연평균 20%의 고성장을 이루어 2008년에는 연간 처리물량이 10억 4,100만 개에 달하게 되었다. 2001년 119조였던 전자상거래 총거래액은 2008년 630조원으로 급증하였다(현대경제연구원, 2009).

왜 이렇게도 한국사회에 배달이 급증하여 일상화되었을까? 우선 시공간의 한계를 극복해주는 테크놀로지의 발달 때문이라고 말할 수 있을 것이다. 인류 역사 이래로 시공간의 한계를 극복하기 위한 노력은 지속되어 왔다. 핵심은 '지금 이 곳'에서 이루어지는 대면적 상호작용의 한계를 뛰어넘는 매체를 발전시키는 것인데, 최근까지도 활자언어가 이를 대표하였다. 활자언어를 통해 시간적으로 과거, 현재, 미래를 이을 수 있었고, 공간적으로 동일한 활자에 기반을 둔 '상상된 공동체'를 만들 수 있었다(Anderson, 2006). 그런 점에서 활자언어는 좁은 지역성을 넘어 시공간적으로 멀리 떨어져 존재하는 것과 상호작용할 수 있도록 해주는 '텔레테크놀로지'의 원형이었다. 현재 광범하게 이루어지고 있는 배달은 무엇보다도 활자언어를 넘어선 텔레테크놀로지의 획기적인 발전을 통해 이루어진다. "텔레테크놀로지란 테크노과학, 테크노문화, 테크노자연의 실현, 즉 컴퓨터 테크놀로지와 텔레비전의 완전한 접점이다. 이는 전자 이미지, 텍스트, 소리가 실시간으로 흐르는 정보와 커뮤니케이션의 전지구화한 네트워크를 만들어가고 있다"(최종렬, 20009a: 303). 내 앞에 없고 저기 현전하는 것을 내 앞에 배달시키는 것이 배달이라면, 현재의 배달의 일상화는 전지구화한 네트워크를 통해 가능하게 되었다. 한국은 세계에서 텔레테크놀로지가 가장 잘 발달한 나라에 속하며, 택배가 일상생활로 전면화된 것은 이 때문이라고 볼 수 있을 것이다. 실제로 1990년대 중반 이후로 CATV 홈쇼핑과 인터넷상거래의 확산에 힘입어 택배시장은 급격한 성장을 해왔다. 물론 여기에는 택배제도에 대한 신뢰를 가능하게 한 위치추적 테크놀로지가 큰 역할을 했다.

두 번째로 배달의 일상화는 자본주의 시장경쟁의 가속화, 시간과 공간의 상품화, 노동의 유연화 등이 결합되어 나타난 것으로 볼 수 있다(Harvey, 1989). 택배 시장은 현재 중소업체 끼리의 가격경쟁에서 갈수록 대규모 업체의 고객밀착형 서비스경쟁으로 구조조정이 일어나고 있는 중이다. 2006년에서 2008년 사이 대기업들이 내부물량을 기반으로 앞 다퉈 택배업에 진출하면서 시장의 규모도 커졌지만, 동시에 과다경쟁도 일어나게 되었다. 이 과정에서 이전에는 오프라인에서만 판매되던 것이 온라인을 통해 배달되었다. 시장경쟁의 격화로 이전에는 배달되지 않던 것까지 배달되어가고 있는 것이다. 동시에 유통혁신을 통해 생산자와 소비자를 직접 연결하는 배달이 광범하게 확산되고 있다. 시간과 공간의 상품화 과정의 차원에서 보면, 현재 자본의 운동은 이미 '24 hours per day everywhere'로 전면화되고 있다. 시공간의 한계를 넘어서는 것 자체가 상품이 되어 팔린다. 기존 배달품목은 물론, 대출과 같은 금융자산도 즉시 상품으로 배달되고 있다. 다음으로 배달이 일상화된 데에는 '이주의 지구화'를 통해 광범하게 유입된 '싸구려' 노동력이 큰 역할을 담당했다. 가격경쟁의 극대화는 유학생과 같은 이주노동력을 광범하게 활용하도록 만들었으며, 이를 통해 한국인 '알바'를 통해서는 결코 배달될 수 없는 것까지 배달될 수 있었다. 이런 점에서 배달의 일상화는 만물의 상품화라는 시장원리의 확산의 한 예로서 설명될 수 있을 것이다.

세 번째로 배달의 일상화는 보다 거시적인 관점에서 탈분화 과정으로 접근할 수 있을 것이다. "사회학에서 말하는 탈분화란, 분화가 너무나 고도로 진행되어서 오히려 각 하위체계가 지닌 특수한 기능이 흐려지게 되고 결과적으로 다른 하위체계들과의 경계도 무너지게 되는 과정을 말한다. 분화가 경계를 세우는 것이라면, 탈분화는 경계를 무너뜨리는 것이다. 미분화 역시 경계가 없기는 마찬가지이지만, 그 경우에는 모든 것이 하나의 축을 따라 엮여져 있다. 하지만 탈분화의 경우에는 하위부분들이 너무 세밀하게 쪼개져서 그들 간에 실질적인 경계가 없이 자유롭고 예측불가능한 흐름만이 있을 뿐이다"(최종렬, 2009a: 73). 하버마스(Habermas, 1987)의 말을 빌려 말하면, 분화란 생활세계로부터 정치와 경제의 하위체계가 분리되어 독자적인 힘을 얻을 뿐만 아니라 급기야 생활세계를 체계논리에 의해 식민화시키는 것을 말한다. 탈분화는 이에서 더 나아가 체계와 생활세계의 구분 자체가 내파되는 것을 말하는데, 체계의 핵심적 관건인 무한성장이 더 이상 불가능함에도 모든 잉여를 계속 성장에 쏟아 부으면서 자본주의 전체가 무조건적 소모의 한판으로 변하였기 때문이다. 한국은 분화와 탈분화를 중층적이면서도 압축적으로 경험해왔다는 점에서 아마도 세계사에서 유래가 없을 것이다. 원래 배달은 신문, 중국음식, 다방 등 극히 일부 영역에서만 성행하던 것이다. 그 이유는 일상이 생산중심으로 구성되어 있는 사회에서는 소비품목이 극도로 제한적이었기 때문에 체계와 생활세계의 경계를 넘나들 필요가 적었기 때문이다. 하지만 90년대 들어 생산과 소비가 내파되면서, 배달되지 않던 소비품목이 배달되기 시작하였다. 동시에 배달은 '아랫것을 심부름시키는' 신분사회적 성격의 탈현대적 버전일 수 있다. 생활세계의 합리화를 통해 전통사회의 신분질서가 축출된 줄 알았는데, 탈분화가 이를 다시 사물과 꿈의 조합인 상품의 형식으로 되불러낸 것이다.

이 글은 이러한 접근을 바탕으로 깔고, 배달의 일상화를 현상학과 일상생활의 사회학의 도움을 받아 살펴보고자 한다. II장에서는 현상학의 관점에서 텔레테크놀로지와 결합된 배달이 한국인의 일상생활의 실재를 어떻게 근본적으로 변형시키고 있는지 살펴볼 것이다. III장에서는 일상생활의 사회학, 특히 고프만의 관점에서 주문자와 배달자의 대면적 상호작용에 나타나는 질서를 탐구해볼 것이다. 마지막 IV장에서는 배달을 통해서 본 한국사회의 문화풍경에 대해 논의해 볼 것이다.

II. 배달의 현상학

1. 텔레테크놀로지와 환몽

현상학은 '실재'가 하나가 아니라 다중적이라 여기지만, 그 중 '일상생활의 실재'를 으뜸으로 친다. 기존의 현상학(Schutz, 1973) 또는 현상학적 사회학(Berger and Luckmann, 1966)은 대면적 상호작용을 중심으로 일상생활의 실재를 정의한다. 일상생활에서는 꿈을 꿀 때나 영화 볼 때와 달리 의식의 긴장을 가장 높이 하고 있다. 일상생활에서 조금이라도 의식의 긴장을 놓으면, 그래서 일상생활의 실재의 요구를 무시하면 정상적으로 일상의 삶을 살아가기가 어렵다. 따라서 사람들은 정신을 똑바로 차린 상태에서 일상생활을 한다. 비몽사몽 상태로 일상의 삶을 살아갈 수는 없다는 의미에서 '완전히 깨어있는' 것이다. 일상생활의 실재는 내 몸의 '이곳'과 현재 나의 '지금'의 주변에 구성되어 있다. 이곳이라는 장소는 나의 몸이 있는 곳이고, 지금이라는 시간은 현재의 나를 지칭한다. 일상의 실재 중에서 나의 '주의'가 가장 초점을 두는 것은 바로 '지금 이곳'이다. 하지만 이것이 다가 아니다. 만약 '지금 이곳'만이 나의 실재라면, 동물과 하등 다를 것이 없다. 인간의 실재는 지금 이곳만으로 한정되지 않는다. 인간의 일상생활의 실재는 '주어진 것'(positivity)을 넘어선다. 부재까지 일상생활의 실재의 일부분이 되는 것이 인간의 실재의 특징이다.

일상생활의 경험 중에서 어떤 것은 공간적·시간적으로 가까운 것으로 경험하고, 어떤 것은 그렇지 않은 것으로 경험한다. 그 정도는 상이하게 나타날 수 있다. 나랑 같이 있는 사람이 어떤 것을 굉장히 가까운 것으로 경험할 수 있지만,

반면 나는 매우 멀게 경험할 수도 있다. 서로 주의를 기울이는 대상과 그 정도가 다르기 때문이다. 그런 점에서 서로 다른 실재를 살아가고 있다고 할 수 있다. 그럼에도 내 몸의 조작에 의해 변형될 수 있는 세계가 내게는 가장 가깝다. 물론 인간은 눈앞에 펼쳐지는 실용적 일에만 매몰되어 있는 동물들과는 다르다. 그럼에도 먼 지역에 대한 나의 관심은 덜 긴장되고 분명히 덜 긴급한 것이 보통이다.

일상생활에서 시간은 상호주관적으로 모두에게 가용하도록 표준화되어 있다. 이 표준시간은 자연의 시간적 연속에 근거를 둔 우주적 시간, 사회적으로 정립된 달력, 내면의 시간이 복합적으로 교차된 것으로 '비가역적'이다. 일상생활에는 무엇이 먼저이고 무엇이 나중인지 정하는 구조화된 시간의 연쇄가 이미 존재하고 있으며, 이는 일상생활 속에서 나의 상황을 결정짓는 역사성을 제공한다. 누구에게나 일상생활의 시간구조는 하나의 사실성으로 다가오기 때문에, 일상생활을 살아가기 위해서는 반드시 그 구조에 발맞추어 행위를 해야만 한다. 이미 사전에 배열된 시간구조는 내가 일방적으로 만든 것이 아니고, 상호주관적으로 공유된 문화자원이기에 도덕적 강제력이 있다. 예컨대, 고등학교에 입학하기 위해서는 자연적으로 몸이 그에 맞게 성장할 때까지 기다려야만 하며, 사회적으로 고등학생에 맞도록 사회화되고, 내면의 시간도 고등학생에 맞게 성장할 때까지 기다려야 한다. 이러한 표준화된 비가역적 시간의 연쇄를 벗어나서 살아가는 사람은 일상생활을 제대로 영위할 수 없다.

일상생활의 실재가 가장 생생하게 느껴지는 것은 타자와 동일한 시공간에서 대면적 상호작용을 할 때이다. 이때 사람들은 서로에게 문화적 기대를 부여하고 그 기대를 충족시켜 주는 실천을 호혜적으로 행한다. 물론 대면적 상호작용 중 주의를 다른 곳으로 돌려 다른 실재로 이동할 수도 있지만, 상대방이 내 앞에 현전해 있는 한 이는 결코 쉬운 일이 아니다. 문화적 기대는 자신과 상대방이 어떻게 상호작용할 것이라는 '인지적 기대'일 뿐만 아니라, 반드시 그러해야 한다는 '규범적 기대'이기도 한 때문이다. 그래서 이러한 기대가 깨지면 인지적 혼란이

야기되는 것에 멈추는 것이 아니라, 정서적 분개와 부정적인 가치평가가 뒤따른다. 대면적 상호작용이 지닌 도덕적 힘이 여기에 있다.

하지만 텔레커뮤니케이션을 통한 복합연계성의 증대는 현상학적 실재들을 더욱 다차원적으로 만들고, 그것들을 공간의 멀고 가까움에 제한되지 않도록 변화시켰다(Appadurai, 1996; Giddens, 1990; Tomlinson, 1999). 최근 칠레 광산의 매몰 광부의 예에서 보듯, 물리적으로 멀리 있는 사건도 텔레테크놀로지를 통해 강도가 세고 긴급하게 경험될 수 있다. 하지만 이러한 경험은 얼마 지나지 않아 밋밋해질 뿐만 아니라 낯선 것으로 돌변한다.[13] 이런 점에서 텔레테크놀로지는 단순히 인간의 시공간적 한계를 극복하게 해주는 도구에 그치는 것이 아니다. 인간의 기본적인 인지 범주인 시간과 공간에 대한 체험을 근본적으로 변형시키는 것으로 보아야 한다. 텔레테크놀로지를 통한 텔레커뮤니케이션이 일상화되기 이전까지 시공간은 가까움과 멂, 안과 밖, 지역성과 지구성, 친숙함과 낯섦, 사적인 것과 공적인 것이 이분법적으로 분리되어 경험되었다. 가까운 것은 안에 있는 것이고, 지역적인 것이며, 친숙한 것이고, 사적인 것이었다. 반면 먼 것은 밖에 있는 것이고, 지구적인 것이며, 낯선 것이고, 공적인 것이었다. 이러한 이원적 경험구조를 넘어서는 사람은 외교관, 유학생 등 시공간의 한계를 넘어설 수 있는 기제를 지닌 극소수의 지구적 엘리트들뿐이었다.

하지만 텔레테크놀로지를 통한 텔레커뮤니케이션이 일상화된 탈현대 사회에서는 이러한 굳건한 이분법적 경험구조가 해체의 압력 아래 놓인다. 텔레테크놀로지를 통한 복합연계성은 지역과 문화의 일대일 연결의 자연스러운 연결을 끊는다. "'물리적으로' 여전히 동일한 지역일지라도, 이제 지구적으로 떠도는 수많은 문화들이 서로 접촉하면서 이 지역과 복합적으로 연계되어 있다는 점에서 '현상학적으로는' 다른 지역이다. 상호연계와 상호의존의 네트워크가 급속이 발전하고 그 네

13) 사실 이 글을 처음 쓸 때만 해도 칠레 광산의 매몰 사건은 지구적으로 엄청난 파장을 몰고 온 휴먼 드라마였다. 하지만 이제 이 글이 활자화되는 즈음에 이르러 이 휴먼 드라마는 공중의 주의에서 완전히 사라져버렸다. 아마도 이 글을 읽는 독자는 칠레 광산 매몰 사건이 도대체 뭐야 하고 반문할지도 모른다.

트워크 안에서 개인적 차원, 지역적 차원, 국민국가적 차원, 국제적 차원, 지구적 차원 사이의 상호작용의 밀도가 높다. 상품, 자본, 사람, 지식, 이미지, 범죄, 공해, 약품, 의상, 신념, 섹슈얼리티 등이 이 모든 차원들에서 오가고 있다. 여기에는 텔레커뮤니케이션과 새로운 운송수단의 혁신이 큰 몫을 담당했다. 이제 기존의 경험 양식은 혼란에 빠진다. 가까움과 멈, 안과 밖, 지역성과 지구성, 친숙함과 낯섦, 사적인 것과 공적인 것의 굳건한 이분법이 해체됨으로써, 사람들은 현상학적으로 지역성의 고착으로부터 분리시킨다"(최종렬, 2009b: 54).

이는 단순히 현상학적 세계를 확장시키는 것에 그치는 것이 아니다. 일상생활의 실재를 평범한 지역적 공간을 벗어난 '환몽적인' 공간으로 변화시키는 근본적인 변화를 내포하기 때문이다. 지역으로부터 배태되지 않은 문화들이 계속해서 다양하게 공급되기 때문에, 지역의 삶이 갈수록 환몽적인 것으로 변한다. 이는 벤야민의 세계, 즉 환몽의 세계를 전면화한다. 애초부터 다중적인 현실을 말하는 현상학의 입장에서 볼 때, 환몽적인 세계가 하나 더 덧붙여졌다고 무슨 큰 대수냐고 대꾸할 수도 있을 것이다. 하지만 근본적인 차이가 있다. 현상학은 한 실재에서 다른 실재로 옮겨갈 때 그 전환을 일종의 '충격'으로 경험한다고 주장한바 있다(Schutz, 1973). 벤야민 역시 꿈에서 깨어나는 것은 개인적 차원에서나 집합적 차원에서 모두 일종의 충격을 동반하는 파국적 체험으로 보고 있다(Buck-Morss, 1991). 하지만 현재 일상생활의 실재에서 텔레테크놀로지가 제공하는 환몽적인 세계로 전환할 때는 그러한 충격이 거의 동반되지 않는다. 공공장소에서 다반사로 이루어지는 핸드폰 사용에서 보듯, 일상생활의 실재에서 환몽적인 실재로, 또는 환몽적인 실재에서 일상생활의 실재로 주의의 전환이 일어날 때 충격적 경험이 아닌 일상적인 심드렁한 경험으로 느껴진다는 점에서 가장 큰 차이가 있는 것이다. 극적 대변동으로 경험되지 않고, 재빠르게 정상상태로 흡수되어버려 원래 그런 상태로 존재한 것처럼 여겨지기 때문이다(Tomlinson, 1999).

그런 점에서 일상생활의 실재는 완전히 깨어 있는 것이 아닌 뭔가 환몽적인 것에 반쯤 취해 있는 것으로 체험된다. 일상생활의 실재는 마치 낮술에 취해 산보하는 것처럼 혼미하다! 근대의 자율적인 상상적 쾌락주의의 특징이 현실에 제약을 받지 않는 환상하기(fantasizing)와 구별되는 몽상하기(day-dreaming)라면(Campbell, 1987), 텔레테크놀로지는 둘 사이의 경계를 해체시켜 열망하기(longing)를 일상생활에서 전면적으로 실현시켜 놓았다. 단순한 환상에 불과했던 것을 텔레테크놀로지가 실현가능한 몽상으로 뒤바꾸어 놓았기 때문이다. 단순한 환상에 그치도록 만든 현실적 한계가 텔레테크놀로지를 통해 극복가능해지면서, 욕망과 성취 사이의 간극은 좌절이 아닌 즐거운 몽상으로 채워질 수 있게 되었다. 열망하기에는 좌절이 없으며, 오로지 충족의 지연만이 있을 뿐이다. 이러한 지연은 오히려 몽상하기의 쾌락을 부추기는 자극제의 역할을 톡톡히 한다. 이는 물론, 텔레테크놀로지를 통해 성취가 예견되기 때문이다.

텔레테크놀로지는 또한 시간의 비가역성을 가역적 체험으로 바꾸어 놓는다. 특정의 방송 프로그램을 미리 예약한다거나 나중에 언제든지 다운 받아서 볼 수 있다는 것은 단순히 편리해졌다거나 정보가 많아졌다는 것만을 뜻하는 것이 아니다. 오히려 시간의 비가역적 경험을 가역적인 것으로 바꾸는 것이 결정적이다. 텔레테크놀로지가 만들어낸 현상학적 세계는 선형적인 시간으로 구성되어 있지 않고, 언제든지 되돌릴 수 있는 가역적인 시간으로 만들어져 있다. "인터넷에는 어떤 의미에서 모든 것이 항상 존재하고 있으며, 동시에 모든 것이 다른 모든 것들과 병렬적으로 놓여져 있다. 다시 말해 선형적인 시간적 질서를 통해 조직화되어 있는 것이 아니다. 이는 시간이 언제든지 가역성을 지닌다는 것을 뜻하며, 그 결과 시간이 항상 비결정성 상태에 놓여 있다는 것을 말한다"(최종렬, 2009a: 308). 이는 일상생활의 실재를 관장하는 과거-현재-미래의 연쇄를 파괴하여 그 모든 것이 혼융되는 독특한 시간 체험을 낳는다. 물론 우리는 과거의 경험을 일차적 구조틀로 하지 않고서는 현재를 경험할 수 없다. 그런 경우 현재는 의미 불가능한 것이다. 이런 점에서 모든 순간은 과거의 순간이 되돌아 온 순간이면서 동시에 현재의 순간이라고 할 수 있다. 텔레테크놀로지가 만들어낸 현상학적 세계는 이를 극대화하여, 환몽적인 체험 속에 과거-현재-미래의 부조화를 창출한다. 이 역시 벤야민(Benjamin, 1973: 265)이 명명한 '구세주적 시간,' 즉 순간적인 현재에 과거와 미래가 동시에 나타나는 것이 일상생활에 전면화되어 나타난 것이라 할 수 있다.

텔레테크놀로지를 통한 배달은 '지금 이곳'을 넘어선 환몽적인 공간과 가역적인 시간을 체험하도록 만드는 극명한 예이다. 택배는 바로 이러한 시간적 경험구조의 변화를 나타내는 징후이기도 하면서, 그 변화를 추동하는 물질문화이기도 하다. 현대세계가 성과 속, 소모와 생산의 이원적 세계에서 성과 소모의 세계를 축출하고 속과 생산의 세계로 일차원화 시켰다면, 텔레테크놀로지는 성과 소모의 환몽의 세계를 다시 불러들였다. 전통적인 사회에서는 축제가 환몽적인 공간과 가역적인 시간을 체험하도록 했다면, 이제는 텔레테크놀로지가 구축한 사이버 공간에서 이를 체험할 수 있다. 사이버 공간은 수십, 수백만의 사람이 동시에 접속하여 몽상할 수 있는 '교감된 환각'(consensual hallucination)의 세계이다. "현재와 완전히 다를 유토피아, 즉 현재보다 더욱 바람직스러울 공간이나 현실이 있을 거라는 공통의 비전이 교감된다. 유토피아(utopia)로서의 가상현실은 현실에는 존재하지 않는다는 점에서 아우토피아(outopia)인 동시에 현실보다 더 바람직스러운 현실을 지칭한다는 점에서 유토피아(eutopia)이다"(최종렬, 2009a: 312). 이렇듯 텔레테크놀로지는 환몽의 세계를 일상생활의 실재에서 언제 어디에서나 즉각적으로 불러내고 보낼 수 있도록 전면적으로 구축하였다. 소모의 세계가 이미 일상생활의 실재가 되었다.

2. 억압적 탈승화와 소모의 민주화

한국인 하면 '은근과 끈기'로 대표되던 시절이 있었다. 오죽하면 한국의 나라꽃은 피고지고 또 피어 끝이 없는 무궁화이다. 하지만 현재 한국인 하면 제일 먼저 떠오르는 단어는 그와는 한참이나 거리가 먼 '빨리빨리'이다. 은근과 끈기가 순환하는 자연적 시간에 순응하며 살아가는 전(前)산업적 시간 개념이라면, 빨리빨리는 "견고한 모든 것이 공기 속에 녹아버리고 성스러운 모든 것이 속화되어버리는"(Marx, 1988: 58) 근대 도시의 시간 개념이라 할 수 있다. 그렇다면 산업화를 이룬 근대 도시에서는 모두 '빨리빨리'의 시간 개념을 가지고 있다고 할 수 있으며, 그중 압축적인 근대화를 겪은 한국인들에게 이러한 시간 개념이 극대화된 것으로 볼 수 있을 것이다. 고도성장이 지상과제로 주어진 상황에서 이를 달성하기 위해서 어떤 수단을 쓰더라도 달성하려는 수단목적 합리성의 극대화가 빨리빨리로 나타난 것이라 할 수 있다. 그러나 자세히 들여다보면 '은근과 끈기'와 '빨리빨리'는 서로 완전히 대립되는 것이 아니다. '은근과 끈기'는 비록 순환적이기는 하지만 현재의 상태를 장기적인 시간 틀을 가지고 볼 수 있을 때에만 가능하다. 아무리 당장 먹고 싶다 해도 곡식이 익을 때까지 기다리는 은근과 끈기가 있어야만 나중에라도 향유할 수 있다. '빨리빨리' 역시 비록 직선적인 발전사관을 가진다는 점에서 차이가 나긴 하지만 장기적인 시간 틀 속에서 현재를 평가할 수 있을 때에만 가능하다. 이는 잘 알다시피 조국근대화와 가족성장이라는 장기적 목적을 설정하고 모든 어려움과 유혹을 극복하는 로망스 서사를 통해 가능한 것이었다(최종렬, 2010).

IMF 외환위기를 겪기 이전까지 한국인에게 빨리빨리는 생산직 노동을 빨리하기 위해 모든 것을 빨리빨리 하는 것을 의미하였다. 고도성장이 지상목표이던 시절, 아침 일찍 출근하기 위해 빨리빨리 움직여야 했고, 시간을 줄이기 위해 밥을 빨리빨리 먹어야 했으며, 납기기한을 맞추기 위해 노동과정을 빨리빨리 돌려야 했다. 이러한 빨리빨리는 소비를 재생산을 위한 필수물, 다시 말해 생계를 위해 필요한 것들만을 소비하는 수준에 머물러 있도록 강제했다. 한국인의 소비욕망을 이렇게 억압하는 데에는 성장의 화신인 국민국가의 역할이 컸다. 텔레테크놀로지가 아직 발달하지 않은 상태에서 한국인의 현상학적 세계는 주어진 현실세계가 전부였다. 이 주어진 현실세계는 국민국가가 만들어낸 절대 현실이었다. 한국인의 상상력은 국민국가가 규제하는 영토성 안에 머물러 있었다(최종렬, 2009a: 197-237).

하지만 작금의 빨리빨리는 욕망 충족을 빨리빨리 하라는 것으로 기존의 그것과 다르다. 욕망의 대상이 되는 배달 상품은 어디에서나 즉각적으로 접근가능하고 편리하며 가역적이어야 한다. 텔레테크놀로지를 통한 배달은 욕망의 즉각적 충족을 강제한다는 점에서, 한국은 욕망의 장기적 유예가 불가능한 사회라 할 수 있다. 이는 인간의 특성에 대한 기존의 현상학의 시각을 뒤흔든다. 헤겔은 인간 정신은 동물과 달리 '결핍감'(필요가 충족되지 못했다는 느낌)에 대해 대상을 직접적으로 소비하는 방식으로 반응하지 않는다고 보았다. 인간 정신의 경우, 욕망의 단순한 충족은 자기성찰적인 노동에 의해 대체된다. 이 노동은 어떤 상황에도 얽매이지 않고 오히려 미래에 가능하게 될 소비대상들을 산출함으로써 인간의 본능충족 과정을 지연시킨다. 노동은 직접적인 필요(needs) 충족을 중단시킴으로써만 나타날 수 있는 추진력과 규율을 필요로 한다. 필요 충족을 지연할 수 있는 능력, 그것이 바로 인간의 노동이다. 헤겔은 도구의 사용을 통해 매개된 노동 행위의 결과물을 '제작물'로 간주한다. 이 제작물 속에서 주체는 비로소 자신이 현실을 범주적으로 구성할 수 있을 뿐만 아니라 현실의 '내용 자체가 자신을 통해서' 존재함을 경험한다(Honneth, 1995: 35).

텔레테크놀로지를 통한 배달의 일상화는 이러한 현상학적 가정에 근본적인 도전을 던진다. 첫째, 욕망의 즉각적 충족을 추동시킴으로써 자기 성찰적 노동을 불필요한 것으로 만든다. 이는 물론 현재 자기 성찰적 노동은커녕, 소외된 노동조차도 하고 싶어도 할 수 없는 잉여 노동력이 광범하게 확산되어 있는 것과 관련되어 있다. 그런 점에서 소외된 노동의 극한이라고도 할 수 있다. 차이가 있다면, 소외된 노동이 결핍의 충족을 미래로 미룬다면 작금의 자본주의 체계는 결핍의 체계를 만들고 그것의 즉각적인 충족을 상품을 통해 지속해서 약속한다는 점이다. 둘째, 배달상품은 자신의 노동을 통해 구성한 제작물이 아니기 때문에 자신이 현실을 범주적으로 구성한 것도 또 현실의 내용 자체가 자신을 통해 존재한다는 것도 이를 통해 체험하기 어렵다. 이 또한 맑스가 비판한 자본주의 하의 소외된 노동의 일반적 특성이라 할 수 있다. 차이가 있다면, 소외된 노동조차 해보지 못한 사람들에게 배달상품은 한번 욕망을 충족시켜주고 버릴 수 있는 일회용 소모품으로 여겨진다는 점이다. 이런 점에서 현대 한국인은 직접적인 필요 충족을 지연할 수 없는 동물의 세계로 빠져들었다고도 볼 수 있다. 필요와 욕망의 실질적인 차이가 소멸하면서, 결핍과 충족 사이에서 가능했던 몽상하기의 즐거움을 제거하여 버렸기 때문이다.

우리는 이를 마르쿠제(Marcuse, 1964)를 따라 '억압적 탈승화'(repressive desublimation)라 부를 수 있을 것이다. 사회가 협소하게 승인한 방식으로 돌려세웠던 에로티시즘을 이젠 풀어주긴 하는데, 억압적으로 그리한다. 이렇게 억압적 탈승화가 광범하게 확산된 것은 물론 생산적 노동과 소비의 이분법의 내파 덕분이다. 일상생활(노동 등 공리주의적 활동)과 축제(소비, 소모)로 분화되어 있던 시공간이 내파되어 '무조건적 소모'가 일상화되었기 때문이다(최종렬, 2007, 2010). 노동을 통해 필연성의 세계를 모두 유용성의 세계로 바꾸면, 양질전환이 일어나 마침내 자유의 왕국이 도래하리라는 산업부르주아의 신화가 산산이 조각나버렸다. 대신, 필연성의 세계에 살면서도 시시각각으로 자유를 누릴 수 있다는 신 프티부르주아의 또 다른 신화가 광범하게 유포되어 있다. 이는 텔레테크놀로지를 통한 '소비수단'의 재주술화를 통해 가능해진 것이다(Ritzer, 2001). 소비수단의 재주술화의 핵심은 거대한 유용성을 파괴함으로써 성스러움을 창출하여 모두 나누어갖는 것이다. 그런 점에서 소모의 공간이다. 시장사회의 전면화는 상징 또는 주술의 힘을 인간의 지평에서 축출하기는커녕, 오히려 광범하게 확산시켰다. 니체의 표현을 빌려 말하자면, 자본주의는 실재(노동)의 '참혹함'을 견디기 위해 탈주술화된 존재를 상품형식으로 다시 재주술화 시킨다.

현재 쇼핑몰 등 텔레테크놀로지를 통한 소비수단은 환몽적인 상품의 세계를 구축하여 언제 어디서나 배달가능하게 만들어놓고 우리를 유혹하고 있다. 이러한 텔레테크놀로지를 통해 이루어지는 배달이 가하는 억압적 탈승화의 핵심은 무엇인가? 욕망의 충족이 새로운 상품의 출현으로 인해 끊임없이 좌절되어 다시 새로운 욕망을 추구하는 차연(differance)의 논리가 지배한다는 것이다. 여기에서 즐거운 몽상하기는 강제적인 악몽이 되었다. 억압적 탈승화의 한 대표적인 예는 홈 쇼핑을 통한 소비중독이라 할 수 있다. 모든 중독은 미래를 기획하고 만들어나갈 수 없음에 대한 방어적 반응이고 도피이며, 자아의 능력에 그림자를 드리우는 자율성의 결여를 인정하는 것이다(Giddens, 1992). "이제 희열은 주체에게 있는 것이 아니라, 시장에 순환하는 기호가치에 있다. 기호가치는 차연의 논리에 따라 계속해서 대체된다. 욕망의 즉각적인 충족은 또 다른 기호가치에 의해 바로 대체되어 좌절되기를 반복한다. 대체되기 직전 매순간 느끼는 '하이'(high)를 반복하고자 하는 중독이 지배적인 문화로 떠오른다. 쾌락을 향유하는 것이 아니라 미래 없이 무한 반복하는 것이다"(최종렬, 2010: 161). 배달의 경우 '하이'의 순간은 소비의 순간이 아니라, '신상'을 주문하는 순간이다.[14] 배달을 통해 받아보면 실제 상품은 환상했던 것과 너무나 다르다는 것을 깨닫는 데에는 그리 긴 시간이 필요하지 않다. 실재는 실망이요, 그래서 강제적인 악몽 속으로 다시 빠져든다.

하지만 이는 단순히 자본의 전략일 수만은 없다. 그 보다 더 본질적인 것은 소모의 민주화 과정이다. 공리주의적 틀을 거부하고 쾌락을 체험하고자 하는 강렬한 열망이 모두에게로 번졌다. 더 이상 오로지 필요의 충족을 위해서만 살고 싶지 않은 것이다. 시장원리가 전면화되기 전까지 술을 비롯한 도취성 음료나 마약

---

14) 물론 모든 소비가 이와 같은 형태로 이루어지고 있다고 주장하는 것은 아니다. 마치 합리적 선택이론이 가정하는 행위자처럼 소비하는 매순간 합리적으로 행위하는 유형도 '경험적으로' 존재할 수 있을 것이다. 그런 점에서 텔레테크놀로지를 통한 환몽적인 상품의 세계의 유혹에 홀려 소비한다는 주장이 과장된 것이라 볼 수도 있다. 그럼에도 기존의 실재 이외의 환몽적인 실재를 '현상학적으로' 체험하는 것이 일상화되었다는 점은 누구도 부정할 수 없는 사실이다. 이전에는 생산적 노동이 잉여를 낳았다면, 지금은 비생산적 소비가 잉여를 낳는다. 물건을 카드로 살 때마다 생산·적립되는 저 '어마어마한' 포인트를 보라! 이런 점에서 억압적 탈승화의 대표적인 사례로서의 소비중독은 보편적인 경험적 사실이라기보다 이 시대의 메타포이다.

류 같은 흥분제는 비싼 것일 뿐만 아니라 고귀하고 명예로운 것이었다. 왜 그런가? 주어진 노동과 생산의 공리주의적 질서 이외의 소비와 소모의 성스러운 질서에 참여하기 때문이다(Veblen, 1994). 그런 점에서 억압적 탈승화는 성스러운 질서에 참여하고자 하는 열망이 민주화된 것과 맥을 같이 한다. 이러한 소모의 민주화는 원시적인 야만사회에서 주로 생산적인 직업에 종사했던 여성이 소비의 주요층으로 떠오른 것을 통해 보다 분명히 나타난다. 소모의 민주화는 그 동안 재/생산적 노동에 시달려 왔던 한국인들이 아무리 노동을 해도 더 이상 성장할 수 없다는 것을 깨달은 것과 연관된다. 환몽적인 소모의 성스러운 세계에서 축출되어 합리적인 노동만을 일삼던 한국인들이 이제 사물의 세계로부터 깨어나 소모의 세계로 눈을 돌린 것이다. 이는 실재에 대한 강렬한 추구로 광범하게 나타난다. 현재 온 나라가 실재에 대한 체험을 하느라 시끌벅적하다. 체험관광이 그 한 예일 텐데, 하지만 실제로 가보면 가공된 실재(fabricated reality)임이 드러난다. 고프만(Goffman, 1959)을 빌려 말하면, 가공된 '무대후면'(backstage)이 공중을 위해 전시되어 있다. TV에서도 리얼리티 쇼가 대세를 이루는데, 이 역시 유명인의 무대후면을 샅샅이 보여주지만 사실은 가공된 텍스트화된 실재일 뿐이다. 시청자가 이것을 모를 리 없다. 그럼에도 자발적으로 속아 넘어가 즐거워한다. 조작된 허위의식에 빠진 무지한 대중이라 비판하기보다, 실재 체험의 시뮬레이션마저도 즐길 정도로 사물의 세계에서 벗어나 실재의 세계로 가고자 하는 열망이 그만큼 강렬하다는 표지로 보아야 한다.

III. 배달의 상호작용 의례

1. 예의바른 무관심과 비인간 지위 부여

텔레테크놀로지가 시공간의 체험을 가역적인 환몽적인 공간으로 만들어 욕망의 즉각적 충족을 억압적으로 부추긴다고 해도, 사람들 사이에서 이루어지는 대면적 상호작용을 완전히 없애지는 못한다. 따라서 주문자와 배달자 사이의 대면적 상호작용의 질서의 성격을 탐구해야 하는데, 일상생활의 사회학이 제격이다. 일상생활의 사회학은 사회의 질서와 변동을 이해하기 위해서는 일상의 상호작용을 그 자체의 연구 주제로 삼아야 한다고 주장하기 때문이다. 일상생활의 사회학은 산업화된 도시의 공공장소에서 이방인들 사이에 어떻게 대면적 상호작용의 질서가 가능한가를 탐구한다(Goffman, 1959, 1963, 1971; Karp, Yoles, and Van, 2004). 주문자와 배달자는 대개의 경우 이방인들로서 그들 사이의 대면적 상호작용의 질서도 이러한 일상생활의 사회학의 관점에서 탐구될 수 있을 것이다.

대면적 상호작용은 서로가 얼굴을 마주하며 서로를 모니터링 하는 상황에서 발생한다. 잘 모르는 어떤 개인이 타자들 앞에 나타날 때, 타자들은 그가 누구인가 알고 싶어 하기 때문에, 그의 모습에서 최대한 그에 대한 정보를 읽어내려고 하고, 그 정보에 터하여 그와 어떤 상황에 들어갈 것인지 정의하고, 그 정의에 따라 상호작용하려고 한다. 타자도 역시 자신이 들어서서 보게 된 다른 이들이 어떤 사람들이고 현재 무슨 상황에 처해 있는지 읽어내려고 노력하고, 그 정보를 통해서 상호작용하려 한다. 정보는 그가 어떤 사람이어서 어떤 방식으로 상호작용할 것이라고 서로 기대하게 만들기 때문에, 서로에 대한 호혜적 기대일 수밖에 없다. 우리는 타자에 대한 완벽한 정보를 가지고 확실성 속에서 상호작용하는 것이 아니라, 추론을 통해 그럴 것이라 당연시 하면서 상호작용한다. 우리는 상호작용할 때 이렇게 당연시되는 추론을 어기지 않도록 노력해야 할 도덕적 의무가 있다. 서로 호혜적으로 이러한 기대를 하고 있기 때문에 도덕적 성격을 지닌다는 것이다. 이러한 도덕적 성격은 상대방의 행동을 통제하려는 것이며, 이는 상대방도 역시 마찬가지이다.

고프만은 도시 세팅에서 이방인들이 대면적으로 상호작용할 때 그들이 사용하는 가정에 관심을 가졌는데, 매닝(Manning, 1992)은 이를 SIAC 틀로 간결하게 요약하였다. 첫째, 모든 대면적 상호작용은 두 사람 이상이 서로를 모니터링 하는 사회적 상황에서 일어나며, 여기에는 그에 적합한 '상황예절'(situational propriety)이 존재한다. 우리 행위의 의미는 그것이 일어나는 맥락에 연결되어 있으며, 행위가 일어나는 맥락에 대한 지식이 없으면 행동을 거의 이해할 수 없기 때문이다. 행위를 유의미한 텍스트라 볼 때, 상황은 맥락이며 이를 이해하지 못하면 그 행위의 의미를 이해할 수 없다.

둘째, 각각의 맥락 안에는 문제가 되고 있는 활동에 협조된 주의를 제공하거나 또는 철회할 것인가, 즉 '관여'(involvement)의 정도에 대한 구속력이 있는 기대치가 존재한다. 일상의 상호작용에서 우리는 벌어지고 있는 일에 관여되지 말라는 압력 아래 놓여있을 뿐만 아니라, 그 상황에 적절하게 관여하라는 압력에도 처해 있다. 어떤 상황에 필수적인 반응을 전시하는 데 실패하게 되면 제재를 받을 가능성이 많기 때문에, 우리는 우리의 실제의 관여가 부적절한 것일 경우 그것을 방어하려고 한다.

셋째, 비록 비준 받은 이방인과 그렇지 못한 이방인을 정확하게 구분하는 것이 어려울지라도 일상생활에서 우리는 자신을 모든 친구들과 비준 받은 이방인들에게 '접근가능'(accessibility)하도록 만든다. 우리는 성찰적으로 우리의 환경을 모니터링하고, 어느 정도 떨어진 곳에서도 친구, 지인, 이방인을 구별하는 동시에 복잡한 보행 흐름과 대화를 관리한다. 보행자의 흐름을 편하게 하기 위해, 우리는 친구들 사이의 교환을 짧은 순간으로 제한하도록 공모하는 것이 보통이다. 따라서 거리를 걸어갈 때 우리는 먼 거리에서 친구를 보았음에도 바로 옆을 스쳐지나가는 순간까지도 못 본 척 한다. 마침내 그 순간에 가서야 호상적인 접근가능성의 순간이 미소와 눈 마주침으로 채워진다. 이러한 미미한 기만을 통해 우리는 의례적인 존경을 공연하는데, 이러한 공연은 바쁜 스케줄을 소화하면서도 적절한 관여가 유지되기 어려운 '조우'(encounter), 즉 초점을 한 곳에 맞추는 경우는 피하도록 해준다.

마지막으로, '예의바른 무관심'(civil inattention)은 공현전(co-presence)한

타자가 나를 봐도 괜찮으며 동시에 나도 그를 존중한다는 것을 나타내는 표시이다. 고프만은 이를 엘리베이터 안의 이방인들의 예를 들어 설명한다. 사람들은 자신의 발이나 층수를 쳐다보며 서로 눈 마주침을 피하려 노력한다. 예의바른 무관심은 이방인에게 우리가 주어야 할 그리고 그로부터 받아야할 존중이다. 예의바른 무관심의 극단은 이방인들이 서로에게 '비인간 지위'(status of nonperson)를 호혜적으로 부여하는 것이다. 타자가 마치 그 자리에 없는 것처럼 대우하는 경우가 이것인데, 상대방을 세밀하게 주시하는 것은 말할 것도 없고 아예 시선조차도 주지 않는다. 설사 시선이 마주쳤다 해도, 그로 인해 자신의 외양을 전혀 바꾸지 않는다. 공공화장실에서 바로 인접한 변기 앞에서 소변을 보는 이방인들이 행하는 의례를 떠올리면 된다(Cahill et al., 1985). 모르는 사람들이기 때문에 '사람들 사이에 이루어지는 의례'(interpersonal rituals)를 극소화하는 것이다.

이러한 SIAC 틀을 따를 때 주문자와 배달자 사이의 대면적 상호작용은 어떠한 성격을 지니고 있는가? 주문자와 배달자는 대개의 경우 면식 없는 이방인이지만, 조우를 최소화할 의무를 지닌 여타 이방인들과 달리 배달자는 주문자에게 접근하여 조우를 요청할 수 있는 라이센스를 지닌 사람이다. 이는 물론 주문자가 비준해주었기 때문이다. 길거리에서 스쳐지나가는 '초점 없는'(unfocused) 상호작용과 달리, 주문자와 배달자 사이에는 짧게나마 조우가 이루어지는 것이다. 그것도 주문자의 관여방어막 안으로 배달자가 들어와서. 여기에서 조우의 기간이 얼마나 되는가에 따라 주문자와 배달자 사이의 상호작용의 질서는 다르게 나타날 것인데, 이는 물론 주문자와 배달자 모두 특정의 상황예절을 분명히 이해하고 이를 호혜적으로 실천하여 얻어낸 덕분이다.

먼저 주문자가 집에 없는 경우를 생각해볼 수 있다. 택배의 경우 주문자가 집에 없을 때는 경비실이나 이웃집에 맡겨놓고 가기 때문에 주문자와 배달자 사이에 대면적 상호작용이 일어나지 않는다. 대개의 경우 배달자가 주문자에게 전화를 걸어 집에 아무도 없으니 어디에다 맡겨놓고 간다고 말하고 둘 사이의 상호작용은 끝난다. 서로 간의 관여를 최소화하고 끝나는 것이다.

다음으로는 음식배달과 같이 단 몇 초 사이에 음식과 돈을 교환하는 것으로 주문자와 배달자 사이의 상호 모니터링 하는 상황이 종료되는 경우를 생각해 볼 수 있다. 대개의 경우 보통 공공장소가 아닌 자신의 방어된 공간 안으로 배달을 시킨다. 요즈음은 음식 배달을 공원과 같은 공공장소에 배달을 시키기도 하지만, 그 경우에도 외부인의 침입을 효과적으로 막을 수 있는 '관여방어막'(involvement shield)이 되어 있는 곳으로 공공장소를 활용한다. 관여방어막은 상황이 요구하는 의무로부터 벗어나, 자신의 영역을 지키는데 활용될 수 있는 것이라 할 수 있다(Goffman, 1963). 이렇듯 배달은 자신의 '영토'(territory) 안에서 프라이버시를 유지하면서 상품을 소비하게 해준다. 이는 고프만(Goffman, 1971)의 말대로 행동생물학의 용어를 따서 영역에 관련한 권리주장이라 보는 것이 좋을 것이다. 모든 사회조직은 다른 동물조직과 마찬가지로 자신들의 영역 안으로 침투해 오는 외부인에 맞서 자신들의 영토에 대한 권리주장을 펼친다. 아무런 온당한 의례 없이 자기 영역 안으로 불쑥 들어오는 외부인을 무방비로 환영하는 생물은 존재하지 않는다. 무생물 역시 척력 작용에서 보듯이, 일정 정도 자신 안으로 들어오는 것을 막는다. 이 영역 안으로 들어가기 위해서는 온당한 의례가 필요하다. 배달자는 주문자의 사적 영역으로 접근할 수 있도록 일시적으로 비준 받은 이방인이다. 주문자와 배달자 모두 이를 잘 알고 있고, 그래서 음식과 돈을 교환하는 것 이외의 상호작용을 극소화하려고 서로 노력한다. 잠옷을 입고 나온 주문자에게 배달자는 자신의 주의를 집중시키지 않으려 노력하고, 검은 마스크를 한 배달자에게 주문자는 눈길을 주지 않는다. 그렇다고 해서 서로의 존재를 인정하는 의례를 취하지 않아도 된다는 것은 아니다. 작은 목례나 말 등을 통해 상대방을 존중한다는 전시를 해야만 한다. 그런 점에서 예의바른 무관심의 실천은 접근가능성의 실천의 또 다른 면이기도 하다.

그렇다면 주문자와 배달자가 비교적 장시간 동일한 공간에 놓여 있는 대리운전의 경우는 어떠한가? 대리운전은 이방인을 통해 자신을 배달시키는 행위이다. 이때 주문자는 대개 술이 취해 있다. 그렇다면 생판 본 적도 없는 대리운전 기사에게 술 취한 자신을 배달시키는 용감성은 어디에서 나오는 것일까? 불신의 철저한 제도화를 통해 대리운전 시장이 안전하게 되어서 그러한 것일까? 그럴 수도 있지만, 자신을 배달시키고 남을 배달하는 상황을 주문자와 대리운전자 모두 잘 알고 그에 적절한 의례를 호혜적으로 실천할 수 있다고 믿기 때문에 가능하다고 보아야 한다. 대개의 경우 대리운전은 열쇠를 건네주는 순간 잠시 인간으로서의 서로 공현전한다는 호혜적 인정을 주고받은 후 바로 서로에게 '비인간'의 지위를 부여하는 것으로 진행된다. 서로 모르는 이방인들이 좁은 차안에 같이 있는 것은 심히 불편한 일이다. 따라서 서로를 마치 소품과 같은 비인간의 지위를 부여하는 것이다. 주문자는 핸드폰이라는 '휴대용' 관여방어막을 통해 다른 조우로 들어가든지, 잠에 빠져들거나 드는 체한다. 외부인 또는 비인간의 지위를 부여받은 대리운전자 역시 이를 잘 실천한다. 이러한 실천은 주문자가 여성이고 대리운전자가 남성인 경우는 더욱 잘 실행된다. 대개의 경우 여성은 차안에 올라타자마자 자신이 현재 대리운전을 통해 집에 가고 있다는 것을 알리는 전화를 한다. 그러면서 온갖 사적인 이야기를 주고받는데, 이때 대리운전자는 이를 철저히 무시하는 의례를 행한다. 전화가 관여방어막이라는 것을 잘 이해하고 있기 때문에 이를 실천하는 것이다. 반대로 대리운전자 역시 출발하자마자 콜센터로 전화로 자신이 어디로 향하고 있으며, 언제쯤 도착할 것이라는 점을 알리는 전화를 '거리낌없이' 한다. 그러면 주문자도 마치 못 들은 것처럼 비인간지위를 즐긴다. 호혜적 실천 속에서만 도덕적 질서가 만들어지고 유지될 수 있는 것이다.

하지만 주문자와 배달자 사이에 예의바른 무관심을 실천하기 어려운 예외적인 경우가 있는데, 노래방도우미가 대표적인 예일 게다. 노래방도우미는 주문자가 대리운전자처럼 관여방어막 안으로 불러 일시적으로 친밀성을 주고받는다. 원래, 자아의 성스러운 영토를 공유하는 것은 친밀한 사람들 사이에서만 가능하다. 하지만 최근 부부 사이에서도 강간죄가 성립되는 것에서 보듯, 상대방의 성스러운 몸 영토 안으로 들어가기 위해서는 이 역시 온당한 의례를 필요로 한다. 또 다른 경우는 자아의 영토를 완전히 열어놓는 것을 직업으로 삼는 사람과 이에 합당한 목적을 갖고 접근하는 사람이다. 하지만 이러한 극단적인 경우마저도 화폐와 성적 환상의 흥정이라는 온당한 의례가 있어야만 가능하지, 불쑥 행해질 수 있는 것이 아니다. 주문자와 노래방도우미는 친밀한 관계도 아니고, 그렇다고 대놓고 매매춘을 하는 관계도 아니다. 그럼에도 관여방어막 안에 들어온 도우미는 일시적이나마 자신의 몸을 주문자에게 접근 가능하도록 열어놓은 사람이다. 자신의 몸을 접근 가능하도록 열어놓는 경우는 위의 두 극단에 한정된다는 점을 고려하면, 노래방 관여방어막 안에서 이루어지는 주문자와 도우미 사이의 상호작용의 질서는 상당히 윤리적으로 미묘한 상황이다. 이 경우 이방인 사이의 친밀성 의례는 역설적이게도 예의바른 무관심을 '더욱 적극적으로' 실천하라고 요구하는 것일 수 있다. 이를 무시하고, 도우미가 자신의 몸을 완전히 열어놓았다고 착각하고 막 침입했다가는 의도하지 않은 일이 발생할 수 있다. 반대로 노래방도우미가 주문자의 몸 영토 안으로 공공연히 침입하는 것도 도덕적 질서를 붕괴시킬 수 있다.

한 마디로 말해, 주문자와 배달자는 서로 예의바른 무관심을 호혜적으로 실천하고 있다. 주문자와 배달자는 호혜적으로 사랑, 평등, 윤리적 연대를 인증받기 위해 서로 '인정투쟁'(Honneth, 1995) 하지 않는다. 주문자와 배달자는 화폐를 통해 상호작용하게 된 이방인들로서, 둘 사이에는 사랑을 주고받으려 해서도 안 되고, 법적으로 평등성을 시비해서도 안 되며, 서로 사회적 존중을 얻으려고 투쟁해서도 안 된다. 그렇게 되기 위해서는 특별한 이유가 필요하지만, 대개의 경우 이는 일어나지 않는다. 오히려 주문자와 배달자는 서로 간에 관여를 극소화하면서도 질서를 함께 만들어가야 하는 관계에 있다. 이를 위해서는 예의바른 무관심을 서로 실천하거나 극단적인 경우에는 상대방에게 거의 비인간 지위를 호혜적으로 부여하고 서로 기꺼이 받아들이려 협조해야 한다. 괜히 눈을 마주치고 조우에 들어갔다가는 의도하지 않은 불쾌한 일에 연루될 수 있다. 따라서 서로 '공적 프라이버시'(public privacy)를 지켜주는 것이 무엇보다 중요하다. 프라이버시는 원래 사적인 공간에서 지켜지는 것이지만, 공공장소에서 프라이버시를 지켜준다는 점에서 이는 매우 특이한 근대 도시의 현상이다(Karp, Yoles, and Van, 2004). 공적 영역과 사적 영역을 넘나드는 배달의 경우 더 특이한데, 공사의 구분 없이 공적 프라이버시를 호혜적으로 보호하기 위한 실천이 요구되기 때문이다.

2. 열려진·개시하는 사람들과 유한계급의 시뮬레이션

『문화저널 21』 2010년 9월 10일 인터넷 판에는 다음과 같이 '면식 있는' 사람을 배달기사로 만났을 때 겪은 곤혹감을 소개하는 기사가 실려 있다.

> 한 씨는 며칠 전 대리운전을 이용하면서 깜짝 놀란 경험을 했다. 영업직이다 보니 자연스레 술자리가 많아져 대리운전을 자주 이용하는데 대리운전기사로 나온 분이 부인의 아는 사람이었던 것이다. 이에 한 씨는 차 안에서 최대한 정중하게 있기 위해 무던히 애썼다. 속으로 "처음부터 알아봐서 다행이다. 못 알아봤으면 실수할 뻔 했네"라는 다행감과 함께 말이다.

면식 있는 사람에게는 비인간의 지위를 부여하기 힘들고, 괜한 관여를 자초해서 예의바른 무관심을 실천하기 어렵다. 면식 없는 사람들이 서로 조우에 들어가기 위해서는 그에 합당한 이유를 필요로 하듯이, 면식 있는 사람들은 서로 조우에 들어가지 않으려면 그에 합당한 이유를 요구하기 때문이다(Goffman, 1963: 124). 기사에서는 한 씨가 어떻게 "최대한 정중하게 있기 위해 무던히 애썼"는지 구체적인 이야기는 더 이상 나오지 않지만, 예의바른 무관심, 아니 더 나아가 비인간 지위 부여를 하기 위해 애를 썼으리라는 것은 쉽게 짐작할 수 있다. 아는 체를 하지 않음은 물론, 상대방이 알아보고 조우를 청하지 못하도록, 즉 상대방의 특별한 주의의 대상이 되지 않도록 말도 하지 않고 거동도 줄이는 등 상당히 조심했을 것이다.

이 기사에 따르면 최고의 고객은 "눈이나 비가 오거나 추운 날처럼 힘이 들 때, 따뜻한 말 한마디 '수고하십니다.'라고 말하며 경어 쓰는 고객"이고 최악의 고객은 "정해진 요금을 상담원한테 안내 받았음에도 불구하고 운행 끝나고 요금을 흥정하는 고객"이다. "수고하십니다."라는 말은 상대방을 인격적으로 대우하는 것처럼 보이지만, 사실은 이방인들 사이에 예의바른 무관심을 실천하는 것이다. 요금을 흥정하는 고객은 치사한 공리주의적 행위자여서이기도 하지만, 보다 근원적인 것은 관여의 정도를 높이기 때문에 곤혹감을 야기한다. 누가 비인간과 주의의 초점을 하나로 집중하여 관여의 정도를 높일 것이라 기대하겠는가? 최근 여성 대리운전기사가 늘어나면서 성추행 등의 고통을 호소하는 보도가 잇따르고 있는데, 이 역시 불필요한 관여의 정도를 높여서 문제가 된 것이다. 인간과 비인간 사이에도 도덕적 질서가 존재한다! 도덕이란 상호작용하는 사람들 사이에 어떤 '행위노선'을 따라 행동할 것인가에 대한 호혜적 기대이다. 이는 단순히 인지적으로 그러할 것이란 기대가 아니라, 반드시 그래야만 한다는 규범적 기대이다. 이러한 기대를 충족시키기 위해서는 온갖 전략이 필요하다. 관여방어막이 그 한 예인데, 대리운전기사가 겪는 고통은 사실 이를 온전히 활용할 수 없기 때문에 발생한다.

전통적으로 비인간의 지위를 부여받은 사람은 하인, 신하, 어린아이, 여자와 같이 사회적 권력을 가지지 못한 자였다. 이들은 공연의 '후면영역,' 즉 무대전면에서 유지되는 인상이 더 이상 유지될 필요가 없고 그렇더라도 아무 문제가 되지 않는 영역을 아무런 알림 없이도 드나들 수 있는 역설적인 특권을 지닌 존재로 간주되었다. 그 이유는 비인간의 지위를 부여받았기 때문이다(Goffman, 1959). 그렇다면 우리는 배달자가 사회적 권력을 갖지 못한 자라서 그를 무시하여 비인간의 지위를 부여하는 것인가? 아니면, 남자화장실에서 청소하는 여성에게 비인간 지위를 부여하고 맘 놓고 일을 보는 것과 동일한 것인가? 꼭 그렇다고만은 볼 수 없다. 보다 큰 이유는 배달자는 가역적인 환몽적인 공간에서 불러낸 존재이기 때문이다. 그는 전화 한 통화면 언제 어디서든 불러내고 되돌려 보낼 수 있는 '요술램프의 거인'과 같다.

가역적인 환몽적인 공간에서 불러낸 주술적인 존재를 배달자는 '놀랍게도' 아무런 감정 없이 대한다. 이는 외부세계의 탈주술화가 심적인 내부세계의 주술화와 짝을 같이한다는 캠벨(Campbell, 1987: 72-73)의 세계가 마침내 역전되었음을 의미한다. 외부세계가 재주술화 되자 심적인 내부세계, 즉 개인감정이 탈주술화하기 시작한 것이라 볼 수 있기 때문이다. 리처(Ritzer, 2000)에 의해 '사회의 맥도날드화'(McDonaldization of society)라 불릴 정도로 고도로 탈주술화된 사회세계는 이제 '사회의 디즈니화'(Disenyization of society)라고 불릴 정도로 재주술화된 세계와 짝하게 되었다(Bryman, 1999). 브라이만은 테마화, 소비의 탈분화, 상품판촉, 감정노동과 같은 디즈니랜드 테마 파크의 원리가 점점 더 많은 사회세계의 영역을 지배하게 되었다고 주장하였다.[15] 사회세계가 맥도날드화라 이름붙일 정도로 너무나 합리화되다 보니 오히려 역설적이게도 재주술화된 세계를 불러들였다는 것이다. 이러한 재주술화된 세계에서 감정노동자들은 테마 파크의 캐릭터 인형처럼 항상 즐겁게 웃으며 친절하게 노동해야 한다.

고프만을 빌려 말하면, 감정노동자들은 조우에 항상 '열려진 사람들'(open persons)이자 언제든지 조우를 '개시하는 사람들'(opening persons)로서 특별한 라이센스를 가진 존재로 보인다. 열려진 사람들의 전형적인 경우는 교통경찰과

15) 테마화(theming)는 디즈니화의 가장 명백한 요소로서, 경제적 삶이 갈수록 테마화하여 어린 아이뿐만 아니라 어른까지도 오락의 세계로 끌어들이는 것을 말한다. 소비의 탈분화(dedifferentiation of consumption)는 상이한 제도별로 분화되어 있던 소비, 예컨대 테마 파크와 쇼핑몰의 구분이 없어질 정도로 서로 뒤엉키는 것을 말한다. 상품판촉(merchandising)은 저작권을 지닌 이미지와 로고를 통해 상품의 판매를 촉진하는 것을 말한다. 마지막으로, 감정노동(emotional labor)은 서비스 노동자가 상호작용 각본을 통해 항상 신나고 쾌활하게 웃는 등 감정을 조절하도록 통제되는 노동을 말한다. 이러한 네 가지 요소가 디즈니랜드 테마 파크의 원리를 남김없이 포괄하는 것은 아니지만, 브라이만은 리처가 맥도날드 패스트푸드 레스토랑의 전체 원리를 효율성, 계산가능성, 예측가능성, 통제와 같이 네 요소로 말한 것에 맞추기 위해 그렇게 했다.

가판대 판매자로, 그들은 정보와 도움을 추구하는 수많은 타자들로부터 마음대로 접근된다. 그 누구도 이러한 공적 인물들을 남용할 것이라 여겨지지 않기 때문이다. 노인과 아이 역시 누구나 접근할 수 있는 사람으로 간주될 수 있는데, 그들은 다가오는 이방인과 조우를 해보아야 특별히 잃을 것이 없다고 여겨지기 때문이다. 열려진 사람들은 또한 타자에게 다가갈 수 있는 특허를 지닌 개시하는 사람들로 정의되는 경향이 있다. 열려진 사람들은 의구심의 대상이 아니듯, 개시하는 사람들도 그러할 수 있다. 진입을 관리하거나 안내하는 사람들 또는 가게주인들은 들어오는 모든 사람에게 환영 조우를 개시할 수 있고, 또 그럴 의무가 있다(Goffman, 1963: 125-131).

그렇다면 '실제로' 우리가 이들을 노인과 어린 아이에게 하듯, 또는 교통경찰과 가판대 팜매자에게 하듯 열려진·개시하는 사람들로 간주하면 어떤 일이 일어날까? 감정노동자들은 성스러운 마나를 잃어버린 노인이나 아직 획득하지 못한 아이도 아니며, 그렇다고 경찰과 같이 심각한 현실의 업무를 담당하는 공적 인물도 아니다. 그들은 일상적인 자신의 자아 역할로부터 일시적으로 벗어난 사람들로 간주되며, 이 때문에 누구에게나 마음대로 접근할 수 있고 동시에 누구로부터도 접근될 수 있는 것이다. 따라서 우리는 그들이 아무리 즐겁게 접근해 오더라도, 별 감정 없이 대한다. 실제의 자아가 아니라는 것을 알고 있기 때문이다. 테마 파크에 가면 오로지 아이들만 캐릭터 인형을 진짜 인물로 보고 즐겁게 논다. 만약 성인이 그렇게 한다면, 특별한 주의의 대상이 될 것이다. 그런 점에서 감정노동은 캐릭터 인물만이 하는 것이 아니다. 우리 모두 평정을 유지하는 '감정작업'(emotion-work)을 하는 것이다.

사실 배달은 '아랫것'에게 대신 노동을 시키는 유한계급의 삶의 방식이다. 현재 배달의 일상화는 한국인이 이러한 유한계급을 흉내 내는 것일 수 있다. 요술램프의 거인을 우리의 후면영역으로 불러내어 잡일을 시키기 때문이다. 하지만 평정을 유지할 수 없는 상황이 전개되고서야 비로소, 자신이 유한계급을 시뮬레이션하고 있음을 바로 깨닫게 된다. 다음 아고라에 나온 택배기사에 대한 한 이용객의 불평을 들어 보자.[16)]

> 상호를 직접 써도 될까요?? 원래 글을 안올리는데 너무나 분통 터져서 처음으로 글 남깁니다…한X택배 기사 불친절의 끝장을 보여주는 군요…온라인 쇼핑을 이용 중인데 롯X닷컴만 이용하면 그 기사가 항상 염장을 지르내요…처음엔 집에 사람 있냐고 전화 와서 있다고 했더니 4-5시간 동안 감감 무소식이더니 한참 뒤에 전화 와서 바쁘니 큰길까지 나오랍니다…그 땐 일하는 중이라 어머니께 부탁해서 받아 주었더니 이번에 또 내려오랍니다…어이가 없어서 항상 그러냐고 물어보니 더 어이없는 것은 "바쁘거든요" 그 뒤에 바로 "밤이잖아요" 밤이라서 왜 그러죠?? 내가 뻑치기라도 하는 사람입니까??? 우리집이 슬럼지역도 아니고 시내에 있는 집인 데 뭔 밤이라서 멀리까지 나오라는 겁니가??? 그리고 또 3시간째 감감 무소식…. 결국 전화 했습니다…언제 옵니까??? 물어보니 대답이 걸작입니다…"비와서 오늘 배송 끝냈습니다." 태연히 이럽니다…고객 엿 먹이는 건가요??? 태풍이 온 것도 아니고 집중호우가 오는 것도 아니고 여기 부산 입니다…보슬비 몇방울 오다 말았는데 비가 와서 배송 안한답니다…이런 경우 어떻게 대처 해야는 겁니까?? 어디 클래임 걸고 까탈 부리는거 싫어해서 항상 조용히 지냈는데 정말 불타오르게 만드는 한X택배입니다.

이 불평은 물론 예상했던 서비스가 제대로 이루어지 않았다는 것이다. 하지만 한층 더 깊이 보면 택배기사가 전화 한 통화면 언제 어디서든 불러내고 되돌려 보낼 수 있는 '요술램프의 거인'이 아니라는 불평이다. 그런 점에서 주문자는 자신이 대신 노동을 시킬 수 있는 전문화된 하인을 거느린 유한계급이 아니라는 것을 깨닫게 된다. 원래 전문화된 하인들은 주인에게 봉사하는 '실제' 서비스보다는 주인의 명성과 자존감을 증명하는 '과시적' 서비스로서 더 중요했었다. 그런 점에

16) 원문의 생생함을 느낄 수 있게, 띄어쓰기 오류와 오자 등을 되도록 있는 그대로 싣는다.

서 엄청난 유용성을 소모하는 일이 필요하였다(Veblen, 1994). 현재 우리 사회에도 이러한 전문화된 하인을 거느린 '진짜' 유한계급이 존재한다. 하지만 대부분의 사람들은 이런 유한계급을 거느릴 재력이 없다. 그럼에도 불구하고 유한계급처럼 행동하고 싶어 하는데, 이러한 소모의 민주화는 서비스 스태프를 갖추고 있는 택배산업의 성장을 통해 이루어지는 것처럼 보인다. 그럼에도 대개의 한국인의 경우 서비스는 자신의 명성과 자존감을 증명하는데 사용되지 않고 '실제 서비스의 기능'에 치중되어 있다. 엄청난 유용성의 소모가 아닌, 필연성에 허덕거리는 배달자를 찔끔찔끔 소비하는 것이다. 그런 점에서 유한계급을 시뮬레이션 하고 있다 할 수 있는데, 사람들 사이에 이루어지는 의례를 축소할수록 이러한 씁쓸한 자각은 줄어들 것이다.

이는 일용 가사도우미를 가상공간에서 불러내어 집안으로 배달시키는 경우에 보다 분명히 나타난다. 대개 일용 가사도우미는 마치 우렁각시와 같이 주문자가 없는 사이에 집안청소, 다림질, 음식장만을 해놓고 사라진다. 다시 말해 사람들 사이에 이루어지는 의례가 극소화되는 것이다. 전국여성일용가사사업단도 공교롭게도 그 명칭을 '우렁각시'로 하고 있다(http://www.psau.or.kr/totalgasa/). 실제 대면적 상호작용 의례를 하지 말아 달라고 무의식중에 요구하는 것이다. 주문자 역시 이를 잘 알고 가사도우미의 상호작용 의례를 극소화하려고 노력한다. 사람들은 대개 가사도우미가 오기로 한 날은 되도록 아침 일찍 일어나 나갈 만반의 준비를 하고 기다린다. 아침 일찍 가사도우미가 도착하면 간단한 조우를 확인하는 의례와 함께 약속한 돈을 주고 바로 자리를 뜬다. 적은 돈에 모르는 사람이 내 사적인 공간을 샅샅이 뒤집어엎을 것이라는 우려도 있지만, 나 없는 동안 집안이 깨끗하게 청소되어 있을 것이며 맛난 음식도 마련되어 있을 것이라는 기대를 가지고 재빨리 빠져나가는 것이다.

하지만 자신이 사실 시뮬레이션의 세계에 빠진 것을 깨닫게 되는 순간은 가사도우미가 이기적인 공리주의적 행위자임이 드러나는 순간과 일치한다. 인터넷을 보면 가사도우미가 일이 끝난 후 더 많은 돈을 따로 요구하는 것에 대해 불평하는 사례들이 적지 않게 나온다. 예상보다 더 많은 일을 했다는 것이 그 이유다. 그때마다 대개 사람들은 한 마디도 말을 덧붙이지 않고 돈을 주기 마련이다. 하지만 집에 와 보면 옷이 정리되지 않고 제멋대로 있고, 걸레와 수건이 같이 세탁되어 있으며, 드라이를 해야 할 양복바지가 물빨래 되어 있고, 음식에 참기름이 잔뜩 들어가 있는 것을 발견하게 된다. 나중에 오면 반드시 따지리라 다짐하지만, 차라리 새 가사도우미를 구하고 말지 말을 건네지 못하는 경우가 흔하다. 그들이 마음 좋은 사람이라 서라기보다는, 잘못 하다 면식 있는 관계로 전환되어 앞으로 서로 간에 불필요한 관여의 정도를 높이게 될까봐 두렵기 때문이리라. 말이 '관계의 쐐기'(relationship wedge)로 작용하여, 서로 말을 주고받고 상호 의무의 유대가 수립되면, 더 나아가 사회적 또는 물질적 방종에 대한 요구가 만들어질 수 있다(Goffman, 1963: 105).

자신의 시간과 에너지를 온통 노동에 빼앗기고 있는 사람들이 예의바른 무관심이라는 예절을 갖추기 위해 그들 스스로 열성을 들일 것이라 기대하는 것은 애초부터 무리다. 자본주의 아래에서 생산적 노동에 종사하는 사람들이 모두 공리주의적 행위자인 이유가 여기에 있다. 그들은 왜 이렇게 공리주의적 행위자가 될 수밖에 없는가? 생존에 허덕거리기 때문이다. 생존을 위한 도구적 행위가 이들의 삶을 지배하기 때문에, 이들은 무대전면에서 공연하는 삶을 살 기 어렵다. 설사 공연한다 해도 마키아벨리와 같은 냉소적인 이기적인 존재로 공연할 공산이 크다. 현재 고프만의 행위자를 주로 이런 식으로 보는 입장이 한국 사회학계에 팽배해 있는데, 그만큼 한국인들이 생존을 위한 도구적 행위에 빠져 있다는 것을 반증하는 것이다.

IV. 나가며: 2011년, 한국사회의 문화풍경

한국사회에 만연한 '배달의 일상화'는 분명 1990년대 이후 본격화된 한국의 문화풍경을 가늠할 수 있게 해주는 연구대상이다. 문화풍경의 시각에서 연구대상에 접근한다는 것은, 그것을 완전히 해독될 수는 없는 신비한 상형문자(이미지문자)요, 알레고리로 간주한다는 것을 뜻한다(Buck-Morss, 1991). 연구대상을 잔해나 파편으로 보기에 완전한 해독이 될 수 없다고, 다시 말해 과학적 개념에 의해 완전히 포획될 수 없다고 보는 것이다. 역사적 잔해나 파편에서 선사시대의 전체 문화풍경을 그려내려는 고고학자의 노력이 이와 유사하다 할 것이다. 잔해는 물질인 동시에 선사시대의 꿈을 담고 있는 주술적 언어이기도 하다. 도시현상을 객관적인 것으로 경험하는 동시에 꿈으로 경험하는 초현실주의자의 모습도 이와 닮았다. 또한 알레고리 양식을 통하여 파편화된 세계의 경험을 가시적이고 가촉적인 것으로 만들고자 한 벤야민도 여기에 속한다(cf. 김홍중, 2005).

배달의 일상화는 사물로 이루어진 동시에 한국인 모두가 오래 전부터 꾸어온 유토피아적 꿈으로 만들어진 것일지도 모른다. 꿈을 더 꾸는 것이 좋은지, 아니면 꿈에서 깨어나는 것이 필요한지 아직 나는 잘 모른다. 우선 배달의 일상화의 파편을 부여잡고 흐릿하고 유동적이나마 한국사회 전체에 대한 밑그림을 그려볼 뿐이다. 흐릿하고 유동적이지만 현재를 살아가는 우리에게는 너무나 당연시되는 현상학적 세계이다. 아마 많은 세월이 지난 후 후대 사회학자들은 이를 추상화하여 산뜻한 개념을 만들어 이 시대를 규정할지도 모를 일이다. 하지만 현재로서는 흐릿하나마 그려보려고 시도할 도리밖에. 배달의 일상화는 이러한 풍경화를 그리는 데 사용되는 재료이자, 그 자체가 이 시대의 문화풍경을 구성하는 힘이다. 배달의 일상화를 통해 언뜻 그려본 한국사회의 문화풍경은 어떠한가? 텔레테크놀로지가 열어젖혀 일상화시켜놓은 가역적인 환몽의 공간, 억압적 탈승화와 소모의 민주화, 관여방어막 안에서 인간과 비인간 사이에 만들어지고 있는 도덕적 질서, 열려진・개시하는 사람들을 부리는 유한계급의 시뮬레이션!

이는 짐멜(Simmel, 1997)이 그린 사회, 즉 화폐관계의 익명성을 통한 자유를 극대화시켜주는 사회의 완전한 실현인 듯하다. 주문자와 배달자 사이에는 화폐를 통해 매개되어 있기 때문에 익명적이며, 이는 아주 합리적으로 서로가 필요한 것만 교환하는 이점을 선사한다. 자신의 일이나 욕망을 대신 전달해 준 사람에게 과거에는 온갖 의례를 통해서 감사를 표하고, 친밀성을 교류하곤 하였지만, 이제는 화폐를 통해서 적당한 욕망을 서로 교환하면 된다. 사람 사이에 이루어지는 상호작용 의례를 극소화해도 되는 것이다. 이것이 지난 반세기 이상 줄기차게 고도성장을 추구하며 살아온 한국인이 마침내 마주한, 사물화된 현실이다. 한국인들은 이제 서로에게 비인간 지위를 부여하거나, 최소한 예의바른 무관심을 표하면 족한 사이가 되었다. 서로 장기적인 관계를 맺으면서 도덕적으로 책임지지 않아도 되는, 마치 도시 공공장소에서 스쳐지나가는 이방인들처럼 되어버린 것이다. 위대한 예언자, 고프만!

하지만, 굳이 맑스주의자가 아니더라도 이러한 짐멜과 고프만의 사회가 비정규직이라는 참혹한 노동현실을 하부구조로 한다는 것을 웬만한 사람이면 다 알 것이다. 하지만 이들이 주로 무대후면에서 노동하고 있기에 가시적이지 않고, 무대전면에 온다한들 감정노동을 하고 있어 그 참혹함을 관객이 보기 어렵다. 따라서 사물화된 현실은 어렵지 않게 환몽으로 치장될 수 있다. 사물화된 현실은 참혹한 노동의 산물이면서, 동시에 꿈의 발현이다. 그런 점에서 벤야민(2005: 1110)이 자본주의의 메타포로 보았던 '창녀,' 즉 상품형식과 상품내용을 종합한 변증법적 이미지의 세계가 한국사회 전반에 광범하게 실현되었다고 할 수 있다. 우리는 창녀의 생존에 허덕거리는 '싸구려 몸뚱이'를 탐하는 것이 결코 아니다. 오히려 그 싸구려 몸뚱이와 변증법적으로 종합된 '이미지 꿈'에 빠져든다. 동물들처럼 충족될 수 있는 만족의 세계에서 벗어나 영원히 추구되는 쾌락의 세계에 살고자하는 꿈! 효용성 안에 쾌락을 묶어 두었던 생존과 생식의 세계에서 벗어나, 사물화된 현실을 잔인하게 파괴하여 성스러운 세계로 들어가고자 하는 꿈!(Bataille, 1991) 이 꿈은 과거 소수 귀족들만 꾸고 실현시켰던 꿈인데, 이제 한국인 누구나 꾸고 이루고자 열망하는 꿈이다. 이는 성스러움을 한국인 모두 나눠 갖는 꿈의 실현을 약속한다는 점에서 길몽이지만, 대부분 그 꿈이 실현되는 순간 참혹한 노동현실에서 허덕거리는 공리주의적 행위자와 정면으로 맞닥트리는 악몽이 된다. 실제로는 작은 필연성(비정규직 노동)을 착취하는 소비에 빠져 있으면서 거대 유용성(자본주의)을 파괴하는 소모를 시뮬레이션하고 있는 탓이다.

꿈을 더 꾸는 것이 좋은지(니체), 아니면 꿈에서 깨어나 참혹한 실재와 마주하는 것이 필요한지(맑스), 막상 깨어나야 한다면 어떻게 깨어나야 하는지(포스트모더니스트), 2011년 현재 한국인들은 아직 덜 성찰하는 것 같다. 길몽과 악몽 사이에서 현실의 길을 잃었다고 할까…. 그래서 아직도 세상만물을 '꿈 사물'로 변화시키는 데 여념이 없다. 4대강이 다 파헤쳐져 오롯이 꿈의 유용성이 되고, 대학이 장사치 논리에 따라 온통 경영대학과 의과대학으로만 좁아들며, 교회가 무한성장 논리에 따라 지구상 최대 방주를 구축하였을 때, 그때 가서야 실현된 악몽을 소스라치게 부여잡고 마지막 소모의 한판 꿈을 실현하고자 발광할지도 모를 일이다. 진작부터, 존재를 필연성과 유용성으로 축소시킨 쥐값을 덜기 위해 권력과 화폐의 협잡꾼들은 온갖 방(관여방어막) 안에서 서로를 스폰서로 주문하여 소모의 시뮬레이션을 벌여오지 않았던가? 2011년을 지나고 지나 세상만물이 완전히 '꿈 사물'로 변화한 것을 어느 날 문뜩 알아챘을 때, 그때는 과연 누구를 배당시켜 무조건적 소모를 행할 것인가?

〈참고문헌〉

『문화저널 21』 2010년 9월 10일 인터넷 판. "나는 어떤 손님? 대리운전기사가 뽑은 최고, 최악의 손님?"

현대경제연구원. 2009. "택배산업 경쟁력 강화 방안." 『VIP Report』.

김홍중. 2005. "문화사회학과 풍경의 문제: 풍경 개념의 구성과 그 가능성에 대한 이론적 탐색." 『사회와이론』 6(1): 129-167.

벤야민(Benjamin, Walter). 2005. 『아케이드 프로젝트 1』. 새물결.

최종렬. 2007. "무조건적 소모의 사회: '바다이야기'를 중심으로." 『사회이론』 31: 167-216.

최종렬. 2009a. 『사회학의 문화적 전환: 과학에서 미학으로, 되살아난 고전사회학』. 살림.

최종렬. 2009b. "탈영토화된 공간에서의 다문화주의: 문제적 상황과 의미화 실천." 『사회이론』 35: 47-79.

최종렬. 2010. "무조건적 소모의 사회 2: 가부장적 핵가족의 내파와 사회의 에로틱화." 『문화와 사회』 8: 128-173.

Anderson, Benedict. 2006. *Imagined Communities: Reflections on the Origin and Spread of Nationalism*. Revised Edition. London: Verso.

Appadurai, Arjun. 1996. *Modernity at Large: Cultural Dimensions of Globalization*. University of Minnesota.

Bataille, Georges. 1991. *The Accursed Share*. Volume 1. New York: Zone Books.

Benjamin, Walter. 1973. *Illuminations*. London: Fontana.

Berger, Peter L. and Thomas Luckmann. 1966. *The Social Construction of Reality: A Treatise in the Sociology of Knowledge*. New York: Anchor Books.

Bryman, Alan. 1999. "The Disneyzation of Society." *Sociological Review* 47(1): 25-47.

Buck-Morss, Susan. 1991. *The Dialetics of Seeing: Walter Benjamin and the Arcades Project*. The MIT Press.

Cahill, Spencer E. et al., 1985. "Meanwhile Backstage: Behavior in Public Bathrooms." *Urban Life* 14(1): 33-58.

Campbell, Colin. 1987. *The Romantic Ethic and the Spirit of Modern Consumerism*. New York: Basil Blackwell.

Giddens, Anthony. 1990. *The Consequences of Modernity*. Stanford, CA: Stanford University Press.

Giddens, Anthony. 1992. *The Transformation of Intimacy: Sexuality, Love & Eroticism in Modern Societies*. Stanford, CA: Stanford University Press.

Goffman, Erving. 1959. *The Presentation of Self in Everyday Life*. New York: Anchor Books.

Goffman, Erving. 1963. *Behavior in Public Paces: Notes on the Social Organization of Gatherings*. New York: The Free Press.

Goffman, Erving. 1971. *Relations in Public: Microstudies of the Public Order*. New York: Basic Books.

Habermas, Jürgen. 1987. *The Theory of Communicative Action Volume Two, Lifeworld and System: A Critique of Functionalist Reason*. Boston, MA: Beacon Press.

Harvey, David. 1989. *The Condition of Postmodernity*. Oxford: Blackwell.

Honneth, Axel. 1995. *The Struggle for Recognition: The Moral Grammar of Social Conflicts*. Cambridge, MA: The MIT Press.

Karp, David R., William C. Yoles, and Barbara H. Vann. 2004. *Sociology in Everyday Life*. Long Grove, IL: Waveland Press.

Giddens, Anthony. 1991. *The Consequences of Modernity*. Stanford University Press.

Marcuse, Herbert. 1964. *One-Dimensional Man: Studies in the Ideology of Advanced Industrial Society*. Boston, MA: Beacon Press.

Manning, Philip. 1992. *Erving Goffman and Modern Sociology*. Malden, MA: Polity Press.

Marx, Karl. 1988. *The Communist Manifesto*. New York: W·W·Norton & Company.

Ritzer, George. 2000. *The McDonaldization of Society*. Thousand Oak, CA: Fine Forge Press.

Ritzer, George. 2001. *Explorations in the Sociology of Consumption: Fast Food,*

Credit Cards and Casinos. London: Sage Publications.

Schutz, Alfred. 1973. "On Multiple Realities." pp. 209-259 in *Collected Papers I: The Problem of Social Reality*. Netherlands: Martinus Nijhoff/The Hague.

Simmel, Georg. 1997. "Money in Modern Culture." pp. 243-255 in Frisby, David and Mike Featherstone (eds.) *Simmel on Culture*. London: Sage.

Tomlinson, John. 1999. *Globalization and Culture*. Chicago: The University of Chicago Press.

Veblen, Thorstein. 1994. *The Theory of the Leisure Class*. New York: Dover Publications.

Marx, Karl. 1988. *The Communist Manifesto*. New York: W·W·Norton & Company.

Ritzer, George. 2000. *The McDonaldization of Society*. Thousand Oak, CA: Fine Forge Press.

Ritzer, George. 2001. *Explorations in the Sociology of Consumption: Fast Food, Credit Cards and Casinos*. London: Sage Publications.

Schutz, Alfred. 1973. "On Multiple Realities." pp. 209-259 in *Collected Papers I: The Problem of Social Reality*. Netherlands: Martinus Nijhoff/The Hague.

Simmel, Georg. 1997. "Money in Modern Culture." pp. 243-255 in Frisby, David and Mike Featherstone (eds.) *Simmel on Culture*. London: Sage.

Tomlinson, John. 1999. *Globalization and Culture*. Chicago: The University of Chicago Press.

Veblen, Thorstein. 1994. *The Theory of the Leisure Class*. New York: Dover Publications.

제3편

찜질방 : 숨은 광장?

03

찜질방 : 숨은 광장?

김무경

I. 들어가며 : '방문화'와 찜질방

1990년대 중반 무렵부터 생겨난 찜질방은 흔히 '대중목욕 문화'와 '방(房)문화'가 결합돼 생겨난 한국만의 독특한 공간으로 알려져 있다[17]. 찜질방은 특히 IMF 위기 때의 창업 열기에 힘입어 본격적으로 등장하였고, 그것이 기존 목욕탕의 범주에 딱 맞아떨어지지 않았기에 처음에는 행정규제의 사각지대에 있다가 뒤늦게 관련법규가 마련되었으며, 2004년 5월에는 그 수가 전국에 1,600 곳을 넘어섰고(김찬호, 2007: 72), 2008년 현재 한국에는 1만 3000 곳이 넘는 찜질방이 있다고 추정되고 있다[18].

그런데 그 일상적 성격에도 불구하고 '찜질방' 자체에 대한 분석, 그리고 찜질방과 더불어 노래'방', pc'방', 소주'방', 전화'방', 비디오'방', 그리고 키스'방' 등을 아우르는 "'방'문화"에 대한 연구는 몇몇 예외(김찬호, 윗 책; 송도영, 2004)를 제외하고는 인문 사회과학 분야에서 별로 이루어지지 않았다.

이 부분에 보다 본격적인 관심이 쏟아진 것은 건축과 도시 분야에서 이다. 예를 들어, 한국관의 주제로서 '방의 도시'를 준비했던 "2004년 베니스 비엔날레 국제건축전"이 그 대표적인 경우가 될 것이다. 인류학자로서는 송도영이 주관자의

17) 「조선일보」. 2009년 4월22일. 김미리. "찜질방. 공적·사적 공간 섞어... 한국 방(房)문화의 종합선물세트"

18) 「조선일보」. 2008년 11월12일

일원으로서 참여하였던 이 전시회의 주된 관심은 대략 다음과 같은 것들이었다. 우선, 기존에 '집'의 영역에 속해있던 '방'들이 왜 집을 '가출'하여 도시의 '공적' 공간 속으로 분산되어 들어갔는가? 그럼으로써 '사적'이면서 '공적'이 된 이 공간을 어떻게 해석할 수 있을 것인가? 이 공간은 보다 건전하고 공식화되지 못한 퇴폐적이고 퇴행적인 공간인가? 아니면, 그럼에도 불구하고 미래를 전망하게 하는 어떤 공간이라고 할 수 있는가?(*City of the bang*, 2004) 짐멜이 이전에 역사에서의 진정한 변화는 '형태'(form)에 있어서의 변화라고 언급했듯이, 여러 분야를 '가로지르는' '방'이라고 하는 '형태'는 어떤 심층적인 변화를 드러내주는 징조라고 할 수 있는가?

아마도 분명한 점은 한국과 같이 최근 몇 십년간 발전지상주의를 압축적으로 추진하고 그에 따른 급격한 변화를 겪고 있는 사회에서는, 획일적으로 주어지고 동원되는 성격을 지니지 않는 공적 공간의 확보는 한동안 보류되거나 배제되어 왔다는 점일 것이다. 하지만 한 건축가가 지적하듯 이러한 한국의 상황은 특이하게도 새로운 공적 공간을 여는 힘이 되고 있는지도 모르겠다.(정기용, 2008b: 61) '방 문화'에 대한 연구도 이러한 새로운 형태의 '공적 공간'의 확립과 관련한 탐색과 연관을 갖는다고 일단 가정해볼 수 있다.

II. 찜질방

1. 몇 가지 역사적 고찰

찜질방이 '목욕탕'과 '사우나'의 발전과 변화인 점에서 볼 때, 우리나라에서 '목욕'의 역사적 변모, 그리고 일본을 통한 '탕집' – '목욕탕'의 다른 표현 – 의 도입을 간략하게나마 살피는 것이 필요하다.

한국인들은 고래로 목욕을 청결 외에, 미용, 건강, 질병치료, 혹은 의식(儀式)의 수단으로 널리 인식하여 왔다. 문헌에 기록된 가장 오래된 목욕은 박혁거세와 그의 왕비의 목욕이라고 하는데, 서민들 또한 신라, 고려를 거쳐 조선에 이르기까지 목욕을 자주 하였다고 한다. 특기할 점이 있다면, 신라에서의 불교 전래와 함께, '목욕재계'(沐浴齋戒)의 계율이 미친 영향, 그리고 조선시대의 노출을 꺼리는 생활습관으로 인한 '부분욕'의 성행이라고 할 수 있을 것이다.(전완길, 2001: 39-40) 그런데 전반적으로 보았을 때, 냇가에서의 남녀의 혼욕, 대가의 목욕시설인 '정방'(淨房), 온천, 그리고 한증 등을 목욕의 다양한 형태 및 시설이라고 할 수 있다면, 지금의 우리가 아는 바대로의 '목욕탕'은 개항과 더불어 '일본식 공중목욕탕'이 전래된 것이라고 할 수 있다. 그리하여 일제 강점기에는 일본식 공중목욕탕와 함께, 조선의 전통목욕시설 - 특히 한증막 - 도 각지에서 영업을 계속하고 있었다.(전완길, 윗 글; 라종우, 2001; 토모야스, 2006: 25-92).

'일본식 공중 목욕탕'의 경우, 그것이 일본에 정착된 것은 메이지 시대의 '문명개화' 바람에 힘입은 1880년 전후이다. 이즈음 도쿄에서는, 온천지에서 천연물질을 주문하여 욕탕에 넣는 '재생온천'이 성행하였고, 이 때 온천지의 욕장과 비슷하도록 욕조를 평탄하고 깊게 파서 온 몸이 뜨거운 물에 잠기도록 한 '온천(식) 욕탕'이 나타났으며, 이 새로운 양식의 욕장은 환기를 위해 욕장을 높임으로써 욕장 내부도 밝아졌고, 그 결과 위생 면에서도 향상이 있었다. 이제 일본 전국으로 확산되고, 조선의 일본인 거류지를 시발점으로 하여 조선에도 전파되는 것은 이 양식의 욕장인 것이다.(토모야스, 윗 책: 38-39)

그런데 우리가 인용하고 있는 토모야스의 논의에서 흥미로운 점은, 일본식 전신 온수욕이 일제강점기에 한국에 수용된 것은 단지 학교나 행정에 의한 외부의 '교육'과 '지도'만이 아니라, 한국인들의 '내재적인 동기'가 있었기에 가능했다는 주장이다. 토모야스는 후자의 핵심이, 그 자신이 '동아시아의 역사적 신체'라고 명명하는 것에 있다고 분석한다. 즉, 근대적인 위생관념, 건강관념과는 분명히 다른 차원에서, 그리고 불교에서의 '목욕재계'나 '시욕'(施浴) 만으로는 설명할 수 없는 그 무엇이 흐르고 있으며, 이는 도교적 신체관이나 우주관, 자연관과 신선사상이라는 것이다[19].(윗 책: 82-88) 바로 이 점에서 또한 토모야스는 "현재 온

천 문화의 원형인 서민과 온천의 관계"를 강조한다.(윗 책, 46)

일제 강점기 이후 다시금 목욕문화에 눈을 돌리게 될 수 있었던 것은 1950년대 후반에 이르러서이며, 한동안 증가 추세에 있던 '목욕탕' – 동네에서 흔히 볼 수 있었던 소규모의 업소들 – 은 1980–90년대의 목욕탕의 대형화에 따라, 그리고, 찜질방 등 전통적인 열기요법을 개량한 목욕시설의 다양화 경향에 따라 1990년대 후반 이후 서서히 감소하고 있는 추세이다[20].

우리의 6·25 전쟁 후 상황과 연관하여 살펴보자면, 「깨끗한 몸」(김원일, 1987)에서 김원일은 상세한 서술을 우리에게 제공해준다. 6·25 전쟁 중, 아버지는 어디론가 어느 날 홀연히 사라지고 어머니는 홀로 동생들과 도회에서 생계를 근근히 유지해야 했기에 아는 노인부부에게 시골 소도시에 맡겨져 키워져야 했던, 김원일 자신이 분명한, 장남인 주인공, 그리고 섣달 그믐날 그를 '씻기러' 방문하는, 주인공이 보기에 '지나치게 청결벽 있는' 어머니, 그리고 이들 사이의 하나의 '정화' 의례로서의 목욕. 비록 곧 중학생이 될 나이이지만 아버지나 형이 없기에 거의 억지로 끌려간 섣달그믐 날의 여탕은 주인공에게 '아비규환'이고 '지옥'(김원일, 1987: 205)을 연상케 한다. 그러나 자신의 고유한 '차례'에 따라 자못 긴 시간 동안 아들의 때를 벗기고 또 벗기는 일종의 '고문'에 가까운 정화의례를 마친 후, 어머니는 이제 "몸이 날아갈듯 개운"하게 된 아들에게 어느 때보다 엄숙하고 간곡한 호소를 한다:

---

19) 토모야스가 예로서 들고 있는 옛 자료들을 다시 인용해 보자.
『동국여지승람』의 「동래온정」항에는 시인 박효수가 동래온천을 찾아 온천에 들어갔을 때의 기분을 묘사하는 부분이 나온다고 한다 : "몸이 가볍고 뼈까지 상쾌해지며 골수를 바꾸는 듯하다... 돌연 세상사의 고민거리에서 벗어나 단잠을 잘 수 있었다. 황홀하게도 천지에서 노는 꿈을 꾼다."
그리고 1420년 일본의 회례사(回禮使)로 교토에 온 송희경은 사원에서 목욕의 환대를 받은 후의 기행 산문집에 다음과 같이 적고 있다고 한다 : "목욕 후에 몸이 가벼워지고 뼈는 신선과 같다. 나를 배려해주는 왕심의 두터움을 잊을 수 없게 하는 동쪽 바닷길 5천." (토모야스, 윗 책: 82–83)

20) 목욕탕의 총수(한국 목욕업 중앙회의 회원수)는, 1977년에 2,230개, 1985년 5,046개, 그리고 1990녀대 후반에는 9,000개에 가까웠으나 그 후 감소하는 추세라고 한다. (윗 책, 90)

"더러운 세월을 만나 애비없는 설움으로 니가 비록 남으 집에 얹혀 얻어묵고 있지마는 씻은 몸처럼 마음도 깨끗해야 하니라. 깨끗한 마음으로...... 길남아, 뒷날 우리 식구가 이 고생하고 살았을 때를 웃으며 이야기할라 카모 니가 우째하며 살아야 되는 줄을 알고 있제?"(...) "우짜든동 열심히 공부해서 훌륭한 사람이 되는 길 밖에 없데이."(윗 글: 228-229)

이 일종의 '정화 의례'로서의 목욕을, 주인공은 자신이 장성하여 1980년대 후반에 방문하게 되는 "향락과 사치"를 대변하는 듯한, 대형건물 전체를 차지하는 역삼동 "큐피터 사우나 클럽"과 대비시키면서, 왠지 부끄러움을 느낀다.

김원일과 마찬가지로 1980년대의 글이긴 하지만, 일본에서의 목욕의 의미를 그 의례의 세밀한 서술을 통하여 밝히고 있는 미주바야시도, 삶의 "진보"에 의하여, 가옥과 아파트가 점점 더 가족탕을 갖춤으로 인하여, 이 '약속 장소', 이 '도시 사교성의 공간'은 예전의 활기를 잃어버렸다고 지적한다.(Mizubayashi, 1983: 15)

이제 우리는 질문하게 된다. 상기의 몇 가지 인상주의적인 서술을 통하여 우리는 목욕의 차원이 몸을 닦는다는 단순히 '기능적인' 차원을 넘어서서 '상징적인' 차원을 갖고 있다는 점을 알 수 있는데, 이 후자의 상징적인 차원은 다시, '목욕재계'가 대표적으로 나타내는 '정화'의 차원과, 앞의 인용문에서 도교적 자연관, 신체관을 얘기하면서 언급하였던, 모든 외부적 목적을 괄호 속에 넣는 '시적 즐거움'의 차원을 동시에 갖는다는 점을 강조해야 할 것이다. 그렇다면, 분명 앞서 우리가 살폈듯이 역사적으로 목욕과 관련이 있으면서도 이와는 구분된다고 할 수 있는 찜질방의 경우, 이러한 차원들은 어떻게 나타날 것인가? 찜질방에서의 한증막, 불가마 등의 보다 전통적인 요소들의 부활은 어떻게 해석할 수 있을 것인가? 이와 같은 '의례'로서의 목욕이 갖는, 단지 몸을 청결히 한다는 기능성을 넘어서는 상징적인 차원은, 그 상업화와 향락 추구로 인하여 퇴색하게 되었는가?

이 글에서는 우선 찜질방이라는 공간의 형태와 성격을 고찰한 후, 어떤 이들이 그 공간을 사용하며, 그들의 의례에는 어떤 것들이 있고, 마지막으로 찜질방과 관련된 상상계(想像界)는 어떤 것들인가 등을 살핌으로써 이 공간의 의미를 추적해볼 것이다.

2. 공간의 특성 : 마당 + 감싸인 공간

우리가 대규모 찜질방의 한 전형이라고 판단하여 방문한 용인 죽전의 한 곳을 그 예로 들어보자. 아래의 평면도를 통하여 우리는 전체 공간의 형태와 그 구성을 한 눈에 파악할 수 있다. 우선적으로 눈에 띄는 몇 가지 특징들을 살펴보자.

전체 지하공간의 반 정도를 차지하고 있는 목욕탕과 탈의실의 부분을 제외한 나머지 반을 찜질방이 차지하고 있다. 찜질방은 60-70(m) × 60-70(m) 정도는 됨직한 넓이를 차지하고 있다. 가운데의 식당들과 영화관을 중심으로, 한편으로는, 건강과 피로회복을 위한 각종 '방'들 - 왼편 위의 한 모퉁이의 '불가마'를 중심으로 양쪽으로 산소방, 소금방, 족욕탕, 아이스방, 맛사지실... - 이 설비되어 있고, 그리고 다른 한편으로는, 외부의 모든 방문화를 구성하고 있는 공간들 - pc방, 노래방, 영화관, 만화방, 수면방, 모임방... - 의 모습을 볼 수 있다.

이 공간 구성에서 우리는 다음 두 가지를 우선 지적할 수 있다.

첫째, 한 건축가가 지적하였듯이 찜질방은, 그 건강을 위한 공간들의 구성에 있어서나, 아니면, '방문화'를 구성하는 공간들의 집결에 있어서나, 가히 '방문화의 종합선물세트'라고 할 수 있다는 점이다. 이 '종합하는' 성격에 대해서는 우리가 다시 살펴볼 필요가 있을 것이다.(Chung Guyon, 2004) 무엇보다도, 방 속에 또 많은 방들이 겹쳐있다는 것은 무슨 의미인가?

둘째, 중앙의 식당들과 영화관과 지금 언급했던 바깥 테두리를 구성하고 있는 각종 방들의 사이에는 일종의 마당, 혹은 작은 광장으로 쓰일 수 있는 ㄷ자형의 넓은 공간이 있고, 그 한쪽 모퉁이를 매점과 무대가 차지하고 있는 'ㄷ자'의 두 면에는 '원두막 토굴방'이 그리고 다른 한 면에는 일인용 잠자리들과 안마기계들이 놓여있다.

이와 같은 공간 구성의 형태는, 한편으로는 '방'들에 둘러싸인 전통가옥의 '안마당'의 형태와 기능을, 그리고 다른 한편으로는 집들에 둘러싸인 동네의 '마당'의 형태와 기능을 연상하게 한다. 그렇다면, 다소 돌발적인 질문이 되겠지만, 이와 같은 공간형태와 구성은 1970-80년대 '마당극', '마당굿' 등의 문제제기를 통하여 '마당'의 문제 틀을 우리에게 제시하였던 문화운동의 흐름과 간접적으로 연관이 있으며, 그 문제제기의 일상화라는 한 측면이라고 할 수 있는 것인가? 더 나아가서는 우리 역사에 주기적으로 나타났을 이와 같은 '마당'의 필요성의 주장과 그 맥이 닿아있는 것인가? 양자 사이에 차이가 있다면 어떤 것인가?

이와 같은 '마당', 나아가서 '광장'은 특별한 용도로 쓰이는 것 같다. 마치 우리의 전통적인 '방'들이 특별한 기능만을 수행하는 '특화된 공간'들이 아니라, 모든 유형의 기능들 - 밥상펴고 먹고, 이불깔고 자고, 놀고, tv보고, 책상을 펴놓고 공부하고 - 을 가능하게 하는 '보편 공간(universal space)'이듯이[21], 찜질방의 마당은, 바로 '비어있음'으로써[22], 모든 유형의 행위를 가능하게 하는 것 같다. 쉬고, 먹고, 마시고, 자고, 얘기하고, 누워서 책보고, tv 보고, ... 등. 이 공간의 한 모퉁이 매점에 의자와 파라솔을 몇 개 갖다놓거나 아니면 '원두막'이라는 이름과 형태의 공간을 마련해 놓은 것도 재미있는 모습이다. 또한 찜질방의 '마당'의 곳곳에 온열효과 느끼게 함으로써 '온돌'이 전통적으로 제공하였던 따뜻함과 나아가서는 '몸을 지지는' 효과, 아늑함과 친밀감, 즉 그야말로 '방'의 느낌을 이용객들이 갖도록 한다.

21) 바로 그렇기에 한 건축가는 우리의 전통적인 '방'의 기능이 한국의 주택난을 해소해 주었던 측면이 있다고 주장한다.

22) "전통적으로 한 집안의 중심적인 공간이 안마당이 되는 것은 바로 그 빈 공간을 중심으로 방들이 에워싸고 있고, 모든 방들이 마당으로 연결되어 있기 때문이다. 마당은 특정한 기능으로 한정된 공간이 아니라 모든 일이 일어날 수 있도록 비워지고 안팎으로 열려있을 뿐 아니라 방들로 에워싸여 있기 때문에 중심이 되는 것이다."(정기용, 2008a: 108)
"(...) 광장의 진정한 의미는 축제도 없고, 그래서 설사 사람들이 없다고 하여도 비워있는 상태의 잠재적인 매력이다."(위의 책: 113)

– 죽전 N 찜질방 평면도 –

그 안에서 모든 유형의 행위가 가능한 '보편공간'으로서의 '마당', 혹은 '광장'의 또 다른 특징은 그것이 '실내'에 위치한다는 점이다. 게오르그 짐멜이 '비밀'의 기능에 대해 얘기했듯이, 이 '덮여있음으로써' 다소 '은밀한', 나아가서는 다소 '비밀스러운' 공간은 개인적, 집단적 차원의 어떤 욕망과 맞닿아있는 것인가?

보다 일반적으로 얘기해서 이와 같은 유형의 '은밀한' 공간은 그들에 고유한 공간이나 혹은 상이한 시간성을 가진 보호처, 혹은 은신처를 갖고자 하는 시민들의 욕구의 표출인 측면이 분명히 있을 것이다. 완전한 투명성의 환상이나 혹은 단선적인 크로노미터의 환상에 근거한 권력과 생산주의의 논리에 비추어 보았을 때, 비록 그것이 덧없다고 할지라도 외부 현실로부터 단절된 영토의 존재, 현재의 강렬함에 축약된 '수직적' 시간의 존재를 인정해야 할 듯하다. 이 점에서 상소와 그의 연구 팀이 제안하는 '이차성'(secondarité)의 개념이 유리의 논의에 어느 정도 유용할 것 같다.(Sansot, Strohl, Torgue, Verdillon. 1978: 104) 이 '이차성'은,

차이의 놀이에 의하여, 사회생활 속에 비록 잠재된 상태로이지만 언제나 현전하는 '시공간 논리의 변화'를 가능하게 하고 그럼으로써 '그림자의 논리'의 미묘한 표출을 가능하게 한다. 아마도 그것은, '사회성'은 완전한 투명성에 근거하고 있는 것이 아니라 '보이는 것'과 '보이지 않는 것'의 갈등적 타협에 근거하고 있기 때문일 것이다.(Watier, 1981: 141) 이 '이차성'은 말하자면, 정체성의 명령를 거부하는 '존재론적 유동성'의 표명, 부과 자체 안에서 생성되는 미묘한 '거리'의 표명이라고 할 수 있을 것이다.(Maffesoli, 1979: 81-82, 140)

3. 이용자의 구성 : 모든 신분의 다신(多神)주의

찜질방은 흔히 '모든 이들'에게 열려있는 공간으로 알려져 있다. 남녀노소를 - 물론 요즈음 여성 전용 찜질방이 생겨나고, 찜질방의 고급화가 목도되지만 - 불문하고, 가족끼리, 친구끼리, 회사 동료와, 연인 간에, 동네 이웃과, 그리고 홀로 찜질방을 이용한다[23]. 바로 그렇기에 김찬호는 이 공간을 '21세기의 동네 사랑방', 지방 소도시의 '공회당'이라고 특징짓는다.(김찬호, 2007: 78)

이는 아마도 '덮여있음'으로써 모든 이를 '품을 수 있는' 이 공간의 성격과 관련이 있을 것이다.

다음의 인용문은, 동경의 공중 목욕탕 풍경을 서술하고 있는 한 일본작가의 글의 일부이지만, "모든 이들을 품는" 이런 유형의 공간의 '다신주의적' 성격을 우회적으로 잘 보여준다:

> "그의 부인이 엮은 상투를 한 한 노인은 그의 욕탕 안에서, 은거하는 선사의 가락을 콧노래로 흥얼거리고 있고, 사무라이 식의 '고전적 상투'를 인 한 사람은 탕 바닥에 그의 수건의 물기를 짜내고 있으며, '요시베이 식 상투'를 맨 한 사람은 어느 한 순간 전부터 지칠 줄 모르고 그의 얼굴을 닦고 있으며,

23) 2003년 한국갤럽이 조사한 바에 따르면 당시 찜질방에 동행하는 사람으로 친구(약 50%)가 가장 많았고, 그 다음으로 자녀(18%), 배우자(11%), 형제 자매(11%), 부모(7%), 혼자, 애인, 직장 동료(각 약 5%) 순이었다.(김찬호, 2007: 77)

'머리를 박박 민' 한 사람은 큰 물통 앞에서 여러 차례 찬물을 끼얹는다. 아이들은 이 모든 것을 잊으며 흙으로 구운 물고기들을 대나무 통 안에서 갖고 놀기에 여념이 없다. 아침 햇살 속에서 천장을 향해 맴돌며 올라가는 증기에 의해 뿌예진 좁다란 바닥 위에서 모든 신분의 사람들의 젖고 미끌미끌한 육체들이 움직이고 있었다. 그리고 정말 대단한 소동인 것이다! 더운 물 붓는 소리들, 서로 부딪히는 물통들, 수다, 노랫소리, (...) ... (더운 물 수조가 식는 것을 막기 위한 칸막이 안으로 우리를 인도하는 공간)(...) 근처에서는 마치 전쟁터에 있다고 믿었으리라. 들어오고 나가는 손님들을 차치하고라도 상인들과 거지들이 끊임없이 건물의 발을 들추고 있었다."(Akutagawa Ryūnosuke, 1965; 195-196; Pons, 1988; 217에서 재인용)

비록 우리의 1960-70년대의 명절 전날의 목욕탕 풍경을 더욱 연상시키지만, 이 서술은 찜질방 이용자들의 신분의 다원성을 생각할 때 지금의 찜질방의 '다신주의적' 이미지를 잘 떠올리게 한다.

마찬가지로 한 시인은 그의 찜질방 체험기를 다음과 같이 시작한다 :

"집 가까운 곳에 대형 찜질방이 새로 생겼다는 말을 듣고 일가족이 그 곳으로 향했다. 방학을 맞아 집에 와 있는 딸과 일병 계급장을 달고 휴가 나온 아들을 곁에 붙잡아두고 노닥거리기에 거기 만큼 좋은 곳이 없을 듯싶었다. 2층 찜질방 안은 가족 단위의 사람들로 만원이었다. 젊은 연인과 부부에서부터 어린아이와 노부모를 대동한 가족까지 다양했다

좀 해괴망측한 체험이었다. 생면부지의 사람들이 아무 스스럼없이 네 활개를 펴고 누워 있는 것이었다. 낯선 남자 옆에 낯선 여자가, 백발의 어르신 옆에 새파란 젊은이들이 누워 있었다. 그런 사정은 찜질방 밖의 휴식공간에서도 마찬가지였다. 텔레비전 앞에서도, 낯 뜨거운 장면이 한창인 영화 감상실 안에서도 사람들은 동방예의지국의 후예답지 않게 남녀노소 분간 없이 희멀건

허벅지를 드러내놓고 지그재그로 누워 있었다.[24)]”

또한 특기할 점은 젊은이들의 비율이 가장 많은 점[25)], 그리고 ‘여성전용 찜질방’ 등으로의 특화 및 고급화의 경향을 들 수 있을 것이다.

4. 찜질방의 일상의례 : 다신주의의 의례

1970-80년대의 목욕탕에서의 세신(洗身)의 의례는 다음과 같았다 : 몸에 물을 끼얹고, 탕에 들어가 때를 불린 다음, 때를 밀고, 다시 탕의 더운 물에서의 반신욕을 즐긴 다음, 비누질로 마무리한다. 너무 단순화시켰지만, 위에서 이미 언급하였던 것처럼, 여기에는 몸을 깨끗이 씻는다는 기능적인 측면 외에 상징적인 차원에서의 ‘정화’시키는 측면과 더불어 몸을 씻은 후 탕에 몸을 담근 상태의 즐거움 - 콧노래나 어르신들의 시조 읊기로 표현되는 - 이, 일종의 ‘시적 즐거움’이, 즉, 모든 외부적 목적이나 근심을 거부하는 하나의 고유한 활동이 뒤섞여 있음을 강조해야 할 것이다.(Mizubayashi, 1983: 9)

이 두 차원은 찜질방에서 온전히 재발견되는가?

찜질방에서의 중심공간, 그리고 의례가 시작되는 공간은 우선 무엇보다도 한증막 혹은 우리가 예로 든 경우는 ‘불가마’일 것이다. 그리고 이 속에서 얼마동안 땀을 뺀 후 휴식을 취하고, 그 후 다시 땀을 빼고 휴식을 취하기를 반복한다. 그리고 흔히 얘기되듯이 땀을 빼면서 “경락과 혈이 열리고”, 노폐물이 배출되면서 피로가 회복되고, 더 나아가서는 질병치료의 효과를 얻는다고 여긴다.

다음의 휴가나온 장병의 예를 들고 있는 신문기사를 보자:

---

24) 최영철. “찜질방 속 적과 동지들”. 「조선일보」. 2004. 01. 30.

25) 한국갤럽이 2003년 전국 성인 1522명을 대상으로 실시한 조사에 따르면, 찜질방을 한 번이라도 이용했다는 응답자가 59%에 달했고, 성별로는 남성(49%)보다 여성(68%)이 많이, 연령별로는 20대(66%)가 다른 연령대에 비해 - 40대(64%), 30대(53%), 50대 이상(49%) - 찜질방을 가장 많이 이용하였다.(「조선일보」. 2003. 12. 07.)

> "군대에서도 뜨거운 물은 나온다. 그러나 온 몸을 푹 담그는 여유를 만끽하긴 어렵다. 지난 11월 제대한 대학생 유기선(24)씨는 "휴가 때 가족과 함께 찜질방에 갔다"며 "뜨끈한 바닥에 누워 삶은 달걀을 먹으니 천국이 따로 없더라"고 했다[26)]".

이 '천국'이라는 표현은, 찜질방, 목욕탕의 상상세계와 도교적 '신선'의 상상세계가 맞닿아있음을 잘 보여준다[27)]. '하늘을 날아다니는 기분' 등이 그 대표적인 표현일 것이다. (토모야스, 2006: 88, 110)

그런데, 찜질방이 제공하는 유사한 순간, 즉, 찜질 후 '광장'에서 휴식을 취하는 시간, 그리고 그 시간이 제공하는 '상쾌함', 그리고 그것이 상징적으로 제공하는 '무상성(無償性)', 찜질방에서의 무장해제를 통해 되찾은 듯한 '공동체 문화'와 '과거로의 회귀본능', '고향집 온돌방'에 누운 듯한 사람들의 편안한 표정, 그리고 마지막으로 무질서하지만 정겨워 보이는 '혼숙'은[28)], 게오르그 짐멜이 '사교성'의 차원을 지키기 위해 우리가 의식, 무의식적으로 지키는 상위한계와 하위한계를 벗어날 때 '사교성'은 하나의 위선이 된다고 분석한 것처럼(Simmel, 1980), 그리 견고한 것은 아닌 듯하다 :

> "이번 찜질방 체험이 마냥 긍정과 수락의 느낌만 있었던 건 아니었다. 잠깐 자리를 비운 사이 자신이 쓰던 담요를 가져간 옆 사람과 삿대질을 하며 싸우던 모습은 턱없는 소유욕의 소산이었고, 휴게실에서 음식을 시켜먹던 식탐의 행렬은 비우기와 채우기의 끝없는 악순환이었다. 얇은 땀복 하나만 걸치고 한두 시간을 동고동락한 각별한 인연들이었지만 그들은 서로 눈을 마주치거

---

26) 「조선일보」. 2007년 2월15일

27) 이 글의 초고에 대해 한 논평자가 잘 지적해주고 있듯이 사실, 이 '천국'이라는 표현이 고래로 도교적인 표현인지 아니면 기독교적인 의미에서의 '천국'으로서 우리말에 상용화된 것인지는 보다 면밀한 조사가 앞으로 필요한 부분이다.

28) 최영철, 윗 글.

나 말을 건네지 않았다. 옆 사람의 땀냄새를 맡으며 보낸 묘한 단절과 격리의 시간이었다. 그런 상반되는 감정은 우리의 일상 속에서도 무수히 교차하고 있다. 스포츠 경기나 인기 연예인 공연에서 보여주는 열광 뒤에 차가운 정치적 냉소가 있고, 이웃돕기 모금 행사의 긴 행렬 뒤에 눈앞의 불화를 비켜가는 몰인정이 있다. 지역주의나 혈연 학연 같은 질긴 연대감 뒤에 피붙이끼리도 칼을 휘두르는 패륜이 있다."[29]

시인의 이 느낌을 어떻게 해석해야 할까.

이는 김영하가 그의 소설 『퀴즈쇼』(2008)에서 '흰개미굴'로 서술하고 있는 찜질방의 분위기를 연상시킨다. 김영하는 이 소설에서, 고아이면서 외할머니 손에서 자랐고, 이 외할머니가 돌아가신 후 그녀가 진 빚을 대신 떠안게 됨으로써 아무런 유산도 없이 고시원에서 숙식을 해결해야 하는 27세의 젊은 주인공과 그의 불안, 소외, 고립감 등을, 그가 이용하거나 아르바이트를 하는 도시의 공간들인 고시원, 편의점, 홍대 앞 술집과 카페, 그리고 찜질방 등을 통해 그려내고 있다.

찜질방의 일상 의례는, 위에서 이미 언급한대로, '보편 공간'이 가능하게 하는 다양한 실천들과 연관되어 있다. 우리는 이미 '마당' 혹은 '작은 광장'이 찜질 후 쉬고, 먹고, 마시고, 자고, TV를 시청하고, 동네 이웃과 이야기를 나누고, 아이들은 엄마 곁에서 이리 저리 왔다 갔다 하고, 청소년들은 pc방에서 게임을 하거나 자기네들끼리 뛰어다니고, 소녀들은 노래방에서 노래를 하는 공간 등으로 다양하게 그때그때의 필요에 따라 쓰임에 대하여 언급하였다. 또한 젊은 연인들은 서로 누워 이야기를 하고, 혼자 온 청년은 '1인 전용' 토굴방에 누워 소설책을 보거나 만화책을 보고 있으며, 아버지는 아들과, 할아버지는 손주들과 매점에서 간식을 즐기고 있기도 하다. 한편 1인용 토굴방이나, 온돌과 같은 난방이 갖추어진 1인용 잠자리에서는 피곤한 몸을 이끌고 곤히 잠든 이들도 있다. 이들 중에는 노숙자들도 있을 수 있고, 수면방 안에서도 드문드문 잠든 이들이 있다. 또한 객지

29) 최영철, 윗 글.

에서의 여행 중에 고단한 몸을 누인 이들도 있을 것이고, 나아가서는 범죄를 저지르고 법을 피하여 찜질방의 익명성 속으로 몸을 숨기는 이들도 있을 것이다. 이들은 이런 저런 이유로 찜질방을 값싸고 손쉬운 잠자리로 여기고 있는 이들일 것이다.[30] 이는 바로 한 평자가 적절히 지적해주고 있듯이, IMF 위기를 통하여 찜질방이 많이 개업하게 된 데에는 이와 같은 IMF를 통하여 사회 주변부로 배제되기 시작한 층의 양산이 또한 찜질방의 번성의 원인/결과를 이룬다는 점 또한 중요하다고 할 수 있다.

이런 일상적 실천보다는 보다 기획된 이벤트성인 모임들도 있을 것이다. '모임방'이 그러한 용도로 초기에는 구상되었을 것이다. 특별한 모임을 위한 예들, 그리고 년말의 송년모임을 위한 기획들도 눈에 띈다.

찜질방 안에는 여기 저기 tv가 설치되어 있다. 프로그램에 따라 모이는 연령대가 다른 경우도 있다. 인기 높은 연속극이나 기획 프로그램, 그리고 스포츠 국가대항전 들이 공동으로 tv를 중심으로 '광장의 대중'[31]을 연상시키는 그러한 대중을 형성하는 계기들일 것이다.

---

30) 다시 위의 한국갤럽의 자료를 본다면, 찜질방에서 하는 일은 목욕, 찜질 외에 수면(50%), 식사·간식(47%), TV시청이나 영화감상(40%), 헬스(11%), 안마·마사지(6%), 인터넷(4%) 등의 순서로 나타났다. 찜질방에 머무르는 시간은 '2~4시간'(48%), '4~6시간'(28%), '6~12시간'(15%), '2시간 미만'(6%) 등이었으며, '12시간 이상'(3%) 체류하는 경우도 있었다. 찜질방 이용자들이 평균적으로 머무르는 시간은 4시간이었으며, 특히 20대에서 평균 체류시간이 5시간으로 가장 긴 것으로 나타났다.(「조선일보」. 2003. 12. 07.)

31) 이와 관련, 광장에서 "똑같은 것을 바라보는 즐거움"에 대하여 강조하고 있는 정기용의 글을, 길지만 다시 인용해본다 :
"개체와 집단 간의 이상적인 관계를 지속시킬 수 있는 원형(圓形)은 그 가시적인 형태에 중요성이 있는 것이 아니라 우리들 내면에 잠들어있는 선험적인 움직임에 있다. 사람들이 모여서 에워쌀 수 있는 적절한 공간이 광장인 것이다. 그리고 그 중심에는 사람들이 집단적으로 동의하거나 공감할 대상이 있다. 사람들은 실없이 광장에 모여들지는 않는다. 한 도시 속에서 광장의 위치와 규모와 형상에 따라, 그리고 광장에 누적된 사적인 사건들의 무게에 따라 사람들의 행위는 달라지게 마련이다. 그러나 여기에 한 가지 공통된 특징이 있다면, 세월이 지나도 변치 않을 존재하는 비워짐의 양태가 있고, 모든 순간에 시민들에 의해 접근되고 채워질 공간의 영역으로 열려있다는 점이다.
이런 관점에서 보자면, '서울시청' 앞 광장은 말만 광장이지 본래적 의미의 광장은 아니다. (...) 다만 월드컵 경기를 통해서 도시 광장의 실체를 체험했을 뿐이고, (...) 모든 사람이 똑같은 것을 바라보는 즐거움을 체험한 것이다."(정기용, 「마당에서 광장까지」(2002). 『서울이야기』.113쪽)

이는 뒤르케임이 자세히 서술하고 있는 코로보리 축제나 혹은 그리스에서의 디오니소스 의례를 비록 완화된 형태 아래에서 보여주고 있다고 할 수 있다. 즉, TV라고 하는 , 혹은 TV를 통하여 순환되는 이미지들, 상징적 형상들을 중심으로 열정, 정감 등을 분출하는 순간, 뒤르케임의 '비등'의 순간을 완화된 형태로 보여주고 있다고 가정할 수 있다. 기독교 전통에서 '이미지', 즉 우상을 중심으로 모인 군중들과 그들의 '북적거림'을 미신이며, 외설스러운 분위기를 만들어낸다고 비판하였듯이, 이와 같은 군중들의 모임은 - 더군다나 찜질복 차림의 모임 - 은 비판가들의 비판의 대상이 되어왔다. 특히 젊은이들 사이의 '낯뜨거운 행동'들은 자주 언론의 구설수에 오르내렸고, 여성들에 대한 어떤 남성의 '불쾌한 시선'은 남녀공용 찜질방 폐지의 법안이 상정되기에 이르렀었다.

이렇게 본다면 찜질방은, 마페졸리가 포스트-모던 사회의 특징으로 얘기했던 대중-부족(部族)의 변증법, 이들 두 심급 사이의 오고감을 축약해서 보여준다고 할 수도 있을 것이다. 즉, '편한 사이'끼리 혹은 혼자 찜질방에 온 이용객들은, TV를 본다든지 혹은 그 외의 기회들을 통하여 크고 작은 무리들이 될 수는 있지만, 동시에 그들 사이에는 조화와 공존뿐만이 아니라 갈등과 반목과 무관심도 공존한다는 점말이다(Maffesoli, 1988).

5. 찜질방의 상상계 : "이 세계에 대한 이교적(異敎的) 욕망"

찜질방과 관련한 주요 상상계는 무엇일까?

찜질'방'에서, 그리고 한증'막' 혹은 불'가마'와 그 속에 품어져있는 다양한 '방'들에서 중요한 상상계는 무엇보다도 다양한 종류의 '용기(容器)'들, 그리고 '동공(洞空)'의 기능과 관련되어 있다고 할 수 있다. 상상계의 인류학자 뒤랑에 따르면(뒤랑, 2007(1960): 365-389), 무엇인가를 '담는' '용기'는 다음과 같은 상징들에서 그 동형성을 발견할 수 있다 : 동굴, 여성의 기관, 잔, 대지(의 품), 움푹한 곳, 지하성당, 둥근 천장, 어머니의 배, 방, 오두막, 궁전, 사원, 예배당... 그리고 '집'은 "인간 신체라는 소우주와 우주사이의 2차적 소우주"(윗 책: 368)로서 "지

하실로부터 다락방에 이르는" "내면성의 장소들"을 감싸며 축약한다 :

> ""본래 건축물"로서의 집은 (...) 내면성이라는 근본적 상상체계가 변형되어 나타난 부수적인 의미일 뿐이다. (...) 다락방이나 계단이 나 있는 방으로 올라가는 행위는 언제나 신비의 중심으로 내려가는 것이다. 그 신비는 지하실의 신비와는 다른 것이겠지만 격리, 물러섬, 내면성 등의 성격을 공유한다. (...) 다락방은 높은 곳에 있지만 선조들의 박물관이며 지하실만큼 수수께끼 같은 귀환의 장소이다. 따라서 "지하실에서 다락방까지"는 언제나 하강과 구멍파기, 내선의 구도며 집의 이미지를 지배하는 내면성의 원형들이다."(윗책: 371-372)

그런데 우리가 찜질방에서의 의례에서 중요한 것이 한증막 혹은 '불가마' 속에서 땀과 노폐물을 빼고, 소위 원적외선을 쬐면서 피로를 회복하고 질병치료의 효과를 얻는 것이기에 이 부분을 보다 자세히 살펴보도록 하자. 한증'막' 혹은 불'가마'는 바로 위에서 살펴본 여러 상징들 중에서 '동굴'에 가깝지 않을까 생각된다. 그런데 뒤랑이 "동굴은 민담에서 우주적 자궁으로 간주되며 알, 번데기, 무덤같이 성숙과 내면의 주요 상징들과 아주 가깝다"고 지적했듯이 우리는 한증'막' 혹은 불'가마'를 비유적으로 '자궁'으로 간주할 수 있을 것이고, 그 속에서의 한증이나 찜질은 '자궁'안에서 '열'을 통하여 경락과 혈이 열리면서 '재생'을 경험하는 것이라고 해석해 볼 수 있을 것이다.

그런데 '막'이나 '가마' 안에서의 이러한 '재생 의식'은 서로 모르는 남녀가 마주앉아 땀을 뻘뻘 흘리면서 분비물을 배출하고 평상시보다는 보다 활발하게 감각과 냄새 등이 동원된다는 점에서 일종의 삶의 '야만화'이며, '동물적인 것의 회귀'라고 일컬을 만한 것일 것이다.[32] (Maffesoli, 2010: 85-86) 바로 이런 면에서 '막'이나 '가마'의 질료인 '흙' 혹은 '황토'는 실질적 효용을 넘어서서 그 상징적

32) 마페졸리가 포스트-모던 문화를 분석하면서 쓰는 이 표현들이 우리의 분석에 유용할 것 같다.

의미가 드러난다고 할 수 있다. 그리고 바로 그런 의미에서 '막', 혹은 '가마'에서의 의례는 인간이 '땅', '흙' 혹은 '대지'의 산물로서 동물적인 어떤 것도 인간에게 낯설지 않다는 점을 상기시키는 '이교도적인' 의례라고 할 수 있을 것이다. '이교'(異教)를 나타내는 'paganism'에 '관능예찬'의 의미가 있고 '땅'에의 관련의 의미가 있다는 점을 상기한다면, 우리가 앞서 찜질방 이용자의 구성과 의례를 분석하면서 '유일신주의'와 대비하여 '다신주의'와 '다신주의적 의례' 등의 표현을 쓴 것이 정당성을 다시금 획득할 수 있을 것이다.

이와 같이 '자궁' 속에서 '재생'된 우리의 육체는 이제 김찬호가 강조하듯이 '자연스러운 몸'(natural body)으로 돌아가며(김찬호, 2007: 77), 이제 찜질방에서, 먹고 싶을 때 먹고, 쉬고 싶을 때 쉬고, 지고 싶을 때 자고, 노래 부르고 싶을 때 노래 부르고... 말하자면 르루와-구랑(Leroi-Gourhan)이 '내장의 감수성'이라고 부른 것을 표현하는 몸의 리듬을 좇아가게 된다.(Maffesoli, 2010: 84) 말하자면, "이 세계에 대한 이교적 욕망"의 표출을 좇게된다고 할 수 있다.

또한 영국에서의 온천의 역사가 말해주듯이, 이곳에서의 휴식, 여가, 그리고 여행의 분위기를 이해하기 위해서는, 온천의 시작이 '순례'로부터 시작되었다는 것을 이해하는 것이 중요할 것이다. 즉, 순례는, 일상을 탈출하여 초보적이나마 여행을 할 수 있는 빌미를 중세인들에게 부여하였던 것이다.(설혜심, 2001: 33-80; 마페졸리, 2007(1997)) 바로 그렇기에 우리나라 20세기 들어서의 관광의 역사 서술과 온천의 역사는 같이 갈 수 밖에 없는 것이다. 그리고 휴가 비용이 충분치 않은 서민들이 주말이나 휴가철에 이곳을 찾는 이유도 이런 상상계의 내용과 관련이 있을 것이다.

바로 이런 의미에서 우리는 이 공간을 '디오니소스적'이라고 특징지을 수도 있을 것이다. 잘 알려져 있듯이 디오니소스는 이방의 신으로서 '땅'의 신이기도 하며, 이 세계의 즐거움과 기쁨을 즐기기를 마다하지 않고, 노마드였기에, 지나치게 합리화되어 죽어가던 도시 테베를 되살리게 된다. 그러나 우리 동양의 신화적 형상으로 찜질방의 의례와 상상계를 특징짓는다면 어떻게 될 것인가? 우리가 앞서 살폈듯이, 유교, 불교, 기독교 등 다소간 '금욕적인' 세계관에 대립적인 도교적인 신체관, 자연관, 우주관, 그리고 신선사상이 분명 연관이 될 것이며, 이 후자의 흐름의 통시적 분포 및 역사적 기원과 그 흐름을 추적하는 일은 앞으로의 과제가 될 것이다.

III. 함의 및 과제

'방의 도시'라는 주제를 중심으로 구성되었던 '2004년 베니스 비엔날레 국제건축전 한국관'의 참가 건축가의 한사람인 김광수는 '방들의 가출'이라는 다소 도발적인 표현으로 '방문화'의 의미를 설파하였다(*City of the bang,* 53). 동일 행사의 커미셔너였던 정기용은, 원래 살기 위해 '사적'이었던 '방'이 '다방', '복덕방' – '복덕방 영감'과 친구들의 소일의 공간으로서의 – 을 시작으로 '균열'되기 시작하여 이제 한국의 도시에서 '방문화'의 광범위한 확산을 통하여 공적인 공간으로의 '변용'을 겪게 되었다고 주장한다. 그럼으로써 이제, 다시 이 건축가에 의하면, "방은 사적인 영역이 아니라 그 자체로 세계가 되었다. 우리는 방에 들어가 세계와 만난다."(*City of the bang,* 19)이 현상은 분명 컴퓨터와 인터넷의 확산으로 증폭되고 복잡화되었다.

일본에서의 목욕탕이 가족에 고유한 친밀한 가치를 함축하면서 동시에 사회적 기능을 갖고 있기에 하나의 '잡종적 장소'로서 전적으로 사적이지도 않고 전적으로 공적이지도 않듯이(Mizubayashi, 1983: 15), 찜질방에서의 공/사의 관계가 그럴 것이다. 김미리 기자가 지적하듯 가장 사적이라고도 할 수 있는 취침과 목욕이 공공 공간에서 이루어지고, 지위고하·남녀노소의 단단한 경계는 무장해제되고, 모두가 제집 아랫목인 양 거리낌 없이 드러누우며, 유니폼은 어느새 편안한 잠옷이 되어, 집 밖이면서도 집만큼이나 편히 행동할 수 있게 한다.[33] 바로

---

33) 「조선일보」. 2009년 4월22일. 김미리. "찜질방. 공적·사적 공간 섞어... 한국 방(房)문화의 종합선물세트"

그렇기에 건축가 승효상 또한 다음과 같이 설명한다 :

> "전통적인 개념의 도시 공간은 '절대적인 공공 공간 → 공공 공간 → 중간지대 → 사적 공간 → 절대적인 사적 공간'식으로 전이된다. 예컨대 '광장 → 도로 → 마당 → 집 → 침실'식이다. 그런데 찜질방은 '광장에서 바로 침실'이 나타나는 격이다. 사적 공간과 공적인 공간이 결합돼 공간의 점진적인 위계를 허물어뜨렸다."[34]

아마도 이 공간이 함축하는 이러한 '공적'인 성격은, 우리 사회에서 중상류 층을 위한 공간으로부터 출발하여 전 사회로 파급된 '아파트'라는 '모던' 한 공간의 기능주의적이고 효용주의적인 성격과 대비시켜야 보다 잘 이해될 수 있을 것이다.(KIM Kwang-Soo, 2004: 47-71; 전상인, 2009; 줄레조, 2007)

우리는 이러한 아이디어를 뒷받침하기 위하여 김찬호 선생이 비유적으로 썼던 '사랑방', '공회당' 등의 표현을 빌어오고 '마당'이나 '광장' 등의 표현을 썼다. 그러나 우리는 이 각각의 차이와 뉘앙스를 찜질방과 관련하여 보다 분명히 밝히는 중요하고 의미있는 작업을 행하지는 못하였다. 우리는 또한 이 공간이 단지 소통과 조화를 도모하는 '공적'인 성격을 띤 것만이 아니라, 대도시의 익명성과 무관심, 나아가서는 적대감을 드러내는 공간이고, 고립감을 실감하는 공간이라는 점도 드러내고자 하였다.

우리는 앞서 공간의 특성, 이용자들의 구성, 그 의례, 그리고 그것과 연관된 상상계의 분석 등을 통하여 찜질방이, 폴 벤느가 로마의 공중목욕탕을 '다신교의 성당'이라고 특징짓는 경구를 소개하고 있듯이(벤느, 2002: 301), '다신주의적' 성격을 지닌 공간이라는 점을 살펴보았다[35].

34) 윗 기사에서 재인용.

35) 우리는 이제껏 이 공간이 갖는 거의 종교적 성격 - '종교의 어원 중의 하나인 *religare*에서의 '연결하다', '잇다'라는 의미에서 - , 그리고 '신들의 '투쟁''이라는 의미를 강조하기 위해서 '다원주의'라는

이를 통해 우리는 '방'의 형식의 원인/결과이라고 할 수 있는, 우리가 언급한 '다신주의'는, 아마도 가족, 조직, 집단 등을 관통하여 일어나고 있을 심층으로부터의 변화를, 그 '형태' - 짐멜의 의미에서의 - 에 있어서의 변화를 요약하여 보여준다고 가정해볼 수 있을 것이다. 그리고 이러한 가정은 마페졸리가, "서로 대립되는 힘들과 형식들의 일치"를 가능하게 했던 우리 "옛 기억 속의 공적인 것(*res publica*)"의 아이디어, 그렇지만 미래 전망적이라고 분석하고 있는 아이디어와 만나게 된다.(Maffesoli, 2010: 76).

이런 면에서 우리는, 이 현상이 한국만의 '특수한' 현상인지에 대해서도 의문을 제기해야 하겠다. 왜냐하면, 우리가 찜질방 혹은 더 나아가 방문화를 통하여 밝히려고 하였던 공과 사의 혼융, 그리고 그 외, 최첨단 기술과 전통의 혼융, 그리고 지역적인 것과 세계적인 것의 혼융 등은 단지 한국적인 현상들이기보다는 '포스트-모던적'이라는 일반화가 가능한 현상들의 특징들이기에 말이다(최종렬, 2008: 15-16; 148-156).

그리고 우리가 일신교에 대립된 '이교도적인 욕망'을 '다신주의적'이라고 이름붙이면서, 그것이 우리 전통의 흐름 속에서 도교적인 흐름과 맞닿는다고 해석했지만, 일신교/다신교의 구분이 우리의 동양 전통의 해석에 얼마나 적실성이 있는지는 더 깊은 검토를 요하는 부분일 것이다. 그리고 우리가 이전에 단학선원을 분석하면서 이를 '헤르메스적'이라고 이름 붙였듯이(김무경, 2000), 이 글에서는 찜질방을 '디오니소스적'이라고 이름 붙였는데, 이와 같은 '신화적 형상'들을 우리 전통의 그것들로 이름붙이는 일도 남아있다. 한국사회, 한국문화에 대한 이러한 '신화분석'의 다변화와 심화는 본격적인 방법론적인 탐색과 더불어 진행되어야 할 것이다[36].

표현 대신, '다신주의'라는 표현을 일부러 써왔다.

36) 우리는 '신화분석'의 방법론적 일반화를 이전의 한 글에서 시도한 바 있다(김무경, 2007).

〈참고문헌〉

김무경. 2000. 「단학선원: 카리스마의 일상화」. 서강대학교 종교연구소. 『한국종교연구』. 제 2집.

---. 2007. 「상상력과 사회」. 『한국사회학』. 제 41집 2호.

김영하. 2008. 『퀴즈쇼』. 문학동네.

김원일. 1987. 「깨끗한 몸」

김찬호. 2007. 『문화의 발견 : KTX에서 찜질방까지』. 문학과 지성사.

김홍중. 2008. 「골목길 풍경과 노스탤지어」. 『경제와 사회』(77).

뒤랑, 질베르. 2007(1960). 『상상계의 인류학적 구조들』. 문학동네.

라종우. 2001. 「목욕탕」. 『한국 민족문화 대백과사전』. 한국정신문화연구원.

마페졸리, 미셸. 2007(1997). 『노마디즘』

사닌, 프란시스코(외). 2004. 『서울 시나리오』. (주) 공간사.

설혜심. 2001. 『온천의 문화사. 건전한 스포츠로부터 퇴폐적인 향락에 이르기까지』. 한길사.

송도영. 2004. 『인류학자 송도영의 서울읽기』. 서울. 소화.

전상인. 2009. 『아파트에 미치다』. 서울. 이숲.

전완길. 2001. 「목욕」. 『한국 민족문화 대백과사전』. 한국정신문화연구원.

정기용. 2008a. 『서울이야기』. 서울. 현실문화.

----. 2008b. 『사람 건축 도시』. 서울. 현실문화.

최종렬. 2009. 『사회학의 문화적 전환』. 서울. 살림.

폴 벤느. 2002(1985). 「로마제국」. 폴 벤느(편집). 『사생활의 역사 I. 로마제국에서 천년까지』. 새물결.

줄레조, 발레리. 2007. 『아파트 공화국』. 서울. 후마니타스.

토모야스, 다케쿠니. 2006. 『한국온천 이야기. 한일 목욕문화의 교류를 찾아서』. 논형.

Akutagawa Ryūnosuke. 1965. "L'illumination créatrice". *Rashōmon et autres contes*. Gallimard. 1965.

Berque, Augustin. 1982. *Vivre l'espace au Japon*. Paris. PUF.

Chung Guyon, "City of the bang". *City of the bang*. 9th International Architecture Exhibition, 2004 Venise Biennale Catalogue.

City of the bang, 9th International Architecture Exhibition, 2004 Venise Biennale Catalogue.

Durand, Gilbert. 1968a. "Eau", *Encyclopaedia Universalis*.

Durand, Gilbert. 1968b. "Feu", *Encyclopaedia Universalis*.

Durand, Gilbert. 1968c. "Terre", *Encyclopaedia Universalis*.

Durand, Gilbert. 1985. "Une réponse de la sociologie française". Maffesoli et Rivière(éd.). 1985. *Une anthropologie des sturbulences. Hommage à Georges Balandier*. Berg International.

KIM, Kwang-Soo. 2004. "Bang. Highly dense. Most comfortble". *City of the bang*, 9th International Architecture Exhibition, 2004 Venise Biennale Catalogue.

Pons, Philippe. *D'Edo à Tokyo. Mémoires et modernité*. Gallimard. 1988.

Maffesoli, Michel. 1979. *La conquête du présent*. Paris: PUF.

________. 1988. *Le temps des tribus*. Paris. Méridien-Klincksieck.

________. 2010. *Le temps revient. Éloge de la post-modernité*. Paris. Albin Michel.

Mizubayashi, Akira. 1983. "Autour du bain". *Critique*. no. 428-429.

Sansot, P., Strohl, H., Torgue, H., Verdillon. 1978. *L'espace et son double. De la résidence secondaire aux autres formes secondiares de la vie sociale*. Paris: Ed. du Champ Urbain.

Simmel, Georg. 1980. "Sociabilité". *Sociologie et épistémologie*. Paris: PUF.

Watier, Patrick. 1981. "Sur quelques aspects des recherches concernant la ville et l'échange symbolique". *Espaces et Sociétés*. no.36-37.

제4편

혼종공간으로서 카페와 유목민의 문화풍경

04

혼종공간으로서 카페와 유목민의 문화풍경

이수안

도심을 걷다보면 길가에 카페 한 두 개 쯤은 쉽게 발견할 수 있다. 그 길이 젊은 사람들이 선호하는 길이라면 거의 '한집 건너' 카페로 이어져있다고 해도 과언이 아닐 정도다. 이는 비단 한국의 대도시에서만 볼 수 있는 풍경은 아니고 특히 '카페'의 언어적이면서 동시에 장소적 연원을 이루는 프랑스 파리같은 대도시에서는 도시를 대표하는 전형적인 경관으로 특징지어지고 있다. 그런데 파리의 카페와 지금 여기, 서울의 카페는 비록 그 기능은 유사할지라도 그것의 문화적 의미의 해석은 상이할 수 있고 이에 상응하는 실체적 존재양식은 감지할 수 있을 정도로 다를 수 있다. 외형적으로 서울의 카페는 대부분 매우 유행에 민감한 외양과 기능을 가지고 빠른 속도로 진화하고 있다.

카페의 문화적 의미는 카페가 탄생한 시대적 배경과 깊이 연관되어 있으며 또한 당대의 생활양식과 밀접하게 연관되어 있다. 도입기에 카페가 주로 사람을 만나고, 커피라는 서구적 음료를 마시기 위한 장소로서 기능했다면 두 번째 단계는 커피전문점이 들어서는 시기로서 한국으로서는 1990년대 이후가 될 것이고 지금의 단계는 대량생산된 커피가 아닌, 각 카페마다 독특한 개성을 가지고 전문 바리스타가 만들어내는 커피를 마실 수 있는 이른바 HD(high definition) 커피의 시대로 접어들었다. 그와 함께 카페의 공간적 특성 또한 다양하게 개성있는 장소성을 발휘하며 진화하고 있다. 현대사회의 개인은 집이나 직장과는 또 다른 분위기의 편안함을 주는 공간에 대한 요구를 점차 많이 가지고 있고 이는 한국사회 특유의 '방 문화'와 함께 생활권 내의 상업공간들을 새로운 여가공간으로 인식하는 계기가 되었다. 카페 또한 공적 공간이면서 사적 공간인 이른바 경계공간으로서 기능하면서 '방 문화'의 새로운 경향과 맥을 같이 한다.

카페에 대한 연구는 도시를 중심으로 한 복합문화공간으로서 소비 뿐 아니라 공간의 새로운 생산이라는 측면에서 근대 초기의 '다방'으로부터 분화, 탈분화해온 과정을 문화사적으로 천착할 수 있는 중요한 문화적 지표로서, 현대 한국사회의 문화적 풍경의 가장 첨단의 위치에 있는 공간으로서 중요성을 부여받는 연구 주제다. 따라서 이 연구 프로젝트에서 꼭 다루어야할 공간적 아이콘으로서 '카페'를 분석할 필요성이 대두되고 있다. 더욱이 카페에 대한 기존의 연구들은 대부분 마케팅이나 외식산업 부문의 경영논리에 따른 현실적이고도 경영전략적인 연구에 치우쳐있는 관계로 문화사회학적 분석이 절실한 상황이다.

이 연구에서는 다방으로부터 찻집, 그리고 카페로 진화해온 공간이 배태하고 있는 문화적 징후를 시간적 경험의 흐름을 따라 내시경으로 들여다보고, '현재'라는 시간의 한 단면에서는 다시금 카페의 공간적 외부와 내부의 경계를 넘으면서 산보객의 시선의 흐름을 따라 외부에서 내부로, 객관에서 주관으로, 대상에서 자아로 점점 깊이 들어가 공간적 주체가 공간과 함께하는 과정의 문화적 의미를 포착하는 방법론을 채택한다. 이러한 방법론에 따라 본격적인 카페분석은 다음과 같이 네 가지 단계로 나누어 문화풍경을 서사적으로 들여다보는 작업을 통해 구성된다. 우선, 근대로부터 후기근대에 이르기까지 문화사적 접근을 하여 한국사회에서 카페의 발생 연원을 살펴본다. 조선 말기와 식민지 조선에서 서구문물의 대표적인 아이콘으로서 커피가 일상생활 속으로 도입되면서 공간적 문화화(Kultivierung)가 이루어지는 근대화 과정을 미시적으로 들여다본다. 즉 다방과 카페의 문화사를 개괄적으로 다룬다.

두 번째로 대도시의 카페의 존재방식을 서울을 중심으로 살펴본다. 도시 경관으로서의 카페를 벤야민(Walter Benjamin)이 『파사젠 베어크 *Das Passagen-Werk*』에서 행했던 바 산보객의 시선으로 응시함으로써 자본주의적 공간의 상품화가 소비자의 욕망과 만나면서 도시 경관의 스펙터클을 더해가는 과정을 분석한다. 이 분석은 날로 화려해지고 복합적 기능을 더해가는 카페의 생성을 길과 파사드와의 관계, 유리창을 사이에 두고 형성되는 응시의 관계를 해석함으로써 유용성을 획득할 것이다. 여기에서는 또한 카페가 충족시키는 감각적 차원을 시각문화, 시각적 상호작용, 청각적 차원, 촉각적 차원, 그리고 공감각적 차원으로 나누어 실제 공간에서의 경험적 차원에 대입시켜 살펴본다. 여기에서는 짐멜(Georg Simmel)의 대도시문화와 시각적 상호작용에 관한 논의가 현대 도시에서 어떻게 적용 가능한 지 짚어본다.

세 번째는 카페 안에서 대중들이 만나고 소통하는 방식에 대해 현상학적으로 고찰한다. 여기서는 최근 다양하게 등장하는 복합문화공간으로서의 카페를 세분화해서 순수하게 만나는 장소로서의 카페, 카페주인이 주축이 되는 작업실로서의 기능이 강조되는 카페, 공방카페, 북카페, 갤러리카페, 아지트형 카페 등 카페의 분화와 탈분화를 중심 과제로 다루게 된다.

마지막으로 네 번째는 카페 안에서 공간적 주체들이 각자의 자아와 만나고 인터넷이나 핸드폰을 통하여 또다른 공간으로 유목하는 주체로서 구성하는 세계를 들여다본다. 이를 카페 안의 유목적 자아 풍경이라고 명명할 수 있을 것이다. 이를 위해 초점집단의 문화기술지 중에서 유목민으로서의 카페이용자의 서술을 집중적으로 분석해본다.

이 연구에서 질적 연구방법의 대상으로 삼는 카페의 분포 지역은 서울, 삼청동과 경복궁 서쪽 일대, 홍대근처, 강남의 가로수길 일대 등 산보가 가능하고 다양한 종류의 새로운 유형의 카페가 많으며 지속적으로 공간 생산이 이루어지는 곳으로 한정하였다. 여기에 더하여 인터넷 블로그 등에 소비자의 입장에서 올려놓는 카페소개 글을 참조하였다. 문헌연구를 통해서는 카페의 문화사적 의미와 소비문화의 차원에서 감각적 경험이 젊은 세대의 공간 소비에 어떠한 영향을 미치는지를 살펴보기 위한 이론적 분석틀을 정립하고자 하였다. 다방, 찻집으로부터 다양한 형태의 카페로 분화하면서 본래의 커피를 마시는 장소로부터 다양한 문화생활을 영위하는 복합문화공간으로 변화하는 과정을 탈분화 과정으로 상정하고 이를 문화사적으로 연구하는 문헌연구를 수행하였다. 또한 도시 경관과 그 안에 있는 카페가 빚어내는 문화적 풍경을 시각 체제(scopic regime)의 이해를 통해 포착하기 위해 참여관찰과 심층면접이 진행되었다.

카페를 통해 보는 문화적 징후

후기근대에 들어서고 지구화가 진행되면서 한국 사람들도 '정착된 삶'에서 '비정착된 삶'으로, 그리고 그 안에서도 끊임없이 이동하는 '탈영토화된 실천'(Tomlinson, 1999)을 감행하는 행위자가 되고 있다. 이렇듯 한국인의 삶이 끊임없이 이동하게 된 것은 물론 지구화가 낳은 '사회적인 것(the Social)'의 변화 때문이다. 사회적인 것은 이제 더 이상 국민국가 안에 고정되고 사물화된 구조가 아니라, 복합적 연계성 속에서 수많은 다차원적인 행위자들이 개입하여 만들어 가는 지구적인 유동적·비규칙적 흐름, 즉 풍경(scape)이다. 이러한 풍경 속에 놓인 행위자는 복합연계성을 통해 수도 없이 제공된 문화자원을 동원해서 행위를 구성해야하는 존재로 변해버렸다(Appadurai, 1996: 33; 최종렬, 2009b: 111). '비정착된 삶'은 이주를 통하여 극대화되지만 이주하지 않는다고 해도 '정착된 삶'으로 고정되기는 힘든 것이 지구화시대의 일반적인 삶의 모습이다. 보다 적극적인 의미에서 지금의 삶은 유동적 정체성을 담보하는 유목적 주체(Braidotti, 1994)가 만들어내는 풍경으로 의미화되기도 한다.

지구화는 시공간을 압축하면서 지역성에 고착된 문화들이 공간적 제약을 벗어나 수많은 혼종성을 만들어내고 있다. 물론 시간과 공간의 개념이 이전의 사회와 비교했을 때 현저히 다른 차원에서 이해되어야함은 기본적으로 전제되어야한다.

혼종성이란 고정된 정체성이 아닌 언제든 변형가능한 유동적 정체성을 내포하며 따라서 지구화시대의 문화정체성은 다양한 해석이 가능한 문화의 교집합의 모양을 하고 있다. 최종렬(2009a: 15-16)은, 지금의 사회가 끊임없이 유동하는 파도와 같은 것으로 변하고 있는 상태를 '풍경' 개념을 통해 파악하고자 한 아파두라이(Appadurai, 1996) 논의를 문화풍경 연구에 적극 도입하고 있다. 이에 따르면 복합적 연계성 속에서 수많은 다차원적인 행위자들이 개입하여 만들어가는 '유동적이며 불규칙적인' 흐름의 세계를 인종풍경(ethnoscapes), 테크노풍경(technoscapes), 금융풍경(financescapes), 미디어풍경(mediascapes), 이데오풍경(ideoscapes)들이 서로 뒤섞여 복합적이고 중복적이며 이접적인 질서를 만들어가고 있다는 것이다.

김홍중은 풍경에 대한 사회학적 사유의 가능성을 가늠하면서 20세기 중후반의 예술사, 문학사, 문화분석, 신문화지리학 등의 다양한 분과에서 중요한 테마로 부각한 대상이 바로 풍경(Mitchell, 1994; Warnke, 1997; Barrel, 1980; 김홍중, 2009: 141에서 재인용)이라는 점을 강조하고 있다. 즉, 시지각적 재현 체제 혹은 근대적 시각 체제의 구조적 변동이 광범위하게 진행되었던 점에서 풍경이란, 풍경의 향수자가 세계를 해석하고 이해하고 구성하는 일종의 '제도적 세계상'으로 파악된다는 것이다. 제도인 한에서 풍경은, 지각과 경험을 조직하는 객관적이고 사회적인 원리이며 또한 세계상인 한에서 풍경은 언어로 구성된 세계관과 상이한 영상적 구축물이다(김홍중, 2009: 142). 이로부터 들뢰즈의 '사유의 이미지' 개념이 도출되며 이는 후기근대의 문화적 징후를 읽어내는데 있어서 매우 중요한 개념틀을 제공해준다. 앞글에서 김홍중은 "'사유의 이미지'개념을 통해 하나의 풍경을 발견하며 이는 사유를 촉발하고 형성하는 '존재'의 차원을 심화시키는 작업인 동시에 의식과 변증법적 침투 관계를 맺는 풍경이라는 '존재'에 대한 새로운 사고의 가능성을 시사한다"고 전제하면서 풍경(존재)과 그 풍경이 발생시킨 사유(의식)가 맺는 연관의 본질을 찾아 정의하는 이론적 과제를 제시하고 있다.

공간에 대한 신문화지리학 연구에서 좀더 구체적인 시각적 풍경을 문화와 연결시켜 논의하는 '문화 경관(cultural landscape)' 개념은 인간과 자연환경을 매개하는 범주이자 인간정신의 산물로서 문화가 정의되고, 이를 바탕으로 인간이 만들어낸 모든 경관은 자연 경관과 대비되는 문화 경관으로 간주된다(이무영, 69). 가시적인 경관 이면에 있는 경관 형성의 '시각적 전유방식'을 통해 현대 도시의 일상 경관과 복잡한 현대 도시문화를 연구할 수 있는 문화 개념, 즉 '문화 = 공유된 의미체계'라는 기호학적 개념을 도입하여 경관에 담겨있는 의미의 다양성과 상징적·담론적 구성을 분석한다. 이에 더하여 최근에는 경관이 소비되고 재현되는 방식으로 까지 확장되어 문화풍경과 문화 경관의 이미지가 제시하는 의미를 심도있게 분석하는 연구로 발전할 토대를 제공하고 있다.

이론적 관점은 복합문화공간으로서의 카페, 특히 인터넷사용으로 인한 감각체계적 공간 이해, 르페브르로부터 촉발된 공간생산론적 성찰, 경계공간 내지 혼성적 도시 경관 (hybrid urbanscapes)에 대한 통찰, 공간에 대한 리좀적 사고 등을 성찰하게 하는 측면에서 도입될 것이다. 그 이유는 앙리 르페브르의 공간사회학적 도식의 변용으로서 이 연구에서 채택하는 해석의 모델인 공간의 생산, 공간의 재현, 공간의 체험이 각기 다른 사회적 배경을 가지고 진행되며 이러한 진행과정의 한 가운데에 각기 다른 문화적 배경을 가진 공간적 주체가 존재하기 때문이다.

카페가 더 이상 단순히 '차마시는 장소'로 이용되지 않고 카페 이용, 또는 카페 방문이 일종의 '문화'로서 이용자 자신의 문화적 정체성을 반영하는 소비라고 규정한다면 카페 방문은 소비, 또는 소비재가 갖는 문화적인 의미를 살펴보는 것으로 이해 가능할 것이다. 일반적으로 소비재라고 하는 것이 견고한 물건을 가리키지만 서비스 부문에서 소비재라고 한다면 카페를 예로 들 때 분위기를 포함하여 미각, 청각 등을 충족시키는 서비스가 소비재의 자리를 차지할 것이다. 소비재의 문화적 의미는 세 개의 위치로 이동한다(매크래켄, 1996: 162). 보통 그것은 문화적으로 구성된 세계에서 소비재로 이동하고 그 다음에는 소비재에서 끌어내서 개개의 소비자에게로 이전된다. 즉 세계에서 사물로, 사물에서 개인으로 이전되는 것이다. 매크래켄에 의하면, 이는 최초의 위치인 "문화적으로 구성된 세계(culturally constituted world)"인데 이것은 일상적인 경험의 세계로서, 그곳에서 현상세계는 그 또는 그녀의 문화가 갖는 믿음 및 가정에 의해 완전히 형성되고 구성된 개개인의 감각에 모습을 나타낸다. 이 세계는 문화에 의해서 두가지 방식으로 구성되어 있는데, 우선 문화는 그것을 통해서 모든 현상을 보는 '렌즈' 로 문화는 이 현상들이 어떻게 파악되고 융합되는가를 결정한다. 둘째, 문화는 인간활동의 '청사진'으로 그것은 사회적인 행위와 생산적인 활동의 좌표축을 결정하면서 그 둘로부터 파생되는 행동 및 사물을 특정화한다(매크래켄, 1996). 매크래켄이 설명하는 바 소비의 문화적 의미가 구성되는 첫 번째 위치인 "문화적으로 구성된 세계"는 소비가 이루어지는 사회의 특징적 현상들이 일어나는 시기에 형성되는 유행과 스타일 등이 실현되는 세계라고 할 수 있다. 이를 카페의 부흥기라고 할 수 있는 지금의 한국사회 대도시의 일상적인 경험 세계로 환치시켜본다면 지금처럼 공간과 취미생활에 대한 다양한 취향과 스타일이 생성되는 현상은 소비의 문화적 의미가 생성되는 첫 번째 위치인 "문화적으로 구성된 세계"를 서울의 몇몇 지역에서 독창적인 모습으로 구체화하여 보여주고 있다는 사실을 입증한다.

카페를 둘러싼 유목민의 존재양식과 문화풍경

본 연구는 한국사회에서 카페가 사적 공간과 공적 공간의 중간 지점에서 출발한 근대의 대표적 여가공간인 '다방'으로부터 와이파이 인터넷이 가능한 복합문화공간으로 진화하게 된 현재의 문화적 풍경을 살펴보기 위해 기획되었다. 즉 개인적이면서도 사회적인 공간으로서의 카페의 문화사적 의미를 산보자의 시선으로 들여다보면서 문화기술지 방식으로 자료를 수집하여 분석한다. 공간적 분석뿐 아니라 카페의 형태에 따라 다양한 감각공간으로서의 특성을 연구하고 상업적 공간으로뿐 아니라 일종의 '작업실'로서의 공간적 의미를 심층면접을 통해 살펴본다. 특히 갤러리, 공방, 북카페 등 다양한 공간적 기능이 발휘되는 양상을 참여관찰을 통해 분석하고 카페를 이용하는 고객의 입장에서 선택의 기준이나 이들의 카페소비 방식을 취향의 사회학적 측면에서 분석하고자 한다.

최종렬에 의하면 사회학에서 말하는 탈분화란, 분화가 너무나 고도로 진행되어서 오히려 각 하위체계가 지닌 특수한 기능이 흐려지게 되고 결과적으로 다른 하위체계들과의 경계도 무너지게 되는 과정을 말한다. 분화가 경계를 세우는 것이라면, 탈분화는 경계를 무너뜨리는 것이다. 탈분화의 경우에는 하위부분들이 너무 세밀하게 쪼개져서 그들 간에 실질적인 경계가 없이 자유롭고 예측불가능한 흐름만이 있을 뿐이다. 한국의 근현대사는 분화와 탈분화가 중층적이면서도 압축적으로 이루어져왔다는 점에서 세계사에서 유례가 없다고 할 정도이다(최종렬, 2009a: 73). 이러한 맥락에서 카페의 다양한 유형화를 분화와 탈분화의 미시적 현상의 하나로 해석 가능한지 살펴 볼 필요가 있다.

1) 근대적 생활양식과 공간생산: 카페의 탄생과 진화의 문화사

'카페'는 프랑스어로 '커피'를 뜻하는데 원래 커피는 아랍어로 'qahwa'로서 터키어로 발음하면 'kahveh'다(Blogne, 1993: 18). 이 아랍어는 에티오피아의 'kaffa'라는 말에 그 어원을 두는데 분명한 근거가 제시되지는 않았지만 커피는 에티오피아에서 처음 음료로 개발되었으며 이슬람 세력의 팽창과 더불어 아라비아 등지의 이슬람 세력권 국가로 확산되었다는 주장도 제기되고 있다. 16세기 초 이후 커피가 이슬람의 여러 도시에 급속도로 퍼지면서 카페는 그 나라의 상황과 기질에 의해 정치와 철학만이 아닌 그 시대의 문화, 예술, 일상에 대한 담론 형성의 장이 되었다(이광주, 2002: 226). 커피가 아라비아에서 유래하기는 했으나 공공시설로서의 오늘날의 카페의 출발은 프랑스 파리에서 이루어졌다고 해도 과언이 아니다(피치, 2007).

파리의 카페는 오랜 기간 동안 예술가, 작가들이 모여서 생각을 키우는 장소이자 작업실로서의 역할을 해왔다. 1680년 파리에 프랑스 최초의 '커피 마시는 집'인 카페 프로코프가 열리자 몰리에르, 라신, 라퐁텐, 루소, 디드로, 몽테스키외,

볼테르 같은 사상가나 작가, 사교계 사람들이 몰려들었다(르페뷔르, 2008: 16). 카페 프로코프의 성공에 고무되어 카페들이 우후죽순처럼 문을 열기 시작했다. 비록 카페에서 제공되는 커피 자체가 미흡한 점도 많았으나 일부 사람들은 카페를 거의 무의식적으로 찾았고 그중에는 예술가들 외에도 주거환경이 열악한 가난한 사람들도 많았다. "... 그러나 화려한 카페를 찾는 선량한 파리 시민들은 비판없이 모든 것을 마시고 모든 것을 삼킨다. - 〈파리의 풍경〉, 루이 세바스티앙 메르시에"(르페뷔르, 2008:22에서 재인용). 그렇지만 무엇보다도 파리의 카페가 빛을 발했던 것은 프랑스 혁명 당시 정치 현안에 대해 토론하는 공론장으로 기능함으로써다.

18세기 말 파리를 대표하는 카페들이 모여있는 팔레 루아얄은 대표적인 구역이었다. 혁명 이후 카페는 서민층이든 귀족층이든 각각의 취향에 맞는 카페를 찾았으며 예술가들의 카페 애호는 더욱 강해져 이들에게 카페는 자유로운 영혼의 안식처였다. 즉 예술가들에게 카페는 다채로운 삶을 관찰할 수 있어서 예술적 영감을 주는 세상의 일부였고 또한 작업실이었다. 제1차 세계대전 이후 생제르망데프레는 이러한 카페들로 각광을 받았다. 기욤 아폴리네르, 장 폴 사르트르, 시몬 드 보부아르의 '서재'가 되기도 한 카페 드 플로르 등이 대표적이다. 이러한 전통은 지금까지도 그 자리에 그대로 계속 있는 수많은 파리의 카페들이 존재하는 이유이기도 하다.

근대성의 발현은 실로 다양한 각도에서 포착되지만 특히 도시 공간에서 전통적 생활양식이 전면적인 근대화로 전환되는 경우는 외부적 영향력이 폭발적일 때 더욱 뚜렷하게 드러난다. 한국에서 카페의 기원을 찾자면 다방의 탄생, 그리고 이에 더하여 커피의 수입으로 거슬러 올라가야할 것이다. 한국에 커피가 유입된 시기는 대략 1890년 전후로 추정되고 있다. '양탕국'이라고 불렸던 커피가 특정 장소에서 팔리기 시작한 것은 '다방'이 생겨나기 시작하면서부터다. 1888년 개항지인 인천에 우리나라 최초의 호텔인 대불호텔과 슈트워드호텔이 생겼고 여기에 커피를 파는 부속다방이 들어섬으로써 우리나라 최초의 다방이 되었던 것이다(강준만·오두진, 2005). 또한 1902년 손탁이 세운 '손탁호텔'은 서울에 생긴 첫 번째 호텔식 다방이 되었다.

조선 말기에 수입된 커피는 서양문물과 분위기의 상징으로 아관파천시 고종황제가 애호하면서 황실 뿐 아니라 중앙 관료나 양반 층 등 상류층의 기호음료가 되었다. 1903년 10월에 설립된 기독교청년회(YMCA)도 커피의 전파 경로 중 하나였다. 한편 일제 강점 직후에는 일본인들이 명동의 진고개에 깃사텐(끽다점 - 찻집을 뜻하는 일본어)를 지어놓고 커피 장사를 시작하였다. 다방을 전업으로 하는 근대적 다방의 원조는 1923년 경 지금의 충무로 3가에 세워진 '후다미'라는 곳이며 이와 비슷한 시기에 조선 최초의 '카페'가 본정이라 불리던 지금의 충무로 2가 큰 길에 일본의 '아카다마' 경성 지점으로 처음 문을 열었다(강준만·오두진, 2005).

커피가 일반 대중에게로 확산되면서 유행의 첨단을 걷던 소위 '모던 보이', '모던 걸' 들은 당시의 소비와 유행을 선도하면서 일본인들이 운영하던 카페에 들어가 커피를 마시는 행위를 근대화의 상징으로 생각하게 되었다. 카페의 커피값 또한 한잔에 10~15전으로 당시 조선인 남자 노동자의 일당이 60~80전이었던 것을 감안하면 서민들의 카페 출입은 불가능했던 것을 알 수 있다. 당시 문화예술인들이 꼭 커피를 마시기 위해서라기 보다는 하루종일 지내면서 글도 쓰고 사람도 만나는 장소로 카페를 이용했던 것을 보면 지금의 작업실 개념의 카페와 크게 다르지 않다는 점을 발견하게 된다. 이는 이상같은 문인들이 간혹 다방을 경영했던 것을 보면 알 수 있다. 이런 다방들이 바로 현민이 쓴 '현대적 다방(「조광」, 1938. 6)'이라는 글에서 분류한 바 있는, '차를 파는 다방'이 아닌, '차를 마시는 기분을 파는 다방'(장유정, 2008: 26에서 재인용)이었다.

한국전쟁을 치르면서 미군을 통해 보급된 인스턴트 커피는 한국인들에게 커피가 보다 친숙한 기호식품이 되는데 역할을 하였고 이후 커피는 한국인들에게 가장 친숙한 기호식품이 되었다. 심지어 1980년대 초반에는 자판기 커피가 등장함으로써 비로소 커피를 다방이나 카페가 아닌 길거리에서도 마실 수 있는 음료로 확산시켰다. 다방의 종류도 음악다방, 화랑다방, 클래식다방 등으로 다양해졌다. 한국의 커피 문화는 1988년 서울올림픽 개최를 기점으로 획기적인 전환점을 맞이했다. 해외여행이 자유로워지면서 원두커피 애호가들이 늘어났고 이로써 커피 전문점이 등장하기 시작했다. 이 시기에 등장한 원두커피 전문점의 시초는 '쟈뎅'으로 1988년 말에 압구정 1호점 오픈을 시작으로 명실상부한 커피전문점의 시대를 열었다.

커피전문점의 시대에 들어서서 전혀 새로운 유형의 커피전문점들이 생겨났는데 그 대표주자가 스타벅스다. 1999년에 이화여대 부근에 1호점을 개점한 스타벅스는 커피 맛보다는 인테리어 등에 더 신경을 썼던 기존의 원두커피 전문점과 차별화되는 전략으로 '천천히 오래 볶은' 고급 원두커피를 더 저렴한 가격에 판매한다는 마케팅 전략을 들고 나왔으며 자유롭고 편안한 매장 분위기, 테이크아웃(take-out)의 활성화, 셀프서비스 등을 통해 새로운 커피문화를 주도해 나갔다. 이로써 한국인에게 스터벅스는 단순히 커피만 파는 곳이 아닌, 커피와 함께 이국적 분위기, 친절한 서비스, 재즈 음악 등을 팔았다. 무엇보다도 주목할 점은 한국의 젊은이들이, 테이크아웃 커피를 들고 바삐 움직이는 미국의 대도시 전문직 종사자들의 이미지를 일종의 기호상품으로 수용하면서 급속도로 테이크아웃 커피점이 확산되는 계기가 되었다는 점이다. 즉 한손에는 휴대전화, 다른 한손에는 커피전문점의 로고가 새겨져있는 종이컵을 들고 거리를 활보하는 모습을 통해 디지털 시대 유목민과 같은 소비자의 양상이 눈에 띠게 되었다.

커피에 대한 기호가 다양하고 개별적인 취향과 접목되면서 대형 커피전문점과 더불어 아지트형 카페가 전성시대를 맞고 있다. 카페가 누군가를 만나는 공간에서 자신의 취향을 확인하고 혼자서 책을 읽거나 노트북으로 일을 하거나 또한 디지털 시대의 다양한 모바일기기의 보급과 더불어 다양한 형태의 접속을 통하여 소통하는 장소로서 진보하고 있는 것이다. 카페를 운영하는 운영자의 입장에서도 일종의 '놀이'같은 형태의, 일로 즐기는 소형 카페가 급속히 늘어나고 있다.

근대성이 도시 공간에 투영되는 것은 특정한 근대성의 경험이 일상생활에 골고루 스며들 때 가능하다. 버먼(Berman)은 오늘날 전 세계의 모든 사람들이 함께 하는 생생한 경험 - 공간과 시간의 경험, 자아와 타자의 경험, 가능성과 위험의 경험 - 방식을 '근대성'이라고 명명하면서 근대성의 양면적 경험은 덜 개방적이고 통제가능한, 그리고 그렇기 때문에 더욱 사회적으로 안정되고 예측가능한 전통적 생활방식과 대비되며 또한 도시생활에 영향을 미치는 자본주의 경제구조와 긴장관계에 놓여있다고 보고 있다(Berman, 1983: 1). 근대도시를 생활양식의 반영으로 보고 이를 해석하는 작업은 일단 그 생활양식이 겉으로 드러난 모양새를 파악하는 것으로부터 출발한다.

2) 산보로부터 시작되는 취향의 구성: 이미지와 트랜드

카페 선택은 이성적이고 합리적인 계산에 의해서 결정되는 것이 아니고 대부분은 시각적인 요소와 미각을 통한 경험적 취향이 결정적으로 작용한다. 벤야민은 『파사젠 베어크』에서, 산보자라는 개념을 유포한 보들레르의 작품을 자세히 들여다 봄으로써 이후의 도시문화 연구에 중요한 개념으로 등장한 '산보자(flâneur)'를 발굴하였다. '산보자(flâneur)'는 도시의 거리를 소요하는 신사로, 19세기 프랑스의 시인이자 작가인 샤를 보들레르의 표현대로 도시의 볼거리를 즐기면서 아스팔트 위에서 채집·조사하는, 즉 '산보하기(flânerie)'를 행하는 사람이다(Benjamin, 2005: 128).

카페를 포함한 현대 대도시의 도시 경관을 산보하며 '읽어내는' 작업은 벤야민에게 있어서는 이성적으로 면밀하게 검토하는 것이 아니라 우리의 도시에 대한 인식 속에 담겨있는 환상, 희망의 과정(wish-process), 꿈을 탐구하는 일(Savage and Warde, 1996: 171)이라고 할 수 있다. 벤야민이 보기에 사람들의 기억은 건축형태의 경험 속에 밀착되어 있기 때문에 다양한 의미를 가질 수 있다. 이에 대한 이해는 기존의 설명들을 흩어 버리고 새로운 조합으로 신선한 이미지와 조각들을 맞추어 숨겨지고 모호한 의미를 드러내는 작업이다.

결과적으로 나타나는 알레고리들은 모호하게 숨어있는 객관적인 의미들을 포착하는 데 통찰력을 부여한다(Savage & Warde, 1996: 172; 이수안, 2009: 286에서 재인용). 카페의 외양(파사드)과 실내디자인이 최신 유행의 서구적 이미지를 보여주고 있다는 점에서 이미지네이션이 사회적 실천임을 주장하는 아파두라이(1996)를 빌어 글로벌라이제이션의 문화적 컨텍스트를 이미지와 연결시킨 소하(Soja, 2000: 208-209)의 논의에 맞닿아 있다. 최근에 카페의 디자인에 유행하는 '레트로(복고)'라는 경향은 카페의 역사적인 장소성(삼청동, 서촌 등)과 한옥이라는 건축적 특성, 음악이나 딱딱한 나무의자 등 실내장식으로 표현되면서 그곳에 존재했던 역사적 기억과 환상을 무의식적으로 추적하게 함으로써 벤야민의 기억의 풍경과 연결시켜 해석할 수 있게 한다.

당대의 문화적 풍경을 포착하고 해석하는 데에는 다양한 방식의 원용이 가능하다. 카페는 사람들이 만나는 소통의 공간이자, 취향에 따라 선택하는 주관적 선택의 공간이다. 또한 다양한 '자기만의 일'을 하는 여가의 공간이면서 동시에 노트북 등을 통해 외부와 접촉하는 접속의 공간이다. 행인이 밖에서 카페의 안을 들여다보며 '산보'한다면, 거꾸로 카페 안에서 밖의 풍경을 감상하는, '시선으로 하는 산보'가 이루어지는 공간이기도 하다.

후기근대의 산보자는 실재 도시공간을 산보하는 것 뿐 아니라 인터넷 블로그나 인터넷 카페를 서핑하는 산보자의 행위까지도 포괄한다. 이 부분은 근대도시에서의 산보자의 시각적 경험과 후기근대의 새로운 의미의 심미적 산보자의 경험이 서로 맞닿는 부분이다. 인터넷의 발달과 각종 매체의 발달로 직접 산보하면서 찍은 사진들을 포스팅하는 인터넷 블로거들이 급격히 늘어나면서 이제는 카페를 선택하는데 있어서 타인의 간접경험의 장을 방문하여 취향이 맞는지 확인한 후 선택하는 과정을 거치기도 한다. 카페 블로그에 자료를 모았다가 이를 책으로 내기도 하고(이현주, 2009; 김효진, 2009) 직접 카페를 운영하면서 스스로를 '카페여행자'로 지칭하고 그 여행기를 책으로 내기도(김희정, 2009) 한다.

서울에서 개성있는 카페들이 몰려있는 지역으로는 삼청동을 비롯한 북촌, 신사동 가로수길 주변, 홍대주변, 최근에 부상하는 경복궁 서쪽의 통의동 및 부암동을 꼽는다. 위에서 언급한 카페관련 책들도 대부분 이 지역의 카페들을 중심으로 소개하고 있다. 그렇다면 이 지역의 지리적 공통점과 이곳의 카페들의 특징이 무엇이기에 많은 사람들의 관심을 끌고 있는가? 먼저 이곳은 지리적으로 회사원들이 많아서 바삐 테이크아웃해가는 커피전문점들이 많은 대로변이 발달해있는 곳이 아니고, 전통적인 주택가였거나 예로부터 형성되어온 마을로서 골목길이 발달한 '동네'라는 공통점을 갖고 있다. 산보하기에 좋은 '마을'인 것이다. 즉 산보자들이 산보하면서 카페의 외양도 구경하고 그 안의 사람들도 구경하다가 한번쯤 들러보게 되는 조건이 형성된 곳이다.

서울의 오래된 동네, 즉 삼청동, 서촌 등은 벤야민에게 베를린이 그러했듯이, 여러 시대의 시간 층이 미로처럼 얽혀있는 도시 공간이다. 미로같은 골목길과 그 주변의 70년대식 풍경 속에서 산보하며 취향에 맞는 카페를 찾는 것은 마치 벤야민이 도시 곳곳에 숨어 있는 기억의 흔적을 발견하기 위해서 집단적 과거의 의미심장한 파편을 발굴해내는 '고고학자'처럼 거리를 헤매는 산보자로서 유년기의 체험의 편린을 찾는 것과도 같다. 이미 세련되게 단장을 끝낸 삼청동과는 달리 통의동이나 효자동, 부암동 등 서촌 일대는 이상, 현진건 등 근대의 예술가들의 흔적이 남아있으면서도 북촌의 전통적 부촌의 이미지와는 달리 조선시대 중인들의 동네답게 작은 집들과 차가 다니기도 힘든 좁은 골목들이 청와대 앞이라는 조건으로 인하여 그대로 세월 속에 갇혀 있다. 이로써 이 일대는 조선시대의 긴 기간동안 정궁의 바로 옆이라는 특권적 지리조건과, 청와대 주변이라는 이유로 최근까지 개발이 억제됨으로써 압축적 산업화를 비껴간 시대적 아이러니가 합쳐지면서 독특한 분위기를 보여주고 있다.

이러한 분위기는 자연스럽게 예술가들을 끌어모으고 개성이 강하면서도 작은 규모의 아지트형 카페들이 생겨나는데 밑거름이 되었다. 서촌에서 골목 속에 숨어 있는 카페를 찾아다니고 또 그곳에서 '은둔'하면서 아지트삼아 작업을 하는 행위는 바로 벤야민의 '집단의 잊혀진 과거에 대한 기억'(윤미애, 2003)을 찾고 이에 오마주를 바치는 행위라고 할 수 있다. 이곳 방문자들이 인터넷 카페나 블로그 등에 색다른 장소와 공간 탐험에 대해 글을 올리면 즉각적으로 후속 방문자가 생기고 포스팅한 글이 올라온다. 최근 1~2년 사이에 출간된 카페에 관한 책에서도 이러한 카페에 대한 인식의 변화는 바로 감지되고 있다. 본인이 직접 대학로에서 카페를 운영하고 있는 김희정은 독특한 외관과 개성있는 인테리어, 새로운 컨셉 등을 가지고 출발한 카페를, 특히 아지트형 카페에 초점을 맞추어 살펴보고 있다(김희정, 2009). 대체로 카페 주인들이 자신과 카페를 거의 동일시하다시피하는 경우를 중심으로 살펴본 이 책에서는 카페가, 종류와 역할, 그리고 기능에 있어서 점차 세분화되고 있는 점이 돋보였고 이를 통해 분화와 탈분화 현상이 카페연구에서 드러나고 있음을 엿볼 수 있었다.

산보자에게 선택을 받으려면 무엇보다도 카페의 전면, 또는 전체적인 인상이 중요하다. 간판과 전면의 유리창 등 파사드는 그 안의 인테리어 못지않게 카페의 성격과 카페 이용객의 취향을 반영한다. 최근에는 우선 카페의 이름부터 시적이거나 무엇인가 이야기를 만들어 말을 거는 방식으로 붙여진다. 하나의 문장으로 이루어져서 시적인 감성을 표현하는 이름들, 예를 들면 영화 〈베티 블루 37°2〉에 나오는 대사를 딴 "창밖을 봐, 바람이 불고 있어. 하루는 서쪽에서, 하루는 동쪽에서"처럼 긴 문장도 있고 "Life is just a cup of cake"같이 카페의 특징을 설명하는 제목도 있으며, 문법에는 맞지 않지만 시적인 표현으로 "Spring come, rain fall" 등이 있다. 이 연구에서 대상으로 삼은 작은 골목 카페의 제목은 모두 나름대로의 의미를 가지고 그것 자체가 하나의 독특한 얼굴을 표방한다. 이로써 산보객의 마음을 사로잡고 '나만의 카페'라는 의미를 부여하게 만들면서 카페 안으로 들어오도록 유인하는 것이다. 골목 안에 자리한 카페들이 우선 첫 번째 단계에서 개성있는 얼굴을 카페 제목과 간판에서부터 시작한다고 하면 인테리어와 테이블, 의자 등 필수적인 실내 가구는 카페의 성격을 보여주는 중요한 컨셉 지표이다. 이 연구의 주요 연구대상 지역으로 꼽은 세 지역에서 비교적 젊은이들에게 인기가 많은 카페의 실내장식의 공통점은 아날로그적 향수를 맛보게 하는 딱딱한 나무 의자와 복고풍의 분위기 등이다.

카페는 일상생활에서 필수불가결하게 찾아가야하는 곳이 아니고 어디까지나 편의에 의해서, 또는 기호에 따라 선택적으로 찾는 공간이기 때문에 이 선택에는 취향이 절대적인 기준이 된다. 오두진이 『고종, 스타벅스에 가다』의 서문에서 밝혔듯이 커피는 선택적 커뮤니케이션 수단으로서 사람과 사람을 자연스럽게 이어주는 매개체 역할을 하기도 하지만 또한 커피를 통해 다른 사람과 차별화된 구별짓기가 시도되기도 한다. 이는 영화 〈유브 갓 메일 You've got mail〉에서 톰 행크스가 "사람들이 스타벅스에서 커피 한잔을 고르면서 지불하는 2.95달러에는 단순히 한잔의 커피만 있는 것이 아니라 자신의 정체성을 확인받는 것도 들어 있다"고 한 대사에서도 함축적으로 드러난다. 특히 한국 사람들의 경우 사람 자체보다 맥락정보를 더 유심히 보는 경향이 있다는 점이 커피를 주제로 한 TV방송 프로그램에서 행한 실험에 의해 증명되고 있다. 즉 브랜드커피 컵을 들고 있거나 커피컵을 들고 있는 인물의 배경에 브랜드커피점 로고가 있는 화면을 보았을 때 사람들은 "저 사람은 '지적이고 세련된 은행원'일 것이다"라고 생각한다는 것이다([커피 앤 더 시티] SBS스페셜. 2011. 4. 3. 11:00~12:00 방영). 그리고 이러한 판단은 무의식적으로 그를 따라하게 하고 이를 통해 같은 계급으로 스스로를 인식하게 하는 기제가 작동하게 된다.

장 보드리야르가 명명한 파노플리 효과는 영화 〈악마는 프라다를 입는다〉를 계기로 하여 스타벅스를 통해 가장 공공연하게 나타난 바 있다. 예를 들어 한국의 소비자들에게 스타벅스 커피를 들고 거리를 활보한다는 것은 트랜드세터인

메릴 스트립을 위해 스타벅스를 테이크아웃했던 앤 해서웨이와 동일한 집단에 속하고 있다는 강렬한 표식이라고 할 수 있는 것이다. 파노플리란 집합(set)이라는 뜻으로, 판지에 붙어있는 경찰관 놀이 장남감 세크처럼 동일한 맥락의 의미를 가진 상품의 집단을 뜻한다. 어린 아이가 경찰관 놀이 세트를 사용하면 마치 경찰관이 된 것 같은 기분을 느끼는데 마찬가지로 파노플리를 이루는 상품을 소비하면 그것을 소비할 것이라고 여겨지는 집단에 소속한다는 환상을 준다는 것이다(정재승, 2009). 카페의 소비는 바로 이러한 파노폴리 효과와 직결되어 있다. 어떠한 성격의 카페에 가느냐가 그 사람의 문화적 정체성을 보여준다고 믿는 경향이 점차 뚜렷하게 나타나고 있다는 점이 이를 반영한다.

3) 소통의 공간으로서 카페의 다중적 의미

카페는 기본적으로 소통의 공간이다. 이 연구에서 소통은 기본적으로 세 가지 층위의 소통을 의미한다. 첫 번째는 카페 운영자가 카페를 통하여 자신의 주제를 적극적으로 표출하고 의사 표명하는 방식의 소통이다. 두 번째는 카페 안에서 방문자들 간에 진행되는 소통이다. 세 번째는 카페 안에서 인터넷이나 휴대전화를 통하여 카페 밖의 누군가와 행하는 소통이다. 우선 첫 번째 소통을 살펴보자. 이 연구에서 주목하는 카페는 최근에 새롭게 등장하는 다양한 형태의 카페로서 카페를 운영하는 사람들 자신이 카페를 통하여 세상과 소통하고자 하는 의도를 가지고 있는 경우가 많다. 가끔 콘서트도 기획하는 홍대 주변의 음악 카페, 예를 들어 [세상의 모든 음악](마포구 서교동)이라든가, 일러스트레이터가 작업실 겸 카페로 개점하여 전시회도 기획 중인 [카페이야기](마포구 상수동), 사진작가와 조명디자이너가 빈티지 가구를 사용하여 카페를 차리고 쇼룸으로도 사용하는 [mk2](종로구 창성동), 문구류 소품 디자인회사가 2층에 자리하고 그와 연계하여 상품 판매도 함께 하는 [Spring come, rain fall](종로구 통의동), 가구디자이너가 자신의 가구를 기획하고 이를 전시하는 작업실 겸 쇼룸으로 연 [디자인 카페](강남구 신사동)와 특이하게도 진료실에 차린 카페인 [제너럴 닥터](마포구 서교동) 등이 대표적인 예다. 예로 든 카페들이 손님들과 보다 적극적인 소통을 꾀하고 있다고 한다면 북카페는 비교적 전통적인 방식으로, 즉 책을 매개로 한 소통이 전면에 등장한다. 카페 운영자가 잡은 컨셉이 이런 방식의 소통을 전제로 한다고 할 때 이는 카페를 단순히 방문자에게 제공하는 공간으로 의식한다기 보다는 일종의 적극적인 문화적 공간으로서 기획하여 내놓는 것이라고 볼 수 있다.

두 번째 소통 방식은 다방으로부터 시작하여 지금의 카페까지 공히 이루어진 방식으로서 카페라는 공간에서 사람을 만나고 그들 간의 소통이 이루어지는 방식이다. 이는 단순한 수다로부터 심각한 정치적 논쟁까지 다양한 내용이 담기는 소통으로서 공론이 형성되기도 하고 사적인 일상적 대화가 되기도 하여 카페에서 가장 흔하게 이루어지는 소통이다.

한 연구에 의하면 공론장으로서의 다방은 한국의 독특한 이중 구조 문화를 웅변해주었다(강준만·오두진, 2005: 219). 즉 공적 논의는 의례적인 것이고 실질적인 결정은 사적 만남을 통해 이루어지는 커뮤니케이션 방식을 잘 보여주는 것이 바로 다방문화라는 것이다. 이로써 다방은 공과 사의 경계가 희미한 한국 특유의 공론장을 대변해왔는데 바로 사적이면서 공적인 공간으로서 기능해온 것이다. 강준만이 이해하는 한국의 다방 공론장은 제도화 여부에 관계없이 '광장'과 '밀실' 또는 '양지'와 '음지'의 상호 소통 공간이었다(강준만·오두진, 2005: 219).

마지막으로 세 번째는 실제 공간에 함께 있지는 않으나 가상공간에 있는 누군가와 이루어지는 소통이다. 최근의 카페에서 공론장으로서의 다방문화는 많이 쇠퇴해가고 오히려 지극히 사적인 작업을 공과 사의 경계에 있는 혼성적 공간에서 행하는 방식으로 변화하고 있다. 특히 동반자없이 혼자 카페에 앉아서 노트북을 가지고 작업을 하는 사람들의 경우는 혼자 있는 것으로 보이지만 사실은 노트북을 통해, 또는 스마트폰을 통해 끊임없이 누군가와 소통을 하고 있는 경우가 많다. 즉 동반자와의 담소, 카페 주인과의 담소 등 카페에 함께 있는 사람들과의 의사소통 뿐 아니라 '그 장소에 없는' 누군가와의 커뮤니케이션을 진행 중인 것이다. 따지고 보면 공간성을 초월하여 '수다를 떨거나 무선으로 만나는' 인터넷 카페는 실제로 커피숍을 사이버공간에 옮긴 것이라는 점을 다음과 같이 확인할 수 있다. SK커뮤니커이션즈 대표 유현오는 "커피숍에서 20대 여성들이 수다를 떨며 서로의 근황을 묻는 모습을 보고 이들을 타깃으로 온라인 상에서 서로의 안부를 물을 수 있는 커뮤니티를 론칭해야한다고 생각했다"(강준만・오두진, 2005: 217)고 말한 바 있다. 이로써 사이버 공간으로 '수다'라는 활동이 분화되는 계기를 실재하는 카페에서부터 연유하게 되는 경우를 발견하게 된다.

카페의 유형은 소비와 향유의 형태, 그리고 카페의 공간적 구성을 중심으로 유형화한 한 연구(김홍규・오세정)를 중심으로 다음과 같이 분류할 수 있다. 먼저 '의식의 공간(ritual space)' 유형이다. 영혼의 쉼을 얻는 안식처이자 축제가 펼쳐지는 '의식 공간'인 카페는 지치고 스트레스에 시달린 사람들의 영혼을 어루만져주고 그 안에 있는 것만으로도 긴장이 완화되며 서로 간섭하지 않는 분위기에서 누구나 편안한 휴식을 취할 수 있는 중립지대와 같은 '제3의 공간'으로 인식된다. 일종의 심리적 치유공간이라 할 수 있다. 두 번째, 집중의 공간(meditative space) 유형이다. 고요한 사색을 할 수 있는 '집중의 공간'으로서 이때 카페는 사람을 만나는 사교의 공간이기도 하지만 차를 마시면서 책도 보고 여러 가지 삶을 구상도 하고 노트북으로 업무도 보는 일의 연장 장소로서 기능한다. 북카페, 갤러리카페, 가구디자인카페 등이 이에 속한다. 세 번째, 다기능적 공간(multifunctional space)으로 그림 감상, 음악 감상, 물품 구매 (주얼리카페) 등 다양한 문화를 즐기고 새로운 문화까지 창조해내는 복합문화공간으로서의 카페가 대표적이다. 네번째 유형은 지위부여 공간 (status-conferral space)으로서의 카페이다. '자기만의 가치'를 중시하고 여유롭고 향상된 트렌디한 삶을 추구하는 사람들이 즐기는 카페 유형이다. 유럽의 한적하고 여유로운 카페같은 한가로운 카페가 이에 속한다. 이곳의 주요 이용자들은 물품 구매나 무엇을 배우고 체험하는 것 자체가 자신의 품위를 떨어뜨리는 것이라 생각한다. 다섯 번째로 열린 공간(open space)을 들 수 있다. 이 유형에서는 카페의 확 트인 유리창을 통해 바깥 세상을 내다보는 소통의 공간이며 여기서는 사회적 관계를 맺으면서 커뮤니티 형성 등의 논의가 가능하다.

주로 무엇인가를 읽기 위해서 찾는 전통적 유럽식 카페나 최근 한국에서 젊은 사람들이 혼자서도 자주 찾는 카페로 새롭게 등장하는 유형으로 아지트형 카페가 있다. 아지트형 카페는 본 연구 대상지인 삼청동, 통의동, 효자동, 부암동 등 서촌일대, 그리고 신사동 가로수길 등에 골고루 퍼져있다. 아지트형 카페의 특징은 혼자만 오는 것이 아니라 누군가 함께 와도 다른 테이블의 혼자 와있는 누군가가 전혀 어색하지 않을 정도로 카페의 공간감 자체가 편안함을 제공한다는 점이다. 아지트형 카페가 급격히 늘어나게 된 배경에는 복고풍의 향수 취향이 자리잡고 있다. 북촌의 한옥이 사람들에게 매력적인 공간으로 급부상하기 시작하면서 골목안의 조그만 가정집들이 카페로 탈바꿈하면서부터라고 하겠다. 카페의 주요 기능이, 사람들 간의 만남이 이루어지고 면대면 커뮤니케이션을 하면서 공적인 일을 수행하는 것이었던 시절에는 카페라면 으레 사람들 눈에 잘 띠는 대로변에 있어야했다. 그래야 주변 지리에 익숙하지 않은 사람들도 바로 찾아서 '업무상 사람을 만나는' 소기의 목적을 효율적으로 달성할 수 있기 때문이다. 그런데 아직도 그러한 기능을 가진 카페들이 많이 남아있지만 카페에서 훨씬 더 많은 사적인 일들이 벌어지고 있는 상황에서는 이제 카페가 반드시 대로변에 있을 필요는 없어져가고 있다.

이메일, 전자서명이나 인터넷뱅킹 등 여러 가지 커뮤니케이션 기술이 발달하면서 제3의 장소에서 직접 면대면 커뮤니케이션을 해야하는 직무적 기능이 필요한 상황은 많이 사라져가고 있는 것이다. 또한 휴대전화, 스마트폰, GPS등의 발달로 장소검색이 실시간 가능해지면서 아날로그적 방식으로 장소찾기가 그리 필수적으로 요구되는 상황이 아니게 됨으로써 카페의 장소성은 훨씬 유연해지고 있다. 골목길에 숨어있는 카페라 할지라도 인터넷 네트워크를 갖추어놓는 것은 필수적이다. 오히려 아지트형 카페일수록 혼자 와서 작업하는 사람들이 많기 때문에 무선인터넷은 커피가 맛있는 것 만큼이나 중요한 요소다. 무선인터넷 광고에서 삼청동, 가로수길, 정자동의 카페들이 모두 주요 고객이라는 점을 강조하는 것도 바로 이러한 맥락에서이다.

4) 자아의 풍경 : 시공간을 횡단하는 유목민의 문화풍경

왜 특히 젊은 여성들은 공적 공간이면서 동시에 사적 공간으로 이용하는 카페를 좋아하는가? 왜 이곳에서 작업의 집중도가 높아지는가? 대다수의 사람들에게 카페를 찾는 목적은 '누군가와 만나기 위하여', 혹은 단순히 '커피한잔을 마시기 위하여'이지만 특정한 범주의 사람들, 즉 젊은 여성들의 경우에는 친구들과 함께일 때는 '맛있는 커피를 마시며 친구들과 수다를 떨기 위하여'가 대부분이지만 혼자일 때는 '책을 읽기 위하여', '작업을 하기 위하여', '생각을 정리하기 위하여' 카페를 찾는다. 책을 읽거나 작업을 하기 위하여 도서관이나 집을 택하지 않고 카페를 택하는 이유에서 이 시대의 젊은 세대가 카페를 통해 구축하는 자아의 풍경을 유추해낼 수 있다.

사람들이 단순히 커피를 마시기 위해서가 아니라 정체성과 관련된 일종의 존재표시의 행위로서 카페를 찾는다는 점을 알프레드 델보는 다음과 같이 기술하고 있다: "내가 누구인지 다른 사람에게 보여주기 위해서, 누군가와 이야기를 나누기 위해서, 행복이 무엇이고 불행이 무엇인지 알기 위해서, 내 꿈을 충족시키기 위해서, 웃고 울기 위해서, 화창한 날과 길이 필요하고 카페와 캬바레와 레스토랑이 필요하다 우리는 주인공이 되고 목격자가 되기를 좋아한다. 함께 어울릴 대중과 화랑과 우리 삶의 증인을 갖고 싶어한다" (〈파리의 즐거움〉, 알프레드 델보; 르페뷔르, 2008: 109에서 재인용). 이러한 지적은 본 연구를 위해 한 연구참여자가 기술한, 카페에서 행위자가 스스로 포착하는 자아의 풍경에 대한 A씨(대학4년)의 문화기술지에서도 여실히 나타나고 있다.

집이 아닌 카페에서 공부를 할 때, 좋은 것은 다른 사람들의 시선을 어느 정도 느낀다는 데 있다. 그것은 나를 긴장하게 만들고, 평소의 나보다 더 열심히 집중하게 한다. 지적으로 보이고 싶은 자아가 게으르고자 하는 자아를 이긴다. 그 이기는 힘에 순수한 의지 보다는 타인의 시선을 의식하여 자신을 꾸며내고자 하는 의지가 조금 더 많이 들어가 있다는 것이 비극적인 요소이기는 하지만, 결과적으로 시간을 효율적으로 사용할 수 있어 나는 카페에서 공부를 하는 것을 즐긴다.

집의 '내 방'은 온전히 나만을 위해 존재하는 공간이지만 바로 '내 방'에서 편안히 할 수 있는 '일'을 할 공간으로 카페를 선택하는 이유는 공공 공간과 사적 공간의 경계가 모호해지는, 또는 두 가지 상반되는 성격이 혼재하는 공간이 가져다주는 미묘한 긴장과 편안함의 혼성적 느낌 때문이다.

내가 카페에 가는 때는 친구들과 편히 수다 떨러 가는 경우 외에도 '자기만의 시간을 갖고 싶을 때'와 '공부를 하러갈 때'이다. 뒤의 두 경우는 첫 번째 경우보다 나 자신과 직접적으로 연결되는 느낌을 갖는 경우다. ... 그때 내가 자주 갔던 카페는 충분히 넓고 2인용(1인용으로 써도 무난한) 테이블이 많은 광화문의 'A' 카페였다. 그 곳의 커피 맛이 아주 뛰어났던 것은 아니었다. 솔직히 커피의 맛은 기억도 안난다. 그 카페를 선택한 데에는 지리적인 이유, 감정적인 이유가 작용했고, 카페의 분위기도 영향을 끼쳤다. **하지만 무엇보다도 혼자 가도 부담스럽지 않았던 것이 큰 이유였던 것 같다.** 카페는 굉장히 큰 편이었는데, 그것은 내가 커피 한잔을 시켜놓고 두세 시간을 머물 때 으레 드는 죄책감을 덜어주곤 했다. **익명성이 강화 될수록 나는 더 자유로워 졌다.** 나는 거기에서 숙제를 하기도 하고 일기를 쓰기도 하고 책을 읽기도 했다.

이른바 '경계(문턱) 공간(liminal space)'이 갖고 있는 혼성성이 이들을 카페로 이끄는 요인이다. 주킨(Zukin)은 경계 또는 문턱으로 해석되는 'liminality'의 의미를 '모든 사람들에게 열려 있지만 어떠한 지침없이는 쉽게 이해되지 않는, 어느 누구의 영역도 아닌 것'(Zukin, 1991: 269)으로 규정하면서 경계(문턱) 공간을 공적인 것과 사적인 것을 가로지르고 결합하는 공간으로 설명한다(이무용, 2005: 47). 경계공간의 내용적 의미를 고려한다면 이 공간에서 전형적으로 일어나는 일, 즉 '만남', '담소' 등 소통의 행위에서 나아가 독서, 작업 등 '개인적으로 몰두해 들어가는 작업'을 카페의 타인들이 빚어내는 공공의 분위기 속에서 수행한다는 점은 행위성에 있어서도 긴장과 내밀한 편안함 사이의 경계 감정이 자아 풍경을 만들어내는 것으로 해석된다. 이것으로 공공공간이면서도 일정한 부피와 넓이만큼의, 지극히 '사적인 공간'을 확보한 상태에서 완전히 혼자가 아님으로 해서 적당한 긴장을 가질 수 있다는 점을 포착하게 한다.

카페에 혼자 앉아있는 것이 전혀 어색하지 않게 느껴지는 것은 그 공간이 공적이면서도 사적인 공간이고 무엇보다도 혼자 있는 것이 어색하지 않은 공간이기 때문이다. 그것은 또한 익명성을 보장해주기도 한다.

> 오늘은 오랜만에 오후에 시간이 났다. 나에게는 네 가지 옵션이 있었다. 도서관, 설계실, 집, 카페. 도서관과 설계실을 포기한 이유는 혼자서 학교식당에서 식권을 사서 밥을 먹는 일이 자신 없었기 때문이다. 반면, 카페에서 혼자 점심을 먹는 일은 괜찮다. **카페에서는 익명성이 더 강화되기 때문인 것 같다.** 학교식당에서는 혼자 밥을 먹는 초라한 광경을 내가 아는 누군가가 볼 가능성이 더 높기 때문이다. 결국 나는 설계실과 도서관을 포기했다. 점심 때문이었다.

작업실로 카페를 선택할 때의 기준은 작업에 방해받지 않으면서도 적절한 주변의 시선이 있는 것이다. 즉 경계공간으로서의 균형이 이루어지는 임계점이 유지되는 한 그 안에서의 작업이 보다 긴장감있게 진행될 수 있는 것이다. 그렇지만 카페에서의 작업이 언제나 능률적이지는 않다. 특히 극도로 긴장해서 효율적으로 일을 끝내야하는 순간에는 평소에 자극이 되었던 적당한 타인의 시선이나 혼성적 분위기가 오히려 방해가 되기도 한다.

> 나는 마감 때 카페에서 작업하지 않는다. 왜냐하면 정말로 중요한 것을 할 만큼 카페가 집중할 수 있는 환경을 주지는 않기 때문이다. **카페에 가면 나는 사람들의 시선도 의식하게 되고, 지나가는 사람들에게 한눈을 팔게 되기도 한다.** 사람들이 수다 떠는 소리는 음악소리를 아무리 높여도 들리고, 오랜 시간을 앉아있으면 왠지 음료나 빵을 뭐 하나 더 시켜야 할 것처럼 눈치가 보이기도 한다. 하지만 오늘은 크리틱이 끝난 지 얼마 안 된 시점이었기 때문에 카페에서 작업해도 무난한 날이었다. 즉, 오늘 내가 카페에 갔더라면 그것은 작업을 하되 아주 급한 일을 초집중해서 하기위한 목적은 아니었을 것이라는 것이다. 갑자기 생긴 자유 시간을 '비교적' 생산적으로 활용하기 위해서였을 것이다.

이 글에서도 나타나듯이 전혀 알지 못하는 타인들과 한 공간에 있으면서 익명성에 기대 자신의 세계로 빠져들 수 있는 이유는, 경계공간이 은연 중에 적당한 긴장을 즐기면서도 자유롭게 자기 속으로 유영해 들어갈 수 있게 지원한다는 데에 있다. 커피를 마시는 행위만을 위한 것이라면 집이나 사무실, 또는 이제 테이크아웃을 통해 길거리에서도 가능하다. 그러나 위의 A씨의 문화기술지에서도 읽을 수 있듯이 카페를 찾는 것은 누군가와 소통하기 위해서, 혹은 대중들 속에서 역설적으로 스스로를 차단하기 위해서이다. 즉, 혼자 있고 싶은데 완전히 아무도 없는 곳에서 혼자 있는 것이 아니라 다른 사람들 사이에서 자기만의 지극히 작은 공간을 만들고 때로는 타인을 관찰하면서, 때로는 자기 속으로 침잠하면서 일정한 공간을 특정 시간 동안 자기의 시공간으로 사유화한다. 유동적 주체를 만드는 것이다. 정신적 유목민들이 모여드는 곳이 카페다. 이들이 각자 노트북으로 무언가 작업을 하거나 혹은 인터넷 서핑을 하거나 할 때 이들은 물질적 몸이 카페의 한 테이블을 차지하고 있지만 이들의 정신은 사이버 공간으로 이동하면서 유비쿼터스(어디에든 있는) 상황이 된다. 물질적 육체는 고정된 자리에 존재하지만 정신은 여러 개의 '접속하는 자아'로 확산되어 노트북의 열려진 여러 개의 창에 각각의 수행적 주체로 순간이동하게 되는 것이다.

도시 유목민의 새로운 공간 향유를 위하여

오늘날 한국사회의 카페는 열린 공간, 다중감각 중심의 체험공간을 요구하는 현대사회의 복합문화공간으로서 인간이 인지하는 신체적 감각인 오감을 두루 충족시킬 뿐 아니라 오감을 통해 다른 감각에 대한 자극을 가능하게 하는 공감각을 발생시키고 그에 따른 다양한 심리적 감각을 유발시키는 공간이다. 카페문화의 확산과 더불어 여가공간으로서 카페의 가치가 인정되면서 카페의 형태와 세부적 속성들이 다양한 분야에 적용되고 있으며 그 범위는 계속 확대되고 있다. 공간적 소비 뿐 아니라 다양한 취향의 소비, 분위기와 음악, 디자인 등 미적 공감각 등 문화적 소비의 주요 토대가 되고 있다.

이 연구에서 카페는 공적인 공간이면서 동시에 지극히 사적인 공간으로서, 그 안에 있는 각각의 개인이 주체가 되면서 자신의 세계를 구축하고 침잠할 수 있는 내파(implosion)가 가능해지는 공간임을 확인하였다. 카페라는 공간의 분화와 탈분화 현상은 공간을 소비하는 이용자들의 취향과 선택을 통해 살펴볼 수 있었다. 군중 속에서 노트북이나 책을 통해 가장 내밀한 자기 자신과의 대면이 가능하기 때문에 카페가 단순히 하나의 일정한 패턴으로 존재하지 않고 북카페, 음악카페, 라이브카페, 공방카페 등으로 세분화되며 그 안에서 다시 커피의 종류를 선택하고 공간을 다양하게 향유하면서 공간소비자들이 만남 또는 작업을 통해 개별적이면서도 창의적인 방식으로 시공간을 구성하고 생산해내는 것으로 구체화되는 것이 그것이다.

카페의 문화해석에 유목주의를 투영할 때 중첩된 해석의 스펙트럼이 펼쳐질 수 있다. 즉 한 개인의 특정한 시간적 지속 안에서 실질 공간으로서의 카페와, 전지구적 무역의 경로를 통해 선택적 미각을 제공하는 원두커피의 시공간을 초월한 유목성, 그리고 인터넷 카페가 융합되는 시공간적 교집합이 존재하는 것이다. 몸은 물질적 유목민으로서 커피를 파는 카페에 앉아있으며, 선택하는 커피는 아프리카, 남미, 동남아시아 등 다양한 원산지로부터 공급되어 미각의 유비쿼터스가 이루어진다.

한국 대도시의 카페가 보여주는 문화풍경의 의미는 글로벌라이제이션과 소비사회의 스펙터클 속에서 개인이 임의로 점유할 수 있는 공간의 생산과 재현이 이루어지면서 후기근대적 대도시 생활양식을 '정착된 삶'으로부터 유목민의 방식으로 변화시키는 문화적 징후를 보여주고 있다는데서 찾을 수 있다. 이는 단순히 그 매개가 되는 커피의 전지구적 무역 경로라는 구체적인 현상에서 뿐 아니라 이를 둘러싼 트랜드와, 뉴욕거리의 테이크아웃 커피의 라이프스타일이 서울 거리에 직수입되어 만들어내는 시각적 장면이 일으키는 연상작용 등이 들뢰즈의 '사유의 이미지'라는 개념을 환기시킨다는 점에서 문화사회학적 분석의 중요한 단초를 제공한다. 이 연구를 통해 일차적으로 시도한 바, 카페를 통하여 유목민의 문화풍경이 보여주는 징후를 내시경으로 파악하고 이에 포착된 파편화된 영상을 해석하는 작업이 앞으로 이어지는 연구에서 보다 심층적으로 이루어질 것으로 기대한다.

〈참고문헌〉

강준만・오두진, 2005, 『고종, 스타벅스에 가다: 커피와 다방의 사회사』, 인물과 사상사.

김연희, 2000, 「일제하 경성지역 카페의 도시문화적 특성」, 서울시립대학교 대학원 석사학위청구논문(미간행).

김효진, 2009, 『진이의 카페놀이』, 도서출판 예문.

김희정, 2009, 『카페놀이: 나만을 위한 달콤한 아지트』, 위즈덤하우스

김홍규・오세정, 「제3의 공간으로서의 카페: 스페이스 마케팅의 관점」, 『주관성연구』 16: 93-120.

김홍중, 2009, 『마음의 사회학』, 문학동네.

르페뷔르(Lefébvre, C.), 2008, 『카페를 사랑한 그들: 파리, 카페, 그리고 에스프리』, 이수원 옮김, 효형출판.

매크래켄(McCracken, G.), 1996, 『문화와 소비』, 이상률(옮김), 문예출판사.

벤야민(Benjamin, W.), 2005, 『아케이드 프로젝트』, 조형준(옮김), 새물결.

새베이지 & 마이크(Savage, M. & Mike, W.), 1996, 『자본주의 도시와 근대성』, 김왕배・박세훈(옮김), 한울.

서진영, 2007, 「감각체계를 활용한 여가공간으로서 카페의 속성」, 명지대학교 사회교육대학원 석사학위청구논문(미간행).

벅-모스(Buck-Morss, S.), 2004, 『발터 벤야민과 아케이드 프로젝트』, 김정아(옮김), 문학동네.

안영노, 1994, 「록카페를 통해서 본 젊은이문화 -공간에 대한 의미부여와 욕구충족을 중심으로-」, 연세사회학 14: 177-227.

이광주, 2002, 『동과 서의 茶이야기』, 한길사.

이무용, 2005, 『공간의 문화정치학』, 논형.

이수안, 2009, 「서울 도심의 공간 표상에 대한 젠더문화론적 독해」, 대한지리학회지 44(3): 282-300.

이현주, 2009, 『카페 서울』, 북웨이.

윤미애, 2003, 「대도시와 거리 산보자 - 짐멜과 벤야민의 도시 문화 읽기」, 『독일문학』 85: 389-410.

장유정, 2008, 『다방과 카페, 모던보이의 아지트』, 살림출판사.

정재승, 2009, 『정재승+진중권 크로스』, 웅진지식하우스.
피치(Fitch, N.), 2008, 『파리 카페』, 문신원(옮김), 문학동네.
최종렬, 2009a, 「탈영토화된 공간에서의 베트남 이주여성의 행위전략」, 『한국사회학』 43(4): 107-146.
_____, 2009b, 『사회학의 문화적 전환』, 살림출판사.
황보경, 2005, 「카페의 이용 및 선택속성에 관한 연구 - 문화적 속성을 중심으로 -」, 경기대학교 석사학위청구논문(미간행).
Appadurai, Arjun, 1996, *Modernity at Large: Cultural Dimensions of Globalization*. Minneapolis and London: University of Minnesota Press.
Berman, Marshall, 1983, *All That Is Solid Melts Into Air: The Experience of Modernity*, London: Verso.
Blogne, Jean Claude, 1993, *Histoire des cafe et des cafetiers*, Paris: Larousse.
Braidotti, Rosi, 1994, *Nomadic Subjects: Embodiment and Sexual Difference in Contemporary Feminist Theory*, New York: Columbia University Press.
Lefébvre, Henri, 2000, *La Production de l'espace*, Paris: Anthropos.
Soja, Edward, 2000, *Postmetropolis: Cultural Studies of Cities and Regions*, Oxford: Blackwell.
Zukin, Sharon, 1991, *Landscape of Power: from Detroit to Disney Land*, Santa Monica: University of California Press.
http://seoul600.visitseoul.net/seoul-history/inmul/johoo/14/3.html
http://blog.naver.com/jjininimms
http://blog.naver.com/joowoo5
SBS TV, SBS스페셜 [커피 앤 더 시티], 2011. 4. 3. 11:00~12:00 방영.

제5편

자기표현과 전시 :
대학생의 노래방 체험

05

자기표현과 전시: 대학생의 노래방 체험

박소진

I. 방 문화의 원조, 노래방[37)]

한국에 노래방이라는 공간이 생긴지 20년이 넘었다. 이제 한국 도시 풍경 속 어디서나 쉽게 마주할 수 있는 노래방 간판은 너무 낯익어서 언제나 거기 그렇게 있었던 것 같다. 노래방은 90년대 초 부산에서 처음 생겨 단 2년여 만에 전국적으로 1만 5천여 개의 업소가 생겨날 정도로 급속하게 확산되었다. 2010년 기준으로 전국 노래방 개수는 3만 5천여 개, 노래방 산업의 규모는 연간 1조 3천 억원에 달한다(한국콘텐츠진흥원, 2011: 17). 전국적으로 노래방을 찾는 사람은 하루에 190만 명 정도이다(박진영, 2011). 몇 가지 숫자로만 보아도 20년이 넘은 한국의 노래방은 전 국민의 놀이공간으로서의 그 건재함을 보여준다. 한국 사회에서 남녀노소 누구나 노래방에서 한번쯤 마이크를 잡고 노래 한 자락 불러본 경험이 없는 사람은 드물다. 특히 젊은 세대에게는 노래방이 없었던 시절을 상상하기 어려울 정도이다.

한국 도시 공간은 노래방뿐 아니라 PC방, 찜질방, DVD방 등 다양한 '방'들로 가득하다. 노래방은 최근 한국 도시의 한 특성이 되어버린 이러한 다양한 '방(房)

---

37) 법률적으로 '노래연습장'이라는 용어가 사용되지만 '노래방'이라는 용어가 훨씬 많이 통용되기 때문에 여기서는 노래방이라는 용어를 주로 사용하고 필요에 따라 노래연습장이라는 용어를 혼용할 것이다.

문화' 공간의 원조라 할 수 있다. 1990년대 초 노래방의 등장과 폭발적인 성공은 이후 다양하고 새로운 방들의 생산과 확산에 영향을 미쳤다. 이러한 방 문화는 "각자가 자신의 필요에 따라 개별적으로 어떤 공간에 찾아 들어가 간편하게 이용하고 나오는 문화소비공간"이자 그런 형식으로 일반화된 문화소비라 할 수 있다(송도영, 2004: 92). 이러한 방 문화는 한국 도시의 일상문화를 지배하는 중요한 환경이 되었고 도시의 풍경을 변화시켰다. 노래방은 이러한 방 문화의 원조이면서 이후 다른 방 문화와 결합되기도 하였다. 방 문화의 '종합선물세트'라 할 수 있는 찜질방 안에서 노래방을 만날 수도 있고, 최근 생긴 멀티방 안에도 노래반주기가 있다. 이제 생각지도 않은 장소에서 우리는 불쑥 노래방과 마주칠 수 있다. 새마을호나 무궁화호 열차 안에서도 노래방을 이용할 수 있으며, 어떤 아파트에는 헬스시설과 함께 노래방이 주민편의시설로 들어서기도 했다.

노래방 이후에 등장한 DVD방, PC방 등 다양한 방들은 좀 더 특화되고 한정된 소비자를 대상으로 한다는 점에서 노래방만큼 남녀노소 모두에게 영향을 미친 공간은 드물다. 그만큼 다양한 사람들이 20년이 넘게 노래방을 애용하였기에 직장인과 청소년, 대학생과 주부에게 노래방의 사회적·문화적 의미는 다를 수 있다. 직장인에게 노래방은 회식문화의 공간으로 음주 후 이어지는 유흥공간이 될 수도 있고, 청소년에게는 학업 스트레스를 해소할 수 있는 신나는 놀이공간이 될 수도 있다. 또 어떤 이에게는 노래방 도우미나 음주가 함께 하는 불법적인 공간이 될 수도 있다. 집단에 따라 노래방이 가지는 문화적 의미와 노래방이라는 공간에서의 경험은 다르다. 또 한 개인에게 있어서 가족과 노래방에 갈 때와 친구들과 노래방에 갈 때 그 의미는 달라질 수 있으며, 각각의 상황 속에서 그 사람의 행위 역시 달라질 수 있다.

이 장은 이러한 노래방에 대한 경험의 다양성에 주목하면서, 20대 대학생들의 과거부터 현재까지 노래방 체험에 대한 미시적인 고찰을 통해, 이들에게 노래방이 가지는 문화적 의미를 추적하고자 한다. 20대 대학생은 자신의 10대 시절의 노래방 체험을 현재와 비교하면서 반추한다. 여기서 젊은이에 주목하는 이유는 무엇보다 10대와 20대가 노래방 소비자 중에서 중요한 위치를 차지하기 때문이다. 다른 연령대에 비해 10대와 20대는 노래방 이용경험과 이용빈도, 향후 이용의향 등이 높다(한국콘텐츠진흥원, 2006: 236, 276). 이들은 정치적, 경제적, 문화적인 환경에 있어 그 이전과는 확연히 다른 90년대에 유년기를 보내고 2000년대에 청소년기를 거쳤다. 이들은 정보통신기술의 발전, 소비산업 발전의 세례를 받았고, 그 전 세대에 비해 자아표현의 욕구로 충만한 세대라 할 수 있다(성열준 외, 2011: 156-157). 다시 말해 위계적이고 집단주의적인 문화에 익숙한 이전 세대와 달리 이들은 개인주의 문화의 확산 속에서 자신의 정체성을 적극적으로 표출하고자 하며 타인으로부터 인정받고 싶어한다. 이러한 젊은 세대의 특징은 이들의 노래방 경험과도 밀접하게 관련되어 있다. 또한, 최근 새롭게 탈바꿈하고 진화하고 있는 노래방 공간의 변화 역시 이들 젊은 세대 소비자를 겨냥하고 있으며 이들의 문화와 연관성이 높다. 특히 최근 10년간 밝고 환한 이미지의 고급 인테리어를 갖춘 소위 '럭셔리 노래방'의 등장은 어두침침한 지하공간의 노래방 이미지를 바꾸어놓았다. 다양한 기술의 발전에 의해 노래방에서 채팅을 할 수도 있고, 자신의 노래를 녹음할 수도 있고, 스스로 노래하는 모습을 동영상으로 실시간 보면서 노래할 수도 있다. 최근에는 한국 최초 1인용 노래방이 등장하기도 하였고 노래방 스마트폰 앱이 등장하기도 하였다. 이 장은 이러한 최근 노래방 공간 변화가 젊은이들의 노래방 체험과 어떠한 관련성을 가지는지 주목할 것이다.

이 장에서는 먼저 노래방을 그 곳을 찾는 사람들이 경험하고, 기억하고, 상상하는 하나의 장소로서 인식하고, 일종의 노래방 '공간의 체험'에 대한 질적 접근 가능성을 방법론적으로 탐색할 것이다. 다음으로 한국 사회에서 노래방의 탄생과 그 공간의 변화에 대해 살펴본 후, 20대 대학생들의 노래방 체험을 분석할 것이다.

2. 노래방 공간의 체험에 대한 질적 접근

> 경험·감성·기억·상상·현재 상황·의도 등은 한 사람 속에서도 매우 다양하게 혼합되어 있어서, 사람은 여러 가지 매우 다른 방식으로 특정 장소를 볼 수 있다. 거리는 보행자와 운전자에게는 매우 상이한 장소이다.[...]장소에 대한 태도는 사람에 따라 매우 다르게 나타난다. 제임스 보스웰은 한때 '나는 종종 똑같은 장소가 상이한 사람에 의해서 얼마나 다르게 느껴지는가를 생각하며 즐기곤 했다'라고 한 적이 있다. 사실 모든 개인은 특정 장소에 대해 다소간 독특한 이미지를 갖고 있다. 이것은 각 개인이 장소를 각기 다른 시공간적 계기를 통해 경험하기 때문만이 아니다. 오히려 모든 사람들이 그 장소에 대한 자신의 이미지에 색깔을 칠하고 독특한 정체성을 부여하는 개성・기억・감정・의도를 자기 나름의 방식대로 조합하기 때문이다(Relph, 2005: 130).

대체로 균질적이고 수량화된 터전을 공간(space)이라 한다면, 질적이고 고유한 공간의 특이성이 배어있는, 마치 고향과 같이 우리와 특별한 관계를 맺는 곳을 장소(place)라 할 수 있다(김홍중, 2012: 256-7). 이러한 장소정체성과 장소감(感에) 대한 연구에 관심을 가졌던 에드워드 렐프는 개인들이 특정 장소에 대해 어떠한 장소이미지 혹은 장소 정체성을 갖게 되는지를 위와 같이 설명한다. 여기서 흥미로운 것은 개인이 특정 장소에 대해 어떤 이미지를 갖고 있는가의 문제는 각 개인들이 그 장소를 감각적이고 감정적으로 경험하고 기억하고 상상하고 의도하는 다양한 실천의 복합물이라는 점이다. 물론 모든 개인들이 특정 장소에 대해 갖게 되는 독특한 이미지가 모두 독립적인 것은 아니며 개인들의 이미지는 일정정도 사회화되어왔고 되고 있다(Relph, 2005: 131). 렐프(2005: 134)는 이러한 개인과 집단의 경험에서 도출되는 장소 정체성 이외에도 장소에 대한 '대중적 정체성'이 있다고 지적한다. 이는 직접 경험의 영역을 벗어나 대중 매체를 통해 대중에게 편리하게 제공되는 단순화되고 선택적인 장소 정체성이다. 디즈니랜드로 대표되는 상품화된 가짜 장소들은 가짜 세계를 만들어내고 사람들은 조작된 정체성과 상투성으로 실제 장소를 경험하게 되기 때문에 이런 '대중적 정체성'은 피상적이고 진부한 장소 정체성이라고 그는 비판한다. 나아가 이러한 가짜 장소들은 평범하고 평균적이고 상투적인 경험의 가능성만 제공함으로서 장소에 대한 진정성을 결여한 '무장소성'(placelessness) 내지는 '진정하지 못한 무장소적 태도'를 낳는다(Relph, 2005: 177-245 참조). 렐프는 이러한 '무장소성'이라는 개념을 통해 현대 세계를 살아가는 사람들의 장소경험의 일반적인 특성에 주목하고자 했다. 다시 말해 그는 후기 산업사회에서 지배적인 장소경험인 '무장소성'이 현대인들의 생활 속에 어떻게 파고들고 있는가에 관심을 가졌다고 할 수 있다. 그는 이러한 그의 주요관심 때문에 위의 인용문에서 지적했던 개인들이 특정 장소를 어떻게 지각하고 경험하고 의미화하는 지에 대한 구체적이고 개별적인 장소경험에 대한 논의는 크게 발전시키지 않았다. 하지만 이 장에서는 바로 사람들의 구체적이고 개별적인 장소경험에 주목하면서, 노래방이라는 장소에 대한 질적 접근을 하고자 한다.

공간사회학적 탐구는 공간의 물리적 속성을 넘어서 공간의 '사회적 운명'에 대한 인식에서 시작될 수 있다. 공간의 '사회적 운명'이란 "공간은 언제나 사회적 관계를 맺고 살아가는 행위자들의 실천적 연관 속에 존재한다"는 것이다(김홍중, 2012: 252). 따라서 공간은 다양한 사회적 힘의 작용 속에서 생성되고 변화한다. 앙리 르페브르의 공간사회학적 접근을 변용하여 김홍중(2012)은 공간사회학의 가장 중요한 테마로서 공간의 생산, 공간의 체험, 공간의 재현이라는 세 가지 접근을 제시한다. '공간의 생산'에 대한 접근은 수많은 공간들이 역사적이고 사회적인 형성의 과정 속에서 '탄생'한 것이라는 자각에서 시작하여, 공간의 역사적 형성과 변화를 추동한 정치적, 경제적, 이념적 논리들을 추적한다. '공간의 재현'이란 물리적 공간이 문학, 미술, 사진, 영화, 드라마 등의 상징적 매체를 통해 복제되는 것을 의미하며, 하나의 문화적 표상이라 할 수 있다. 한국 도시에서 골목길이 물리적으로 사라지면서 문화적 표상의 공간 속에서 골목길이 새로운 미학적 풍경으로 등장하게 되는 과정에 대한 김홍중(2008)의 연구는 이러한 공간의 재현에 대한 연구라 할 수 있다. 또한 드라마 〈겨울 연가〉를 보고 춘천을 찾는 일본인 한류 관광의 예에서처럼 드라마에서 재현된 공간이 실제 공간을 체험하도록 유도하기도 한다(김홍중, 2012: 260). 이러한 예는 '공간의 재현'과 '공간의 체험'이 서로 영향을 미칠 수 있다는 것을 보여준다. 마지막으로 '공간의 체험'이란 공간 속에서 행위자가 공간을 지각하고 느끼고 생각하는 것이라 할 수 있는데, 이는 위에서 논의했던 구체적이고 개별적인 장소경험이라고 볼 수도 있다.

> 공간은 사유의 대상이기 이전에 이미 감각적 체험의 대상이다. 우리는 기본적으로 공간적 존재이다. 공간 속에서 공간을 지각하고 느끼고 생각하는 것을 공간의 체험이라 한다. 공간의 생산이 객관적이라면, 공간의 체험은 대개 주관적이다. 공간의 생산을 파악하기 위해서 공간 생산자의 의도보다는 구조적 변환의 논리가 더 중요하다면, 공간을 체험하기 위해서는 공간 속에서 걷고, 잠자고, 먹고, 마시고, 대화해보아야 한다. 행위자 자신의 감각, 평가, 감성, 사유에 대한 질적인 접근이 요구된다. 바로 이런 점에서 체험된 공간은, 추상적이고 균질적인 좌표 위의 한 점으로서의 공간이라기보다는 행위자가 자신의 감각적 체험 속에서 공간의 힘을 지각하는 질적 장소에 더 가깝다. 정리해서 말하자면, 공간의 체험을 연구하는 것은 사실 특정 공간이 허용하는 장소감(感)에 대한 탐구라 할 수 있다(김홍중, 2012: 256).

이러한 '공간의 체험'에 주목하는 질적인 접근은 노래방을 행위자들의 감각, 감성, 상상, 사유의 복합적 실천을 통해 생생하게 '체험된 공간'으로 해석하게 할 것이다. 이러한 공간의 체험과정에 대한 접근을 통해 우리는 특정 공간에 배어있는 독특한 문화를 발견할 수 있고, 공간을 매개로한 행위자와 그 문화의 관계에 대해 추적할 수 있다. 그렇다면 이러한 '공간의 체험'을 연구하기 위해서는 어떠한 방법론적 전략이 가능할까? 김홍중(2012: 257)은 이렇게 '공간의 체험'에 대한 질적인 접근을 위해 연구자는 우리가 체험하고 있는 일상적 공간을 낯설게 바라봄으로써 "자신의 습관적 지각양식을 괄호에 묶는 방법론적 조작"을 거쳐야 한다고 주장한다. 다르게 표현하자면 연구자는 발터 벤야민처럼 예리한 통찰력을 가진 도시의 산책자가 되어야 한다(벤야민, 2005). 하지만 연구자가 아닌 다양한 개인들의 구체적인 장소경험과 이러한 연구자의 성찰적인 시선 사이에는 어떠한 관계가 있을까? 연구자의 시선에 근거한 통찰만으로 '공간의 체험'에 접근하는 것이 다양한 행위자들의 체험을 일반화하는 위험과 한계를 지닐 수도 있지 않을까? 예를 들면 김찬호(2007)의 『문화의 발견』은 지하철, 공항, 노래방, 찜질방, 교회 등 다양한 도시공간에 대한 흥미로운 일종의 공간 체험 보고서라 할 수 있다. 이 연구는 날카롭고 통찰력 있는 연구자의 시선이 돋보이지만 다양한 개인들의 구체적이고 개별적인 장소경험에 기반한 것은 아니다.

그렇다면 다양한 행위자들의 공간 체험을 탐구하기 위해 어떠한 방법론적 접근이 가능할까? 80년대 중반 이후 문화인류학에서는 시각(visuality, vision) 중심의 서구적 접근에 대한 비판과 함께 연구자의 전지적인(또는 권위적인) 시선에 대한 비판적인 성찰이 시도되었다(Clifford and Marcus, 1986). 이러한 소위 포스트모던 인류학의 성찰은 연구자의 절대적인 권위를 상대화하면서, 연구참여자의 다중적인 목소리(multivocality)와 다감각적인(multisensorial) 체험에 대한 질적 접근이 시도되었다(Stoller, 1995).[38] 이러한 시도는 다양한 행위자들의 공간 체험에 다각도로 접근하기 위한 발판이 될 수 있다.

이 장에서는 노래방을 찾는 행위자들의 구체적인 공간 체험에 질적으로 접근

38) 물론 연구참여자의 다중적인 목소리와 다감각적 체험을 살리는 글쓰기에서도 결국 연구자가 자료를 선택하고 편집하고 재현한다. 따라서 이 글 역시 노래방 체험에 대한 하나의 이야기(a version of stories)이며, 제임스 클리포드가 주장한대로 '부분적 진실(partial truth)'을 담고 있다(Clifford 1986).

하기 위한 하나의 방법론적 시도로서 대학생들이 노래방에 대한 자신의 경험을 자유롭게 서술한 에세이를 분석한다.[39] 에세이를 쓰고 토론을 하면서 대학생들은 노래방과 같은 일상적인 공간과 그곳에서의 경험에 대해 글을 쓴다는 것이 처음에는 어색했지만 그 과정을 통해 노래방이라는 익숙한 공간을 낯설게 볼 수 있는 기회가 되었다고 했다. 많은 에세이가 노래방을 찾는 행위자 자신의 "감각, 평가, 감성, 사유에 대한 질적인 접근"을 하고 있다는 점에서 '공간의 체험'에 대한 이러한 방법론적 접근이 유효하다고 생각한다. 나아가 이 장에서는 젊은이들의 노래방 공간 체험에 방점을 두지만, 최근 노래방이라는 공간의 변화와 이들의 공간 체험이 긴밀한 관련성이 있음에 주목한다. 특정 공간은 일단 생성되면 그 공간을 이용하는 행위자들의 문화적 실천에 영향을 준다. 하지만 반대로 행위자들의 실천과 욕구에 의해 그 공간이 변형되기도 하고 사라질 수도 있다. 또한 노래방이라는 공간에 대한 이미지(일종의 재현된 공간)가 어떻게 공간 체험에 영향을 미치는지에 대해서도 주목할 것이다.

3. 노래방의 탄생과 진화

한국에서 노래방의 시작은 1990년 말 부산의 한 오락실에서 컴퓨터를 이용한 노래반주기를 설치하고 동전을 넣어 자신이 원하는 곡을 선택하면 반주가 나오게 하여 노래를 부를 수 있게 한 것으로 거슬러 올라간다. 당시 노래 1곡에 300원을 주입하여 노래를 할 수 있었는데 나이를 불문하고 많은 사람들이 소문을 듣고 줄을 서서 기다리며 노래반주기에 맞춰 노래를 불렀고, 이것이 '노래방식 사업'의 첫 실험으로 전해진다. 다음해인 1991년에 독립된 노래방이 처음으로 부산에서 문을 열었다. 마찬가지로 노래반주기에 동전을 넣어 원하는 노래 한 곡의

39) 여기서 활용한 분석자료는 서울에 위치한 두 대학의 교양수업에서 제출된 노래방 경험에 대한 에세이 중 연구자료로 활용하는 것에 동의한 42명의 대학생 에세이이다. 여기서 사용한 이름은 모두 가명이다. 이 에세이 내용은 질적 연구방법에서 쓰는 오픈코딩(open coding)과 초점코딩(focused coding)의 방식으로 분석하였다(Emerson et al. 1995).

가사와 반주가 나오는 방식으로 이용되었다(송도영, 1997: 205-6). 그 후 이러한 노래방은 부산, 마산, 포항, 대구 등지로 급속하게 퍼져나갔고, 채 1년이 되지 않는 기간 동안에 서울, 광주, 인천 등 전국각지로 확산되었다. 1992년 중반까지 전국에 7천여 개, 1993년에 이르면 약 1만 5천여 개의 노래방이 생겨났으며(한국콘텐츠진흥원, 2006: 113; 송도영, 1997: 234), 대부분의 국민들이 노래방에 한 번 안 가본 사람이 없을 정도로 노래방은 전국적으로 폭발적인 인기를 누렸다. 그 이용방식에 있어서도 처음에는 동전을 넣으면 노래 한 곡이 나오던 것이 점차 바뀌어 1993년 후반 무렵부터 이용시간에 해당하는 사용료를 선불하고 노래반주기가 설치된 방을 이용하는 방식으로 보편화되었다(송도영, 1997: 242).

노래방은 노래반주기에 맞춰 노래를 부른다는 점에서 흔히 일본의 가라오케에서 유래되었다고 알려져 있다. 하지만 주로 성인남성들을 주요 고객으로 하는 술을 마시면서 노래를 할 수 있는 서비스를 제공하는 유흥 음식점으로 한국에 이미 들어와 있던 가라오케와는 확연히 다른 새로운 형태의 공간으로 한국식 노래방은 탄생했다. 무엇보다도 한국식 노래방은 처음부터 일체 주류의 반입을 금하도록 하여 노래부르기 문화를 음주문화로부터 독립시킴으로써 남녀노소 누구나 출입이 가능하고 비용, 시간 등에서 훨씬 자유로운, 새로운 대중적인 놀이공간을 창출하였다. 90년대 노래방에 대한 흔치 않은 문화연구를 했던 송도영은 노래방이 90년대에 등장하자마자 짧은 기간 안에 전국적으로 확산되고 커다란 대중적인 인기를 누리게 된 주요한 요인 중 하나로, 술을 금지하고 노래만 부르는 곳으로서의 노래방의 특징을 꼽는다(송도영, 1997: 206). 물론 노래방 20년 역사 속에서 음주와 관련하여 끊임없는 논란이 지속되고 있는 것이 사실이지만 그럼에도 불구하고 술 없이 노래를 부르는 곳이라는 특징은 한국에서 노래방 공간의 탄생과 그 확산에 있어 매우 중요하다. 무엇보다도 원칙적으로 음주와 분리된 노래방은 성인남성들만이 아니라 청소년, 노인, 주부에 이르기까지 남녀노소를 불문하고 누구나 어떠한 도덕적 시선의 제약에서 벗어나 자유스럽게 노래를 부를 수 있는 여가문화소비 공간이 될 수 있었다.

이러한 노래방의 특징은 노래방 사업자들의 합의에 의해 의도적으로 이루어졌다고 보기는 어렵다. 1991년 당시 노래방은 음식이나 주류를 판매하지 않음으로써 기존 법률의 엄격한 제재 하에 있었던 음식이나 주류 판매업소와 달리 아무런 법적 규제의 대상이 되지 않는 특수한 사업형태로 출발할 수 있었다. 따라서 관련법규가 마련되어 있지 않았기 때문에 연령과 성별에 구애 없이 손님들을 받아들여 큰 이익을 올릴 수 있었던 것이다(송도영, 1997: 234). 90년대 초에는 노래방 하는 사람은 '아파트 한 채 못 사면 바보'라 할 정도로 노래방 사업은 소위 '황금알을 낳는 거위'로 알려졌고 급격하게 확산될 수 있었다(MBC 시사매거진 2580, "노래방 20년"(779회). 2011년 3월 6일 방영). 이후 1992년 3월 27일 '내무부령 풍속영업 규제에 관한 법률개정'을 입법예고한 것을 시작으로 노래방에 대한 규제법안이 공식적으로 만들어지기 시작했는데, 이때 18세 미만 청소년 출입이 금지되었다. 이후 청소년의 출입과 관련한 논란과 노래방사업자들의 압력 등이 교차하면서 1994년 개정을 통해 보호자나 친족 또는 감독자를 동반한 경우에는 18세 미만인 자의 출입금지를 예외로 하게 된다. 1999년부터는 노래방이 '음반·비디오물 및 게임물에 관한 법률'에 적용을 받게 되었고 그 시행령에 따라 오전 9시부터 오후 10시까지 청소년의 출입이 허용되었다. 이러한 제도적 규제의 변화 속에서도 노래연습장에서의 주류 판매는 지속적으로 금지되었다.

90년대에 이렇게 성업하던 노래방은 침체기를 맞기도 하였으나 2000년대를 거치면서 지금까지 끊임없이 진화하고 있다. 90년대 말 경제위기 이후 창업열기와 맞물려 노래방이 다시 증가하면서 2003년에 3만여 개, 2005년에 3만 4천여 개의 노래방이 등록하고 있으며, 이후 3만 5천여 개의 노래방의 숫자는 큰 증감 없이 정체된 상태라 할 수 있다(한국콘텐츠진흥원, 2011: 117-118). 그러나 노래연습장업[40]은 2010년 기준으로 그 산업규모가 1조 3천여 억원에 이르는 명실상

40) "노래연습장업"이라 함은 연주자를 두지 않고 반주에 맞추어 노래를 부를 수 있도록 하는 영상 또는 무영상 반주 장치 등의 시설을 갖추고 서비스를 제공하는 영업을 말한다(한국콘텐츠진흥원, 2006: 112).

부한 음악산업의 한 분야로 인정되고 있으며 관련산업에 끼치는 영향력 또한 무시하기 어렵다. 2010년 한국 음악산업의 시장규모는 약 3조 원인데 노래연습장업을 제외한 음반, 음원, 공연산업의 시장규모가 1조 7천억원이다. 시장규모의 차원에서 보면 노래연습장 시장이 감상시장에 거의 맞먹는 정도라는 것은 놀라운 일이다(한국콘텐츠진흥원, 2011: 17). 이외에도 노래방과 관련하여 저작권료가 발생하여 음악 창작자들에게 그 수익이 다시 되돌려진다. 노래방과 관련된 저작권료는 반주기에 노래 반주를 복제해 수록할 때 발생하는 복제 사용료와 노래방에서 고객이 노래를 부를 때 발생하는 공연 사용료라는 두 가지가 있는데, 이는 반주기 업체와 노래방 업주들이 저작권협회에 지불한다. 2008년 노래방 관련 저작권료가 124억 원이라고 하니 그 규모가 무시할 수 없다(이경란, 2009). 음악산업 뿐 아니라 더 크게 보면 노래반주기 관련 기술 개발과 판매, 수출에 이르기까지 노래방의 산업적 영향력은 단지 '노래연습장업'이라는 틀을 훨씬 넘어서는 것이라 할 수 있다.

2000년대를 넘어서면서 노래방은 다양하게 변화하고 있다. 노래방은 이제 단지 노래를 부르는 공간이 아니다. 소비자들, 특히 젊은이들에게 다양한 즐거움으로 다가오는 최근 노래방 공간의 변화 양상을 한 대학생은 다음과 같이 지적한다.

> 노래방이 매력적이었던 또 다른 이유는 노래 외에 다양한 기능이 많았던 점이다. 노래하면서 채팅을 하거나 우리가 노래하는 장면을 실시간으로 시청하며 할 수도 있고, 게다가 아예 바깥이 보이는 노래방도 있다. 그러나 그 중에도 노래를 녹음하여 싸이월드 미니홈피 배경음악으로 등록할 수 있는 기능은 최고 인기였다. 새로 생긴 노래방 중에는 온돌방과 같은 앉아서 하는 노래방이나 음료수나 아이스크림을 서비스로 주고 아르바이트생이 잘생긴 곳만 찾는 친구들도 있었다. 특히 요즘에는 노래방에서도 오디션프로그램 지원이 가능하다는데 노래방 출신 가수가 얼마나 될지 궁금하다(**사례1, 민영**).

여기서는 이러한 노래방의 변화를 세 가지 측면에서 살펴볼 것이다. 첫째, 노래방 공간의 고급화 경향, 둘째, 동영상, 인터넷, 모바일 등 정보통신 기술발전과 관련하여 일어난 노래방의 변화, 마지막으로 최근 몇 년간 불고 있는 오디션 열풍과 관련한 노래방의 변화이다. 특히 이러한 변화는 젊은 층 고객을 겨냥한 전략이기 때문에 다음 절에서 본격적으로 살펴볼 젊은이들의 노래방 체험의 맥락에 있어서도 매우 중요하다.

먼저 노래방 공간의 고급화 경향은 '닫힌' 밀실과 같은 노래방의 이미지를 밝고 환한 '열린' 공간으로, 나아가 자신을 드러내는 '전시'공간으로 바꾸고 있다. 90년대에 등장한 노래방은 주로 지하에 많이 위치하였고 지하가 아니더라도 창문이 없는 밀실 형태의 노래방이 보편적이었다. 90년대 말 2000년대 들어서 이러한 평범한 소규모 노래연습장에 대비되는 소위 '럭셔리 노래방'이 등장하면서 노래방 공간이 고급화, 차별화, 프랜차이즈화 되는 경향이 나타나고 있다. 기존 노래방의 어둡고 부정적인 이미지와 대비하여 밝고 깨끗하고 오픈된 이미지로 차별화한 '럭셔리 노래방'은 카페같은 화려한 실내 디자인과 인테리어를 갖추고 노래방의 고급화를 이끌고 있다. 신발을 벗고 들어가서 자기 집 안방처럼 편안한 분위기를 즐길 수 있도록 온돌방 형태의 노래방도 등장했으며, 가발이나 선글라스, 의상 등 이색적인 소품을 제공하거나 아예 방마다 캐릭터나 주제에 맞는 인테리어, 소품 등으로 테마방의 형식을 가진 노래방도 등장했다. 탬버린만이 아니라 드럼과 키보드 등 악기가 구비되어 있는 노래방이 있는가하면, 대형모니터와 최신 반주기뿐 아니라 무선마이크나 녹음실에서 사용하는 스텐드마이크가 설치된 곳도 있고, 회원이나 VIP고객을 위해 개인 마이크를 제공해주는 곳도 있다. 공기청정기가 설치되기도 하고, 깔끔한 유니폼을 입은 직원이 맞이하거나 과자나 아이스크림 등을 무료로 제공하거나 여성전용공간을 따로 마련한 곳도 있다.

이러한 고급화된 노래방은 프랜차이즈로 운영되는 곳도 많이 있는데, 그중 한 노래방은 "가족이 함께 와서 즐길 수 있는 노래방"이라는 컨셉을 내세우고 있다.

"세계에서 가장 좋은 노래방"을 표방하고 있는 또 다른 프랜차이즈 노래방은 99년 말 처음으로 이러한 럭셔리 노래방을 서울 홍대 근처에 오픈하였다. 이 노래방의 첫 번째 매장은 한 면이 유리로 되어서 커튼을 걷으면 바깥 거리를 지나가는 사람들이 노래방 안에서 노는 사람들의 모습을 볼 수 있도록 하는 파격적인 시도를 하였다. 이 노래방의 홈페이지에는 이 매장을 그 브랜드의 "자랑이자 자존심으로 밀폐된 노래문화에서 오픈된 노래문화로 혁신적인 시도를 한 곳"이라고 광고하면서 다음과 같이 소개한다. "까페를 연상시키는 창가 쪽 방은 커튼을 오픈할 수가 있어 내가 노래하며 즐기는 모습을 다른 이들에게 보여줌으로써 그들에게도 똑같은 즐거움을 선사할 수 있습니다"(http://www.skysu.com/ 참조).

이러한 노래방 공간의 변화, 특히 이러한 '오픈된' 노래방의 이미지는 기존 노래방의 밀실과 같은 '닫힌' 이미지와 정반대라는 점에서 주목할 만하다. 먼저 이러한 밝고 오픈된 노래방의 이미지는 침체기 속에서 '청소년 탈선의 온상'이나 노래방 도우미 고용 등으로 인한 '퇴폐공간'으로서의 부정적인 이미지를 불식시키고, 청소년, 젊은 층과 여성, 가족 등 남녀노소 누구나가 즐길 수 있는 놀이공간으로서의 노래방의 위상을 재확인한다. 여기서 한 가지 주목할 것은 기존의 '닫힌' 노래방은 함께 들어간 사람들끼리 '우리들만의 공간' 속에서 누구의 눈치도 보지 않고 신나게 노래하고 놀 수 있다는 점이 강조되었다면, 유리창을 통해 훤히 비춰지는 노래방의 이미지 속에서 길거리를 지나가는 불특정 다수에게 마치 '나(또는 우리) 좀 봐줘'라는 식의 새로운 문화적 코드가 부가된다는 점이다. 이런 점에서 고급화되고 오픈된 노래방은 소비자들에게 더 이상 '밀실'이 아닌 자신을 드러내는 '전시' 공간으로 변화된다. 다음의 두 사례는 이러한 공간이 젊은이들의 '자기를 드러내고 또는 보여지고 싶어하는' 욕구와 어떻게 조우하는지를 잘 보여준다.

> 홍익대학교 앞에 어떤 곳은 사람들이 지나다니는 길 쪽으로 전면 유리창이 나 있어서 방 안에서 노래 부르는 모습이 밖에서 다 보이는 노래방이 있다. 그곳은 꽤 인기가 많아서 보통 창 쪽의 그 방에 들어가려면 오랜 시간 기다려야 한다. 몇 달 전 그 앞을 친구와 걸어가고 있는데 어떤 여자분이 지나다니는 사람들이 볼 수 있도록 유리창에 자신의 이름(예명 같았다)이 적힌 색지를 붙여놓고 춤을 추면서 노래를 부르시는 거다. 마치 나를 봐 달라는 듯 밖을 향해 자신의 무대를 보여주고 있었는데 저렇게까지 해서 튀고 싶고 연예인이 되고 싶은건가 라는 생각이 들었다. 그런데 생각해보면 나도 그 정도는 심하지 않다 하더라도 때로는 나를 봐줬으면 해서 '밖으로 난 창이 있는 방, 지금 자리 있나요?' 하고 언젠가 카운터에 물었던 적이 있는 것 아닌가. 아아-나도 나를 알 수 없다**(사례 2, 수지)**.

> [O노래방을] 처음 방문했을 때 받았던 신선함과 새로움에 대한 충격은 아직도 생생하다. 입구에 설치된 분수와 작은 정원이 기억난다. 시원하게 뻥 뚫려있는 로비와 단정하고 깔끔한 복장에 명찰을 패용한 직원들, 파우더 룸까지 갖춰져 있는 화장실은 기존의 노래방이 갖고 있는 어둡고 탁한 이미지와는 전혀 반대되는 것이었다. 아이스크림 또는 간단한 음료수가 무료 제공된다. 미러볼 등의 조명시설이 갖춰져 있고, 조명의 음영도도 고객이 직접 조절할 수 있다. 무선마이크가 설치되어있으며, 악보 보여주기와 에코 조절하기 기능이 있는

리모콘, 부르는 각 소절마다 박자와 음정을 채점해주는 정밀채점기능도 신세계였다. 천장에 봉이 설치되어 있어 노래보다 댄스로 스트레스를 해소하는 사람들에 대한 배려도 있다. 하지만 내게 가장 인상 깊었던 것은 일부 룸은 전면이 통유리로 되어 있어, 행인들이 내부를 관찰할 수 있는 구조로 만들어졌다는 점이다. 요즘에도 잘 차려 입은 날이면 밖의 사람들의 시선을 즐기면서 보란 듯한 태도로 통유리 앞에서 열심히 춤추고 노래하는 나와 친구들이다. 젊은 세대들이 강하게 가지고 있는 보여지고 싶은 욕망, 소통하고 싶은 욕구를 꿰뚫은 심리작전의 성공케이스라는 생각이 어렴풋이 든다**(사례 3, 소라)**.

2000년대 초반부터 노래방을 변화시킨 또 다른 경향은 동영상, 인터넷 등 정보통신 기술의 발전이 노래방에 결합되면서 나타났다. 90년대에는 자기 노래를 녹음해주는 서비스가 등장하였는데, 2003년 즈음에는 반주에 맞춰 자신이 노래하는 모습을 동영상 카메라로 촬영하여 CD에 담아주는 서비스을 해주는 '노래방 자판기'라는 이름으로 알려진 동영상 노래방이 생기면서 젊은 층에게 인기를 끌었다. 이제 노래방에서 자신의 퍼포먼스를 실시간으로 직접 감상하면서 노래를 하게 된 것이다. 이렇게 노래방에서 촬영한 영상을 바로 인터넷에 올릴 수도 있어서 이러한 동영상을 서로 품평하면서 소위 '노래방 짱'을 가리는 것이 한때 젊은이들 사이에서 유행이 되기도 하였다. 이는 디지털 카메라로 촬영한 얼굴 사진을 인터넷에 올려 잘 생긴 사람을 뽑는 '얼짱 문화'가 노래방 문화와 접목된 것이라 할 수 있다(이승재, 2003). 특히 '동성로 시스터즈'로 알려진 세 명의 평범한 여대생은 인터넷에서 노래방 동영상으로 유명해졌다. 이들은 이것을 계기로 2003년 말 SBS '최수종 쇼'의 '끼 대결-자아도취 노래방'이라는 코너에 출연하게 되어 소위 '노래방 스타'가 되기도 하였다. 이 프로그램은 연예인과 일반인이 노래방 대결을 펼치는 코너로 구성되었는데 이 여대생들의 '엽기발랄'한 노래방 공연은 '연예인보다 더 재밌다'는 평가를 받기도 했다. 예고를 다니면서 단짝 친구였던 이들은 '고교 시절을 기념하기 위해' 교복을 입고 대구의 중심가인 동성로에 있는 한 '노래방 자판기'에서 찍은 동영상을 인터넷에 올리면서 유명세를 떨쳤고 TV 출연 이후에는 포털사이트에 팬 카페가 만들어지기도 하였다. 이러한 동영상 노래방과 관련하여 중요한 것은 젊은이들에게 노래방에서의 놀이는 단지 노래를 하는 것 뿐 아니라 노래를 통해 자기의 개성과 재능을 드러내고 표현한다는 것이다. 이러한 '자기표현'은 인터넷 상에서 '노래방 짱'을 가리는 것처럼 타인의 시선 속에 전시되기도 한다.

이외에도 최근에는 '온라인 노래방' 서비스의 형태가 등장하면서 인터넷 노래 반주기와 연동하는 웹사이트가 오픈하기도 하였고, 스마트 폰에서 사용할 수 있는 노래방 관련 다양한 애플리케이션이 출시되고 있다(한국콘텐츠진흥원, 2010: 45).

마지막으로 노래방이 최근 오디션 열풍과 결합되면서 나타나기 시작한 변화이다.[41] '슈퍼스타 K,' '위대한 탄생,' 'K-Pop 스타' 등 다양한 TV 음악 오디션 프로그램이 최근 몇 년간 인기를 끌고 있다. 2011년 케이블 채널 엠넷의 '슈퍼스타 K3'의 지원자 수가 197만 명이 넘었다고 하는데, 이는 5천만 전체 인구의 약 4%에 해당하는 놀라운 숫자이다(한국콘텐츠진흥원, 2011: 13). 이외에도 다양한 음악 오디션 프로그램과 연예기획사들의 오디션에 참여하는 사람들까지 감안한다면 우리사회에는 가수가 되고자 꿈꾸는 이들이 많다는 것이기도 하지만 노래부르기 자체에 대한 관심과 욕구를 가진 이들이 많다는 것을 반증하는 것이기도 하다. 이러한 오디션 프로그램 중 하나인 '슈퍼스타K'에서 우승을 한 허각은 10대 후반에 동네 형을 따라 3년 동안 하루도 빼놓지 않고 노래방에 갔었던 것이 힘이 되었다고 인터뷰를 하였다. 하지만 이제 노래방에서 가수가 되기를 꿈꾸고 오디션을 준비하는 연습을 할 뿐 아니라 노래방에서 오디션을 보기도 한다. 2012년

41) 위에서 살펴본 '동성로 시스터즈'의 예처럼 인터넷에서 노래방 동영상을 통해 인기를 끈 이들이 TV 프로그램에 출연하게 되면서 노래방이 연예계 진출을 꿈꾸는 스타 지망생들에게 오디션의 새로운 방식이 될 수 있는 가능성이 2000년대 초에 이미 타진되기 시작했다고 볼 수도 있다(이승재, 2003; 김신영, 2003).

'슈퍼스타 K4'는 국내 최대 연예기획사 SM엔터테인먼트가 운영하는 프랜차이즈 노래방을 통해 오디션에 지원할 수 있게 하였다. SM엔터테인먼트는 기존 노래방의 전자음을 사용하는 노래반주기가 아닌 연주자들이 실제 연주한 웨이브음원을 사용하는 노래반주기 제조사를 계열사로 추가하고 프랜차이즈 노래방 창업을 통해 오디션 문화와 노래방을 접목시키고 있는 것이다(www.everysing.com 참조). 아직 이러한 원곡을 사용하는 노래반주기의 시도가 얼마나 시장성을 가지고 기존의 노래반주기 시장에 영향을 줄지는 예측하기 어렵지만, 여기서 주목할 것은 오디션 문화의 영향을 받으면서 노래방을 찾는 이들이 점점 고음질의 원음반주와 같은 노래부르기의 좀 더 전문적이고 고급스러운 환경을 지향하고 있다는 점이다.

2012년 여름 한국 최초로 1인용 노래방이 신촌의 한 대학가에 등장하였는데, 이러한 1인용 노래방의 의미에 대해서는 좀 더 깊은 해석이 필요하겠지만 이러한 좀 더 전문적이고 고급스러운 환경 속에서 그 누구의 방해도 받지 않고 스스로 '노래부르기' 그 자체를 즐기거나 연습을 하고자 하는 이들의 욕구가 반영된 것으로 볼 수도 있다. 이 1인용 노래방은 "최고의 시설, 최고의 사운드, 최고의 장비"를 앞세우며 "너이상 노래방이라 하지마라. 이젠 스튜디오다"라고 광고하면서 소위 프로가수들이 전문적으로 녹음을 하는 스튜디오와 같은 이미지를 강조하고 있다.

물론 이러한 최근 노래방의 변화가 소수의 대형 노래방이나 프랜차이즈 노래방에 국한되고, 대다수 영세한 노래방은 아직도 낙후한 시설에 기반하여 생존을 위해 음성적으로 주류를 취급하거나 도우미를 고용하는 등의 불법적인 영업을 하거나 문을 닫기도 할 것이다. 그러나 여기서 살펴본 최근 노래방 공간의 변화는 하나의 트렌드가 되고 있을 뿐 아니라, 이곳을 찾는 이들, 특히 젊은이들의 노래방 공간 체험에 많은 영향을 끼치고 있다는 점에서 중요하다.

4. 대학생의 노래방 공간 체험기

노래방은 "실연자에 의해서가 아니라 음악을 향유하는 소비자가 직접 노래를 반주기에 맞추어 부르고 즐기는 곳으로, 음악 반주 장치와 영상장치를 구비하여 대중에게 여가 및 오락의 이용을 제공하는 목적을 지닌 대중문화 공간"이라고 정의할 수 있다(한국콘텐츠진흥원, 2006: 113). 노래방은 다른 방 문화와 비슷하게 자본주의 시스템 속에서 상품화된 형태로 제공되는 오락과 놀이의 소비공간이라 할 수 있다. 그러나 자본주의 사회의 상품화된 놀이가 많은 경우 '구경'과 '소비'의 형식을 띠어 사람들을 놀이의 주체라기보다 놀이의 객체로 만드는데 비해, 노래방에서의 놀이는 직접 '체험'하고 '참여'하는, 좀 더 능동적인 형식을 띤다. 김창남(2010: 367)은 디지털 시대가 도래하면서 사람들은 무언가를 직접 체험하고 참여하면서 놀고 싶어 하는 경향이 커지고 있으며 이러한 경향은 젊은 세대로 갈수록 더 강하다고 지적한다. 이제 많은 사람들은, 특히 젊은이들은 그저 가수들의 노래를 듣고 감상하는데 머물지 않고 노래방에 가서 스스로 노래를 부르고 싶어한다. 노래방에서 노래를 부르는 행위를 통해 사람들은 대중가요의 '수동적 소비자'에서 '능동적 생산자'의 위치로 격상한다고 볼 수도 있다(강준만, 1999: 345).

노래방이라는 상업화된 공간이 대중화되기 이전에도 한국 사회에서는 장소에 큰 구애를 받지 않고 여러 사람이 모이면 함께 노래를 부르거나 한 사람씩 일어나 노래를 부르는 문화가 널리 퍼져있었다. 이러한 기존의 노래부르기 문화는 대체로 집단주의적인 색채를 띠었다. 그러나 노래반주기를 구비한 전문화되고 상업화된 노래방이라는 공간에서의 노래부르기 문화에서는 집단의 결속과 전체성보다 '개인의 드러냄과 개인적인 실현'이 강화될 수 있다(송도영, 1997: 254). 특히 90년대 이후 개인주의적인 문화의 세례 속에서 태어나 자란 젊은이들에게 노래방은 어떠한 문화적 함의를 가질까? 젊은이들은 왜 노래방을 찾고 그곳에서 무엇을 하며 그곳에서 어떠한 감각적 체험과 인식을 하는가? 이러한 질문에 대답하기 위해 이 절에서는 현재 20대인 대학생들이 자유롭게 자신의 노래방 경험에 대해 서술한 에세이를 분석한다. 이들의 개별적이고 구체적인 노래방에 대한 경험에 기반하여 20대 대학생들의 노래방 문화의 특성을 밝혀보고자 한다.

1) 학교를 벗어난 '우리들만의' 놀이공간

대체로 90년대 말에서 2000년대에 초중고 시절을 보낸 젊은이들에게 청소년기에 노래방이 차지하는 의미는 매우 중요했다. 노래방을 좋아하든 좋아하지 않든 대부분의 학생들이 중고등학교 시절 친구들과 노래방에 간 경험이 많다. 노래방은 어디에서나 쉽게 찾을 수 있고 가격의 차이는 약간 있지만 대체로 한 시간에 만 원 정도에 이용할 수 있어서 청소년들이 삼삼오오 나누어 내기에 그리 큰 부담이 되지 않는 비교적 저렴한 놀이공간인 셈이다. 특히 노래방이 많아지면서 손님이 많지 않은 낮 시간대나 청소년들에게 더 저렴한 가격으로 노래방을 이용하게 하는 곳도 있다. 따라서 학교를 벗어나 갈 수 있는 놀이공간이 많지 않은 환경 속에서 청소년들에게 노래방은 비교적 저렴하고 일상에서 벗어나 꽉 짜여진 학교와 학원에서의 스트레스를 해소할 수 있는 최적의 공간으로 인식되어진다. 친구의 생일이나 시험이 끝나는 날 많은 학생들이 찾는 놀이공간이 바로 노래방이었다. 다음 두 사례는 자신의 중고등학교 시절 부담없이 즐겨 찾았던 최적의 놀이공간으로서 노래방에 대해 다음과 같이 기억한다.

> 중고등학교 시절, 노래방은 내가 즐겨 찾던 놀이공간이었다. 친구의 생일날은 물론이고 특히 시험이 끝나는 날에는 어김없이 친구들과 한데 모여 노래방으로 직행하곤 했었다. 노래방은 어디에나 있고 1시간에 6000원이라는 싼 가격도 학생인 우리들에게 부담이 없었다. 우리가 자주 가는 노래방 중에는 시설이 조금 낙후되었지만 1시간에 3천원 하던 곳도 있었다. 또 오락실 안에 있는 노래방은 1곡에 200-300원 정도로, 잠깐 노래를 부르고 싶을 때 애용하던 곳이다. 돈이 적은 우리들에게 특별한 날 이외에도 목청껏 노래할 수 있는 스트

레스 해소 공간이었다. 학교 근처에 친구들과 자유롭게 놀 만한 공간이 적었던 탓에 노래방은 더욱 사랑을 받았다....특히 그 당시에는 학교로부터 벗어나고 싶은 욕망이 모두들 강했다. 학교에서 벗어나면 왠지 해방된 느낌이라고나 할까? 그러나 학교에서 나와봤자 우리가 갈 곳은 기껏해야 공원이나 도서관 외에 마땅히 갈 데가 없다....길거리나 분식집에서 떡볶이를 먹고 자연스레 발길을 옮기게 되는 곳은 주변에 흔한 노래방이다. 특히 남녀구분 없이 노래방은 누구나 선호하는 공간이었기 때문에 부담스럽지 않았다**(사례 1, 민영)**.

10대가 놀 수 있는 장소라곤 고작해봐야 영화관, PC방, 노래방, 음식점, 게임방 등이 전부였다. 남자아이들처럼 게임을 즐겨하지도 않고 매일 영화를 볼 만큼 주머니 사정이 넉넉하지도 않던 우리에게 5명이서 단돈 2천원으로 빌릴 수 있는 노래방이라는 공간은 최선의 선택이었다....방과 후 거의 매일 노래방에 발도장을 찍었다**(사례 4, 경민)**.

한국에서 중고등학교를 다니는 청소년들에게 학교와 학원을 오가며 매일 반복되는 일상은 지루하고 억압적이며, 학년이 올라갈수록 대학입시와 관련하여 학업에 대한 압박감과 스트레스가 심해진다. 노래방은 이러한 청소년들의 학업에 대한 압박감과 스트레스로부터 잠시라도 탈출할 수 있는 흔치 않은 놀이공간인 것이다. 이러한 점에서 청소년들에게 노래방은 단지 노래를 부르는 곳 이상의 특별한 의미의 공간이 된다. 부모가 주는 공부에 대한 압박감, 입시공부와 씨름하면서 받는 스트레스, 하루 종일 책상 앞에 앉아 있어야 하는 현실에 이르기까지 다양한 학업관련 스트레스를 나름 '격렬하게' 폭발적으로 풀어낼 수 있는 공간으로서 노래방은 꽤나 효과적이다. 지애(사례5)는 자신이 노래방에 가는 것을 매우 좋아하게 된 이유를 부모님으로 받은 공부에 대한 압박과 스트레스 때문이었다고 설명한다. 그녀는 이러한 스트레스를 풀기 위해 "그 누구의 눈치도 보지 않고 소리 지를 수 있는 노래방이 좋았다"고 한다. 그녀는 시험이 끝날 때마다 친구들과 의례적으로 노래방에 갔으며 신나게 노래를 부르면서 시험에 대한 걱정을 잊고자 했다.

> 온 힘을 다해 시험공부를 벼락치기 한 후 중간고사나 기말고사가 끝나면 노래방에 가는 것이 당연한 것으로 여겨졌다. 노래방에 가서 신나는 노래를 부르면 시험 결과에 대한 걱정을 떨쳐버릴 수 있었다**(사례 5, 지애)**.

> 고등학교는 문명과는 동떨어진 곳이라 해도 좋을 만큼 첩첩산중에 위치한 기숙사 학교에 진학하게 되었기 때문에 노래방을 가려면 시내로 나와야 해서 번거로웠다. 하지만 이 시기 나는 모든 고등학생들이 그렇듯 스트레스에 시달리고 있었고, 그래서 주말만 되면 학교를 나와 시내에 있는 노래방으로 달려가기 일쑤였다. 그리고 친구들과 노래방에 가 목청껏 노래를 부르곤 했는데, 사실 노래를 즐기기 위해 불렀다기보다는 답답한 심정을 노랫소리로라도 토해내서 풀고자했던 것이 가장 컸다. 주중 내내 공부와 싸움해 받은 스트레스를 풀어야겠다는 일종의 강박관념 같은 것이었다....[노래방] 이외에는 딱히 격렬하게 스트레스를 풀 수 있는 놀이 문화가 없었다**(사례 6, 보라)**.

이렇게 노래방 경험을 통해 청소년들은 학업 스트레스를 해소할 뿐 아니라 친구들과 끈끈한 유대를 다시금 확인하기도 한다. 청소년들 사이에서 노래방에 가는 것이 하나의 유행이 된 상태에서 노래를 잘 못하거나 노래방을 별로 좋아하지 않는다는 이들까지 중고등학교 시절에는 친구들과의 유대감을 위해서라도 노래방을 자주 방문하였다고 한다. '우리와 친해지려면 노래방에서 노는 게 잘 맞아야한다'고 얘기할 정도로 진혁(사례7)에게 노래방이 친밀감의 강력한 매개역할을 하였다.

첫 중간고사가 끝나고 친한 친구들과 노래방을 갔었는데, 거기서 우리들의 숨겨진 끼(?)가 폭발했다. 고3으로서의 스트레스와 불안감이 많았기 때문이었는지 나와 친구들은 정말 신나고 열정적으로 놀았다. 그 이후로 우리는 노래방에 열정을 쏟기 시작했다. 많게는 일주일에 서너번, 야자를 빼먹고 가는 일도 정말 많았다. 고3때의 기억은 수능과 노래방이 전부라고 해도 과언이 아닐 정도였다. 수능이 끝난 후에는 가장 친한 친구와 '노래방 8시간'의 목표를 걸고 도전을 해서 성공했다고 기뻐했던 일도 있었다. 이때부터 노래방은 나와 친한 친구들 사이에서 존재하는 아주 강력한 매개체로 자리잡았다. 흔히들 '남자들은 목욕을 같이 하면 친해진다'고 말한다. 하지만 나와 친구들은 '우리와 친해지려면 노래방에서 노는 게 잘 맞아야 한다'라고 우리끼리 농담 삼아 이야기하고는 했었다. 노래방은 대학에 들어온 지금도 나와 고등학교 친구들이 가끔 만날 때마다 반드시 가야하는 필수 코스가 되어 있다**(사례 7, 진혁)**.

대체로 이들이 중고등학교 시절 찾았던 노래방은 지하에 있거나 밀폐된 공간이 많았고, 어른이 없는 '우리들끼리만의 공간'으로서 노래방은 청소년들에게 일상의 공간과는 매우 다르게 체험된다. 소도시에서 자란 한 남학생은 "노래방의 어두침침한 조명과 노래를 부르기 시작할 때의 조명은 왠지 모르게 나를 다른 세계로 인도해 줄 것만 같았고, 어렸지만 나름의 고된 일상에 찌든 나에게 일종의 환타지 같은 경험이었다"고 회상했다. 이러한 일상세계와 다른 '환타지'와 같은 공간으로서 노래방에 대한 공간 체험은 '동굴'이나 '구석' 또는 '휴양 펜션'에 비유되면서 특유의 '아늑함'이라는 공간에 대한 감성으로 각인되기도 한다. 이러한 일상에서 분리된 듯한 체험은 일상의 시공간을 넘는 '환타지'가 된다. 다음의 두 글은 그러한 노래방 공간에 대한 감성적 체험을 잘 드러낸다.

예전에 노래방은 대개 지하에 있었고 방이 좁고 어두웠다. 이는 나에게 동굴 같다는 느낌을 주어 그곳에서 나는 구석이 주는 특유의 아늑함을 느끼곤 했

> 다. 또한 몇 시간이고 놀아도 노래방 내부에는 창문이 없고 계속 어둠을 유지하기 때문에 시간을 알 수가 없어서 사회에서 잠시 떨어져 나와 있는 자유로운 존재가 되었다고 느끼기도 했다(사례5, 지애).

> 물론 노래방 외에도 친구집, PC방, 보드게임방, 뛰어 놀 수도 있고 넓디 넓은 학교 운동장 등 우리가 즐길 수 있는 곳은 많았지만 그 당시의 느낌으로는 노래방만큼 우리에게 아늑한 느낌을 주는 곳은 없었던 것 같다. 여기서 말하는 아늑한 느낌이란, 내 집 같은 아늑한 느낌과는 조금 다른 것이었다. 비록 제 집은 아니지만 남의 눈을 신경 쓰지 않고 맘껏 놀 수 있는 휴양 펜션에 와 있는 듯한 편안한 느낌이었다. 그것도 1시간에 만원이라는 저렴한 가격으로 말이다. 이렇게 온전한 우리들만의 공간이라는 생각은 때로는 탈선에 악용되는 등 위험천만하기도 했지만, 대부분은 같이 갔던 친구들 사이의 친밀도를 급격하게 높여주고, 동질감, 소속감을 더욱 고취시켜주는 역할에 일조했다 (사례4, 경민)

이러한 시공간 체험은 디즈니랜드와 같은 놀이공원 같은 곳으로 진입할 때 사람들이 현실의 세계를 벗어나 일종의 환상의 세계로 들어가는 듯한 느낌을 갖는 것과 비교될 수도 있다(노명우, 2011: 215-220). 친밀한 사람들과 함께 하는 밀폐된 작고 아늑한 공간으로서 노래방은 청소년들이 일상을 벗어나고 싶을 때 언제 어디서나 저렴하고 손쉽게 접근할 수 있다는 점에서 더욱 의미가 있다고 할 수 있다.

나아가 노래방은 '건전한 놀이문화공간'이라는 긍정적인 이미지만 있는 것이 아니고 제도적인 규제와 탈규제의 맥락과 연결되면서 소위 '청소년 탈선의 공간'이라는 부정적인 이미지를 동시에 가지고 있다. 이러한 이중적인 이미지는 청소년으로서 노래방에 간다는 것에 대해 실제적으로 그 공간에서 '탈선' 행위가 일어나느냐 그렇지 않느냐의 문제를 떠나서 또 다른 일상탈출의 의미를 부여하기도 한다. 노래방은 소위 '노는 아이들'이 '어두침침한 곳에서 담배와 음주를 하는 곳'이라는 이미지를 가지기도 하면서 청소년들에게 "호기심과 미지에 대한 두려움"이라는 복합적인 감정을 불러일으키기도 한다. 아래 소개할 한 여학생의 체험은 실제로 '탈선'행위를 하지는 않지만 중학교 시절 그런 '탈선의 장소'로서의 노래방 이미지를 한편으로 동경하면서 그러한 이미지를 나름의 방식으로 소비하는 모습을 보여준다. 이러한 예는 공간에 대한 이미지(재현된 공간)가 어떻게 실제 공간의 체험과 관련을 맺는지를 보여준다(김홍중, 2012: 260). 보라(사례6)는 초등학교 고학년때 '노래방 메이트'였던 단짝 친구와 "일반적인 노래연습장은 우리가 범접하기엔 뭔가 위험한 분위기를 풍기는 것 같아"서 오락실 내의 미니노래방을 아지트 삼아 동전을 넣고 "진짜 가수가 된 듯" 아이돌의 노래를 즐겨 불렀다.

> 소위 '노는 아이들'이 많은 여자중학교에 입학하고 나서 나는 그 '노는 아이들'이 노래방을 가는 것은 단순히 노래하기 위해 가는 것이 아님을 알게 되었다. 그 아이들이 노래방에 가서 음주를 하거나 담배를 피우고, 남학생들과 함께 가서 스킨십을 한다는 등의 이야기를 듣자 나는 어린 마음에 그 아이들을 동경하기 시작했다. 나에겐 노래하고 싶은 욕구를 충족시켜주는 '재미있는 장소'였던 노래방이, '퇴폐적인 어떤 일이 일어나는 장소' 때로는 '탈선의 장소' 같은 이미지를 가지게 된 것이다. 그 후로는 친구들과 어울려 지하의 어두운 노래방으로 들어갈 때는 어떤 종류의 스릴감까지 맛보기 시작했다. 단순히 부모님을 속이고 노래방에 간다는 정도의 것이 아닌, '내가 늦은 밤 친구들과 어울려 노래방에 가는 것은 나를 멋지게 보이게 한다' 같은 우월의식 같은 것이었다. 노래방에 일단 들어서면 또다시 나를 잊고 노래에 열중하곤 했지만, '노래방을 간다'는 사실 자체가 초등학생 때의 그 순수했던 개념에서 변질되었기 때문에 노래방을 갈 때마다 최대한 어른스럽게 꾸미거나 짧은 치마를 입는 짓 등을 했던 기억이 난다. 마치 노래방을 가는 것이 내가 여타 순수한 학생들과는 다르게 '어른스러운' 혹은 '멋진' 어떤 행동을 하는 것인 마

냥 말이다...조금씩 철이 들면서 고등학생이 되자 곧 그런 탈선한 교복 무리를 동경하는 감정도 저절로 사라졌지만 나 역시 노래방을 어떤 '유흥 문화'라는 이미지로 인식하게 되었다(사례6, 보라).

내가 중학생이었을 때에는 노래방이 주로 지하에 있었고 습하거나 어두침침한 분위기가 대부분이었다. 어둡고 지하에 있던 노래방에 갈 때는 왠지 모르게 숨어서 몰래 즐기는 어둡고 퇴폐적인 문화라고 느꼈던 적도 있다. 폐쇄된 친구들과 나만의 공간에 들어가고 신나는 노래를 부르고 나서야 어두웠던 느낌은 사라진다(사례 15, 혜리).

물론 이러한 '탈선'의 공간이라는 이미지는 학교 야간 자율학습을 빼먹고 노래방에 가는 경험에서부터, 노래방에 맥주 등 술을 몰래 사들고 들어가서 음주를 하거나 소위 '노는 아이들'의 폭력을 노래방에서 만나는 경험에 이르기까지 청소년들의 노래방과 관련한 크고 작은 일탈 경험과 연결되어지기도 한다. 하지만 이 세대에게 대체로 청소년시절 노래방은 학교를 벗어난 자기들끼리만의 놀이공간으로, 즐거운 가무로 친구들과 학업 스트레스를 푸는 놀이공간으로 추억된다.

2) '자기표현'의 공간

노래방 경험에 대한 대학생들의 에세이에서 반복적으로 등장하는 표현은 노래방은 '나 자신을 표현하는(뽐내는 또는 드러내는)' 공간이라는 점이다. 다시말해 노래를 통한 '자기표현'의 공간이라는 것이다. 각자가 주인공이 되어 평소에 잘 드러나지 않는 자신의 잠재된 끼와 재능을 자신만의 방식으로 드러내고 표현하면서 자신에게 초점이 맞추어져 있는 것이다.

나에게 노래방은 과거에는 뽐내는 공간이었다....초등학교, 중학교 시절에는 왠지 친구들에게 내가 노래를 이만큼 잘 한다는 사실을 자랑하고 싶었다. 그래서 가창력을 필요로 하는 노래들을 많이 불렀었다. 그 노래를 성공적으로 마쳤을 때의 뿌듯함과 자랑스러움이란.....남들이 나의 노래에 큰 반응을 하지 않아도 혼자 스스로가 자랑스러웠던 순간이었다. 또한 어린 시절엔 팝송을 부르는 것이 어찌나 멋있어 보이던지 팝송 한곡을 열심히 반복해서 들어서 노래방에서 영어발음을 굴리며 노래실력을 멋들어지게 뽐내곤 했다. 또한 내가 좋아하는 노래인데 친구들이 많이 모르는 경우 이 노래에 대한 자랑, 내가 이런 좋은 노래를 알고 있다는 사실을 자랑하기 위해 노래를 부르기도 했다. 즉 어린 시절 나는 노래방에서 '노래자랑'을 하러 갔던 셈이다**(사례5, 지애)**.

위의 사례처럼 자신을 드러내고 표현하는 것은 다른 사람들이 크게 반응해주지 않더라도 스스로 뿌듯함과 자랑스러움을 느끼게 할 수도 있다. 그러나 나를 표현하는 것은 자신의 존재감을 남에게 보여주고 인정받고 각인시키고자 하는 욕구와 함께 한다. 객관적이고, 상대적이고, 사회적인 '존재감'은 타자(他者)의 현전(現前)을 전제로 하는 것이다(김광기, 2010: 176). 현실적으로 외모나 성적만큼이나 노래방에서의 노래실력, 다양한 노래에 대한 정보력, 그리고 분위기를 장악하는 능력은 또래집단 내에서 중요한 자원으로 여겨지고, 그래서 많은 이들이 노래를 잘 하고 싶어한다. 노래방에서의 인기는 반장선거에서도 영향을 미치며, 남녀공학에 다니는 경우 특히 노래방에서 노래를 잘 부르고 분위기를 잘 돋우는 남학생들은 여학생들에게 인기가 많다.

10대 시절 노래방은 최고의 유흥방법이자 나의 존재감을 남들에게 각인시키는 공간이었다. 음악에 관심이 많던 오빠 덕분에 10대의 다른 또래 친구들에 비해 나는 많은 노래들을 알고 있었고, 그런 다양한 노래를 아는 나는 혼자서 마이크를 독차지할 수 있는 기회가 많았다. 가장 많은 노래를 부르고, 자랑하며 나는 친구들에게 새로운 세계를 알려주는 특별한 사람이 된 듯한 느낌을 받았고 그게 내 노래방에서의 존재감을 확인시켜주었다**(사례 8, 효리)**.

노래방은 나의 실력을 뽐낼 수 있는 콘테스트의 공간이었다. 친구들 중에는 소위 '가수'로 불려지는 친구들도 몇 있었다. 특히 노래방을 통해 재능을 일찍 발견하여 실제로 가수가 꿈이 되어 오디션을 보러 다니던 친구들도 있다.... 노래를 잘한다면 외모나 성적이 뛰어나지 않아도 인기가 많았다. 뿐만 아니라 노래방에서 친구들을 휘어잡는 인기는 반장선거에서도 꽤 유리했다. 나도 가수처럼 노래를 잘하지는 않았지만 노래부르기를 꽤 즐겼었고, 노래방에서 실력을 뽐내기 위해 연습을 어마어마하게 했었던 기억이 있다**(사례1, 민영)**.

이렇게 '자기표현'의 공간으로서의 노래방은 가끔 일상 속에서의 자신과 다른 '새로운 자아'를 발견하고 실현하는 장이 되기도 한다. 송도영(1997: 267)은 노래방 소비자들이 노래반주기에 맞춰 마치 '가수처럼' 노래를 함으로써 스스로 문화현상을 창출하는 느낌을 가질 수 있으며, 그런 점에서 노래방은 '가상현실적인 자기실현의 창조공간'이 될 수 있다고 지적한 바 있다. 다음에 소개할 희정(사례9)은 자신에게 노래방을 '현실 세계의 아바타를 경험하는 진귀한 경험의 장'으로 의미화하면서, 영화 〈아바타〉의 '나비족 마을'에 비유하고 있다. 그녀에게 노래방은 실로 '가상현실적인 자기실현의 창조공간'이 되었다.

나는 어려서부터 줄곧 우량아였다. 집에서는 누구보다 예쁜 똥강아지였지만, 한해 한해가 지날수록 불어나는 몸무게 탓에 밖에서는 그저 똥강아지 같은 존재였다.... 통통한 몸집에서 기인하는 자신감 상실은 내 안에서 지킬과 하이드를 만들어 내는 듯 했다. 마음 속에는 여느 10대 아이들이 갖고 있는 발랄과 혈기가 살아있었지만, 학교에서는 그저 조용하고 숫기 없는 그런 아이가 되어 갔다. 이런 이중적인 생활에 대대적인 변화가 일어난 것은 '노래방'에 다녀 온 이후부터였다. 중학교 1학년 2학기였다. 생애 처음으로 친구들과 노래방에 갔다.... 매우 친한 친구들과 함께 갔었기 때문에 큰 거리낌 없이 '예쁜 똥강아지'가 된 기분으로 노래 불렀다. 신나게 소리를 지르고 방방 뛰며 마음껏 놀았다.

1시간을 흔들고 노래방을 나설 때였다. 예상외의 반응에 그저 어리둥절했었다. 함께 간 두 친구가 내게 노래를 잘 한다며 칭찬일색이었다. 의외의 반응은 그 후에도 이어졌다. 함께 노래방에 갔던 친구들의 동행담은 같은 반 친구들에게 알음알음 소문이 나게 되었다. 학교에서 그저 인사가 고작이었던 친분관계의 여러 아이들이 내게 말을 걸어왔다. 그날 이후부터 노래방을 갈 때면 나는 열렬한 환대를 받는 아이가 되었다. 그렇게 노래방은 내게 영화〈아바타〉의 '나비족 마을'과 같은 존재가 되었다. 2009년에 크게 흥행한 〈아바타〉는 한 편의 게임 같은 영화였[고]...현실과 가상세계를 넘나드는 자아를 고민하게 한다는 점에서 강한 인상을 받았는데, 노래방의 의미를 생각해보려니 불현듯 노래방에서 겪은 일련의 나의 일화가 영화 〈아바타〉와 매우 닮아있다는 것을 느낀다. 영화에서 주인공이 아바타의 모습으로 찾아가는 곳은 '나비족의 마을'인데, 그곳에서 주인공은 하반신이 마비된 현실 세계에서 벗어나 자유롭게 걷고 뛰면서 새로운 자신을 발견하게 된다. 이런 의미에서 내게 노래방은 '나비족 마을'이었다고 말할 수 있겠다. 현대 한국인의 지극히 평범한 놀이문화 공간에서 나는 '재생'한 셈이다. 숫기 없는 여학생이었던 나는 노래방에 나를 주입함으로써 새로운 나를 찾을 수 있었다**(사례9, 희정).**

위 사례가 더욱 흥미로운 것은 그녀가 '가상현실적 자기실현의 공간'인 노래방과 일상 세계의 경계를 넘나들면서 자아정체성을 적극적으로 재구성하였다는 것이다. 그녀는 노래방에서 발견한 "적극적이고 활기 넘치는" 자신의 새로운 모습을 기반으로 "소극적이고 자신감 없는" 일상 속 자아를 변화시키는 경험을 하였다.

3) 타인의 시선 속 나

인정투쟁이란 사람은 다른 사람에게 그 존재 가치를 인정받을 때 비로소 사람이 된다는 말이다. 우리 모두는 타인의 시선을 욕망하고 있다. [...]지금

> 의 인정투쟁은 자신을 하나의 '캐릭터'로 잘 포장하여 드러내는 것이다. 우리가 살아가는 사회는 이미 전시회가 되었다. 우리 모두는 자신을 드러내야 하는 주체이면서, 동시에 남들에 대해서 끊임없이 품평하는 주체들이다. 바꿔 말하면 우리는 구경되는 상품이면서 동시에 품평당하는 대상인 셈이다. 그래서 독일의 철학자 벤야민의 말대로 우리는 상품이 끊임없이 전시된 아케이드를 걸어 다니며 품평을 하는 도시의 산책자이면서 동시에 그 아케이드에 전시되어 있는 상품인 셈이다(엄기호, 2010: 172-173).

젊은이들은 대학에 들어가고 성인으로서 친구뿐 아니라 다양한 집단끼리 노래방을 가게 되는 경험을 하면서 좀 더 남의 시선을 의식하기 시작한다. 자기를 드러내고 표현한다는 의미는 지속되지만 타인의 시선 속에서 자신에 대한 '그들의 평가' 또는 '그들에게 비친' 자기 이미지가 더욱 더 고려된다. 위 인용문에서 보여주듯이, 엄기호(2010)는 한국사회의 20대에 대한 책에서 '전시회'가 되어버린 한국 사회 속에서 우리는 '자신을 드러내야 하는 주체'이면서 동시에 남을 '품평하는 주체들'이라고 지적하고 있다. 성인이 되어 다양한 사람들과 노래방에 가면서 20대 젊은이들에게 노래방은 이와 유사한 '전시' 공간이 되어간다. 나의 선곡과 노래하는 모습, 다른 사람이 노래할 때 내가 호응해주는 모습까지 모두 타인의 시선 속에 있다는 것을 의식하고, 또한 스스로도 그렇게 다른 이들을 바라보고 평가한다. 10대 청소년시절 친한 친구들과 노래방에 갈 때보다 최신 유행하는 가요뿐 아니라 팝, 가곡, 랩 등 더 다양한 노래를 노래방에서 만날 수 있다. '랩도 할 줄 아네?' '저 선배는 좀 있어 보이는데.' '얌전해 보였는데 반전이네!'.... 말로 표현되어지지 않더라도 노래방 안에서 개개인의 작은 공연이 진행되는 동안 사람들은 스스로를 표현하고 동시에 서로를 그렇게 품평한다.

이런 맥락 속에서 누구와 함께 갔느냐에 따라 노래방 속에서 표현되는 자신의 모습이 달라진다. 마치 상황에 따라 다른 가면을 쓰고 자신의 이미지를 다르게 만드는 것과 같다. 어빙 고프만의 "인상관리"(impression management)라는 개념과 같이 사람들은 마치 배우가 자신의 공연을 망치지 않고 성공적으로 수행하기 위해 차림새, 분장, 말투, 걸음걸이 등을 매번 점검하고 연기에 임하는 것처럼 자신의 인상을 관리한다(Goffman, 1959; 김광기, 2010:186 재인용). 노래방에서 이러한 자기이미지 만들기는 노래의 선곡에서부터 어떤 제스처를 취하느냐 등에 이르기까지 다양한 요소들이 고려된다. 경민(사례4)은 누구와 함께 노래방에 갔느냐에 따라 자신도 놀랄 만큼 달라지는 자신의 모습을 다음과 같이 묘사한다.

> 친밀도 또는 함께 간 무리 안에서 나의 지위나 역할 등에 따라 노래방에서 내가 부르는 노래의 장르와 내가 마이크를 잡고 있는 시간, 가무를 즐기는 정도도 차이가 있다. 정말 격 없는 친구끼리 갔을 때는 '내가 이렇게까지 잘 놀아?' 속된 말로 미친 듯이 놀고, 내 노래가 끝나면 친구가 노래를 부르든 말든 호응은 제쳐두고 '내가 평소에 또 어떤 노래를 부르고 싶었지?'라는 생각으로 책을 뒤져보고 MP3를 뒤지는데 집중한다. 분위기가 엉망이 되어도 내가 원하면 슬픈 발라드를 부르는 것을 서슴지 않고, 때로는 우스꽝스러운 랩이 들어간 노래도 불러 망가진 모습을 보이기도 하고, 친구들과 함께 노래에 맞춰 아이돌 댄스를 추기도 한다. 하지만 함께 가는 사람이 남자친구일 때는 사정이 달라진다. 같은 노래를 부르더라도 조금 더 정성을 들여 한음 한음 여성스럽게 부르려고 노력한다. 그리고 때로는 그런 내 모습이 가끔 우습기도 하지만, 친구들과 노래방에 왔을 때 연습해둔 귀여운 댄스곡을 마치 처음 부르는 듯 수줍게 불러보기도 한다. 그렇게 되면 자연스레 내가 평소 부르고 싶었던 노래들보다는 목적 달성(?)을 위한 전략적 선곡을 하게 된다. 남자친구 앞에서 만큼 나의 노래방 활용도가 떨어질 때가 또 있는데, 바로 동아리 회식같이 선배들이나 나보다 손윗분들과 함께일 때이다. 그런 자리에서 나는 분위기 메이커가 되어야 한다는 일종의 강박관념이 생긴다. 그래서 나의 기분과는 동떨어진 신나는 락을 부르기도 하고 내 취향과는 달라도 트로트도 부른다. 게다가 방청

객 아르바이트를 10년쯤은 한 듯한 나의 호응은 나조차 깜짝깜짝 놀래킨다. 그럴 때마다 노래방은 나의 재롱잔치 무대였다**(사례4, 경민)**.

소민(사례10)은 자신이 노래방에 가는 두 가지 이유는 아이러니하게도 "타인의 시선에서 벗어나 버리고 싶어서"라는 것과 "타인의 시선을 받기 위해서"라고 표현했다. 그러나 누구의 눈치도 보지 않고 자기를 표현하는 것과 '타인의 시선 속 나'를 드러내는 것 사이에는 일정 정도의 갈등과 긴장이 존재하기도 한다. 그런 상황 속에선 다음의 사례처럼 자신이 부르고 싶은 노래를 부르는 것이 아니라 분위기에 맞춘 선곡을 해야 하고, 자연스럽게 즐기는 것이 아니라 형식적으로 즐거운 척을 해야 한다는 심적인 부담을 갖게 된다.

성인이 되어 친구들뿐만 아니라 다양한 집단끼리 노래방 문화를 경험하면서 노래방 문화의 좀 더 다층적인 면을 볼 수 있었고, 그것이 노래방을 예전만큼 좋아하거나 즐겨 찾지 않는 큰 이유이다. 예를 들어 새내기 시절에 미팅이나 학회 모임을 가지면, 꼭 빠지지 않는 코스가 바로 이 노래방이었다. 나는 주변 시선을 신경쓰지 않고 내가 원하는 노래와 분위기에 취하는 것을 좋아하는데, 처음 만난 사람들이나 학회 동료, 혹은 선배들과 함께 가는 노래방에서는 절대 그럴 수 없었다. 사람들이 좋아할 만한 노래, 나에 대해 어떠한 평가를 내릴지 미리 예측하고 나의 이미지를 향상시킬 수 있는 분위기를 만들어야 한다는 심적 부담감에 억지로 신나는 노래들을 부르다가 제 풀에 지친 적이 한두 번이 아니었다**(사례6, 보라)**.

여기서 의식되어지는 타인이 나이나 지위 등에서 자신과 위계적인 관계에 있고 그 위계관계가 노래방이라는 공간에서 그대로 작동할 때 노래방은 더 이상 '자기표현'의 장이 아니라 권력을 가진 타인의 눈치를 봐야하는 '사회생활의 연장'으로 인식되어진다. 예를 들어 직장인들의 회식문화로서 노래방은 특히 위계

서열이 낮은 사람들에게 윗사람의 눈치를 봐야하는 부담스러운 '사회생활의 연장' 또는 '일의 연장'이 되기도 한다.[42] 유미(사례11)는 방학동안 마트에서 아르바이트를 하고 회사 송년회에서 빠질 수가 없어 거의 40대 이상 직원들과 함께 노래방에 간 경험에 대해 다음과 같이 서술했다.

> 처음 접하는 회식문화가 낯설고 당황스러웠지만 가장 충격적인 것은 사원들이 노래를 부를 때였습니다. 대개 친구들과 노래방을 갔을 때는 즐겁게 서로 어울리며 노래를 한다는 느낌이었는데 이때는 모두들 점장님께 잘 보이기 위해서 온갖 춤을 추고 가사도 바꿔가며 노래를 하는 것이 아니겠어요? 그날 회식에서 젊은 사람들은 트로트 노래에 맞춰 장단만 맞출 뿐 어느 누구도 직접 노래를 부르는 사람은 없었습니다. 저와 제 친구는 우리들과 어른들의 노래방 문화가 너무 다른 것을 느끼고 '나도 크면 저렇게 될까...'하고 괜한 걱정이 든 것은 어쩔 수가 없었습니다**(사례11, 유미)**.

대학생들이 때때로 이러한 '사회생활의 연장'으로 형성되는 노래방 문화를 거부하지 않고 나름 적응하고자 해도 쉬운 일은 아니다. 특히 빠른 속도로 대중음악이 변하고 있는 시대에 몇 살 차이가 안 나도 공유하는 노래가 다른 경우도 있으니 아예 세대차이가 큰 경우 익숙하고 좋아하는 노래 종류는 매우 다르다. 다음 사례의 표현처럼, 젊은 세대가 노래방에서 소위 어른들에게 즐거움을 선사하는 것은 대단히 어렵고 피곤한 일이다.

---

42) 직장인들의 노래방 공간 체험이 청소년이나 대학생들의 체험과 어떻게 다른지를 밝히기 위해서는 경험적 연구가 필요하다. 직장인들의 노래방 공간에 대한 체험에 접근은 노동의 세계와 놀이의 세계 사이의 다각적인 관계라는 맥락 속에서 재조명될 필요가 있다. 노명우(2011: 210-213)는 노동시간이 끝나고 짧은 자유시간을 누리는 현대인들의 일시적 놀이세계는 제한적인 시간에 기쁨을 최대화하고자 하는 속도라는 전형적인 노동의 법칙에 따른다고 지적한 바 있다. 직장인들에게 노래방이라는 놀이세계가 노동세계와 어떻게 관련되는지, 그 단절과 연속성 등에 대해서는 앞으로 좀더 세밀한 연구가 필요할 것이다.

회사 상사나 심지어 은사님과 함께 하는 노래방은 '어려움'의 극치다. 트로트만 부르면 '나 그렇게 안 늙었어'로 응수하고, 너무 최신가요를 부르면 박수는 쳐주되 표정으로 '그게 뭐니?' 식의 불만을 강하게 드러낸다. 적당히 신나면서 경망스럽지 않은 곡, 그와 동시에 그 세대들도 들어봤을 법한 유행가를 골라내야 사랑 받을 수 있다(**사례9, 희정**).

4) 노래방 메이트 또는 '나홀로 노래방'

여러 사람이 함께 노래방에 가는 경우 아무래도 서로에 대한 시선을 의식하고 눈치를 보게 된다. 하지만 남의 눈치 보지 않고 마음껏 자기를 표출하고자 하는 욕구가 '타인의 시선'을 받고자 하는 욕구보다 더 클 때 젊은이들은 노래방 메이트를 만들거나 혼자 노래방을 찾기도 한다. 눈치보지 않고 편하게 자기가 부르고 싶은 노래를 맘껏 부르고 싶어하는 경우 친한 친구와(또는 형제, 자매와) 단둘이서 노래방을 가거나 노래에 대한 취향이 비슷한 친구와 일종의 노래방 메이트를 만들기도 한다. 이런 노래방 메이트와 함께라면 "음 이탈, 일명 삑사리가 나도 전혀 부끄럽지 않고" 자신이 부르고 싶을 때 부르고 싶은 곡을 부를 수도 있다. 또한 소위 비주류 음악을 좋아하는 경우 취향이 맞는 친구와 함께 노래방을 찾는 것은 특별하고 소중한 경험이 된다.

여러 사람과 노래방을 가게 되지만 내가 그중 특히 좋아하는 것은 친한 친구와 단둘이 노래방을 가는 것이다. 그래서 나에게는 노래방 메이트가 있다. 노래 듣는 취향이 비슷하고, 서로 거리낌 없는 사이에는 일단 부르고 싶은 노래를 많이 부를 수 있고, 잘 모르는 사람과 함께 있을 때는 할 수 없는 노래를 할 수도 있다. 예를 들어 되지도 않는 영어로 팝송을 불러도 이해해주는 친구 앞에서 그룹 퀸의 보헤미안 랩소디를 완창할 수 있다는 사실은 나를 정말 즐겁게 한다. 그러면 나는 정말 남들이 들으면 귀를 막을 것 같은 친구의 박효신 노래 메들리를 들으면서 함께 웃을 수 있다(**사례12, 혜원**).

[중학교]때 일본 노래는 친구들에게 거의 알려지지 않아 노래방에서 부르기엔 상당히 눈치가 보였었다. 그래서 나는 일본 노래를 좋아하는 친구와 함께 '무제한 노래방'에 가서 몇 시간이고 고래고래 같이 노래를 부르는, 새로운 노래방 경험을 하게 되었다.[...]마음이 편하고 같은 관심사를 공유하는 친구와 함께 노래를 부르는 것은, 나의 노래 실력과는 상관없이 스트레스를 해소하고, 노래하고 싶은 욕구를 분출 할 수 있는 기회였다**(사례 13, 지수)**.

더욱 흥미로운 것은 '혼자 노래방을 가고 싶다'는 욕구를 느끼거나 혼자 노래방을 종종 찾는 젊은이들이 꽤 있다는 점이다. 지원(사례16)은 아직 혼자서 갈만한 용기가 나지 않아 시도해보지는 않았지만 혼자 노래방을 가고 싶다는 생각을 자주 한다. 그 이유는 "누구와 함께 가면 노래를 고르고 부를 때 아무래도 눈치를 보게 되는데 그것이 피곤하게 느껴"지기 때문이며, "언젠가 꼭 한번 혼자 노래방을 가서 원하는 노래들을 원없이 부르며 스트레스를 풀고 싶다"고 한다. 혼자 노래방을 가는 것은 누구의 시선에도 구애받지 않고 스트레스를 해소하거나 순수하게 노래를 부르고 싶은 욕구를 만족시킬 수 있는 좋은 방법이 되기도 한다. 또한 노래를 좀 더 잘 부르기 위해 노래연습을 할 수 있는 공간이 되기도 한다. 아래의 두 사례는 '혼자 노래방'에서 노래를 부르는 것에 다른 사람들과 함께 하는 것보다 더 큰 나름의 만족을 얻고 있었다.

나에게 있어서 노래방은 정말 없어서는 안 되는 중요한 놀이터라는 생각은 여전하다....20대가 된 나에게 노래방을 찾아갈 때 새롭게 추가된 유형이 있다. 친구들과의 친목을 위해 찾아갔던 노래방이었지만 이제는 혼자서 찾아갈 때도 자주 있다. 그렇게 만든 이유로는 몇 가지 있다. 하나는 나는 대학 와서도 지속적인 스트레스에 시달렸는데, 같이 놀던 친구들과 만날 수 있는 횟수가 줄어들었다는 것이다. 스트레스를 바로 풀어 버리기 위해서는 혼자서라도 노래방을 가야만 했다....대학 친구들과 가면 스트레스가 풀리는 분위기의

> 노래방이 아니었다....그다지 맞지 않는 분위기에 섞여서 노는 것보다는 혼자서 고등학교 때 놀던 방식으로 노는 것이 차라리 더 재미있다는 나만의 결론을 내리게 되었다....마지막으로 노래를 부르기를 좋아하는 나에게 있어서 성인이 된 지금은 노래를 부를 수 있는 장소가 노래방이 전부가 되어 버렸던 것도 이유의 하나일 것이다....혼자서 노래방을 가는 것은 다른 사람과의 관계나 스트레스 해소를 위해서가 아닌, 순수하게 노래에 대한 욕구를 맘껏 해소하기 위해서도 너무 좋은 방법이었다(**사례7, 진혁**).

> 혼자일 때는 평소에 음역대가 힘들어 불러보지 못했던 노래나 잘 부르고 싶은 노래들을 연습하는 목적의식을 가질 때가 많다. 혹은 단순히 큰 소리로 노래를 부르며 스트레스를 해소하기 위해서 혼자서 노래방을 찾기도 한다. 전자든 후자든 혼자서 이용하는 노래방은 다른 사람과 함께 일 때보다 내게 더 큰 재미를 준다(**사례10, 소민**).

이렇게 볼 때 혼자 노래방을 가는 것은 누구의 눈치도 보지 않고 자유롭게 '자기표현'을 하고자 하는 욕구와 '타인의 시선 속 나'를 드러내고 인정받고자 하는 욕구 사이의 긴장과 갈등을 해소하는 하나의 방식으로 볼 수도 있다. 노래를 부르는 행위는 다른 사람들에게 자신을 표현하고 드러내며 자신과 타인에게 즐거움을 주는 수단이 되기도 하지만, 이처럼 혼자 노래방에 가는 사례에서 드러나듯이 '자신과의 내적 소통'의 수단이 되기도 한다. 이러한 자신과의 내적 소통은 누구의 시선도 의식하지 않으면서 스스로에게 자기를 드러내고 표현하는 것이라 할 수도 있다. 이런 점에서 이는 단지 자기도취적 행위라 치부하기 어렵다. 특히 감정적으로 힘든 상황에서 혼자 노래방을 찾는다는 다음의 사례는 자신의 감정을 표출할 수 있는 노래를 부름으로서 이러한 자신과의 내적 소통을 경험한다.

> 노래방에 혼자 가는 경우는 감정적으로 힘든 일이 있을 때입니다. 이런 경우

는 남자친구랑 헤어졌다든가 친구와 싸웠다든가 할 때인데요, 이런 경우에도 저는 주로 조용한 노래를 부르는 편입니다. 저는 노래의 가사를 중요하게 생각하기 때문에 (그 와중에) 그때그때 상황에 맞는 가사를 가진 노래를 찾아서 노래를 부르고, 울기도 하고, 그냥 반주를 틀어놓고 앉아있기도 하는 편입니다. 이 경우에 가장 저의 감정 표출이 잘 되는 것 같은데요. 이때에는 그 누구 하나라도 신경 쓸 필요 없이 부르고 싶은 노래를 부르고, 울기도 하고, 생각에 잠기기도 하기 때문입니다**(사례 14, 한솔)**.

하지만, 한국 사회에서 혼자 노래방에 간다는 것은 '궁상' 맞거나 '친구도 없는' 불쌍한 사람처럼 보는 다른 이들의 시선이 부담스러운 일이기도 하다. 그러나 그러한 불편함에도 불구하고 혼자 노래방을 찾고자 하는 욕구를 가진 사람들이 늘어나고 있는 것 같다. 수지(사례2)는 친구들과 시간 맞추기도 어렵고 "기분이 그저 그래서 혼자 노래방에 가서 다른 무엇도 신경쓰지 않고, 정말 친한 친구라도 보여주고 싶지 않을 정도로 마음대로 불러버리고 싶을 때면, 그리고 그 마음이 '어떻게 혼자 노래방에 가. 나를 어떻게 생각하겠어.'라는 소심한 마음을 눌러버릴 정도로 강할 때면, 당당하게 노래방 카운터 앞에 섰다"고 한다.

일본에서는 최근 '1인용 노래방'(일명 '히토가라'=히토리+가라오케)이 등장해서 인기를 끌고 있다는 뉴스가 한국에서도 보도된 바 있다(안재석, 2012; MBC 뉴스데스크, 2011년 11월27일). 혼자 노래방을 찾거나 찾고 싶은 욕구를 가진 몇몇 대학생들은 이러한 일본의 사례를 인용하면서 한국에서도 혼자 노래방을 가는 것에 대해 부정적인 시선을 보내지 않았으면 좋겠다고 표현하기도 했다. 하지만 앞에서도 언급했듯이 2012년 여름 한국에서도 국내 최초의 1인용 노래방이 서울의 한 대학가에 등장했다. 누구의 눈치도 보지 않고 노래부르기를 통해 '자신과의 내적 소통'을 하고자 하는 이러한 소비자의 욕구와 수요에 민감한 자본의 힘이 놀랍다. 앞으로 이러한 1인용 노래방이 점점 증가할 것인지, 이러한 나홀로 노래방은 또 어떻게 노래방에 대한 체험을 변형할지 두고 볼 일이다.

6. 맺음말

이 장에서는 전 국민의 놀이공간인 노래방의 탄생과 그 진화에 대해 살펴보고, 20대 대학생들의 노래방 공간에 대한 경험을 살펴보았다. 2000년대를 거치면서 나타난 노래방의 고급화와 프렌차이즈화를 통해 노래방은 기존의 '닫힌' 밀실의 이미지에서 '오픈된' 전시 공간으로 변모하였다. 또한 동영상, 인터넷 등 정보통신 기술과 만나면서 노래방은 단지 노래를 하는 곳이 아닌 자기의 개성과 재능을 드러내고 표현하는 공간이 되었다. 나아가 그러한 자기표현이 인터넷을 통해 타인의 시선 속에 전시되기도 한다. 다양한 오디션 열풍과 만나면서, 이제 노래방은 가수의 재능을 발견하고 오디션을 준비하거나 또는 오디션이 가능한 공간으로 변모하면서 점점 고음질의 원음반주와 같은 노래부르기 문화의 전문적이고 고급스러운 환경을 제공하고 있다. 노래방은 젊은이들의 자기표현 욕구와 조우하면서 열린 전시 공간이 되어간다.

젊은이들에게 학창시절 노래방은 학업 스트레스를 해소할 수 있는, 일상의 공간과는 다른 '자기들끼리만의' 공간으로 그 의미가 중요했다. 나아가 노래방은 각자가 주인공이 되어 평소에 잘 드러나지 않는 자신의 끼와 재능을 드러내고 표현하는 '자기표현'의 공간이며, 가끔은 일상 세계의 경계를 넘나들면서 자아정체성을 적극적으로 재구성할 수 있는 '가상현실적 자기실현의 공간'이기도 하다. 젊은이들은 대학에 들어가고 성인이 되어 다양한 사람들과 노래방을 가게 되면서 타인의 시선 속 자신에 대한 '그들의 평가' 또는 '그들에게 비친' 자기 이미지를 더욱 고려하게 된다. 20대 대학생에게 노래방은 자기를 표현하고 동시에 서로를 품평하는 일종의 '전시'공간이 된다. 그러나 '자기표현'과 '타인의 시선 속 나'를 드러내는 것 사이에 일정정도의 갈등과 긴장이 드러나기도 하고, 타인과의 위계관계가 강한 경우 노래방은 더 이상 '자기표현'의 장이 아닌 타인의 눈치를 봐야하는 '사회생활의 연장'으로 인식되어지기도 한다. 이러한 갈등과 긴장을 해소하는 방식의 하나로서 젊은이들은 노래방 메이트를 만들거나 혼자 노래방을 가기도 한다. 혼자 노래방을 가는 것은 누구의 눈치도 보지 않고 자유롭게 '자기표현'을 하고자 하는 욕구와 함께 노래를 통한 '자신과의 내적 소통'으로 해석될 수 있다. 최근 1인용 노래방의 등장은 이러한 젊은이들의 욕구와 체험을 반영한 것으로 볼 수 있다.

김찬호(2007: 69)는 한국인이 노래방을 찾는 이유에 대해 우리가 "축제가 실종된 사회"에 살고 있기 때문이라고 지적한 바 있다. 축제가 실종된 사회 속에서 노래방은 억눌린 유희 충동을 마음껏 분출하면서 "체면이라는 가면을 벗고 호모 루덴스(놀이하는 인간)적인 본능에 충실"할 수 있는 공간이라는 것이다. 송도영(1997: 268)은 "도시 속 원시동굴 축제"가 벌어지는 노래방은 "다중적이고 다층적인 혼합"의 공간이며 그 의미를 단순하게 규정할 수 없는 '블랙박스'와 같은 불투명 공간이라고 했다. 저자는 여기서 어떤 야심찬 노래방 총론을 제시하고자 하지 않는다. 이 글은 노래방 변화의 맥락 속에서 20대 대학생들에게 노래방은 무엇보다 '자기표현'의 공간이면서 서로를 품평하는 '전시'공간이라는 것을 그들의 경험과 목소리를 통해 보여주고자 했다. 하지만 이러한 20대 대학생들의 노래방 문화에 대한 주장이 그들의 개별적이고 구체적인 노래방에 대한 체험의 빛깔을 바래게 하지 않길 바란다. 어떤 이에게 노래방은 친구들의 위로와 함께 대학입시에 실패한 슬픔을 극복할 수 있었던 장소이고, 또 다른 이에게 노래방은 가슴 떨리는 사랑의 고백을 받은 장소이거나 이별의 슬픔을 달래는 장소이다. 또 어떤 이에게는 자율학습을 빼먹고 몰래 노래방에 갔다가 선생님께 들켜 야단을 맞거나 시험이 끝나고 우르르 달려가 '정신줄 놓고' 소파 위에서 방방 뛰며 춤추고 노래했던 학창시절 추억의 장소이다.

〈참고문헌〉

강준만. 1999. 『대중문화의 겉과 속 I』. 인물과 사상사.

김광기. 2010. "존재감을 위한 일반적 조건, 그리고 한국적 조건." 『현상과 인식』. 35(3): 175-201.

김신영. 2003. "대한민국은 열창중: 동영상 노래방 스타." 『한국일보』. 12월 4일자.

김찬호. 2007. 『문화의 발견: KTX에서 찜질방까지』. 문학과 지성사.

김창남. 2010. 『대중문화의 이해』(전면2개정판). 한울.

김홍중. 2008. "골목길 풍경과 노스탤지어." 『경제와 사회』 77: 139-168.

김홍중. 2012. "공간의 생산, 재현, 그리고 체험." 문화사회학회(편저). 『문화사회학』. 살림.

노명우. 2011. 『호모 루덴스, 놀이하는 인간을 꿈꾸다』. 사계절.

렐프, 에드워드(Edward Relph). 2005. 『장소와 장소상실』. 김덕형 외 옮김. 논형.

박진영. 2011. "노래방 20년, 산업의 현주소." 『한국경제매거진』. 826호. 10월 5일.

벤야민, 발터(Walter Benjamin). 2005. 『아케이드 프로젝트I』. 조형준 옮김. 새물결.

성열준 외. 2011. 『청소년문화론』. 양서원.

송도영. 1997. "문화산업의 구조와 일상적 문화소비 양식: 노래방의 사례." 문옥표 외. 『한국인의 소비와 여가생활』. 한국정신문화연구원.

송도영. 2004. 『인류학자 송도영의 서울읽기』. 소화.

안재석. 2012. "일본 '히토리 문화'의 끝없는 진화...'나홀로' 욕구, 노래방까지 섭수하다." 『한국경제』. 1월 13일.

엄기호. 2010. 『이것은 왜 청춘이 아니란 말인가』. 푸른숲.

이경란. 2009. "Special Knowledge〈24〉 노래방이 알고 싶다." 『중앙일보』. 4월 27일자.

이승재. 2003. "'얼짱' 비켜...'노래방짱' 뜬다...노래방 동영상 통해 데뷔." 『동아일보』. 11월 17일자.

한국콘텐츠진흥원. 2006. 『2006 음악산업백서』.

한국콘텐츠진흥원. 2011. 『2010 음악산업백서』.

한국콘텐츠진흥원. 2011. 『2011 음악산업백서』.

Clifford, James. 1986. "Introduction: Partial Truths." In Clifford, James and George Marcus. eds. *Writing Culture: The Poetics of Ethnography*. Berkely:

University of California Press.

Clifford, James and George Marcus. eds. 1986. *Writing Culture: The Poetics of Ethnography*. Berkely: University of California Press.

Emerson, Rovert. M., Rachel Fretz, and Linda Shaw. 1995. Writing Ethnographic Fieldnotes. Chicago: The University of Chicago Press.

Stoller, Paul. 1995. *Embodying Colonial Memories: Spirit Possession, Power, and the Hauka in West Africa*. New York: Routledge.

제6편

네트워크 풍경,
PC방으로 연결되다

06

네트워크 풍경, PC방으로 연결되다

윤명희

1. 한국사회, 거대한 'PC방'

일상생활은 공간을 통해 드러난다. 인터넷은 한국인의 일상적인 공간 경험을 조건화하는 주요한 기제가 되고 있다. 한국정보화진흥원의 『2011 국가정보화백서』에 따르면 한국의 인터넷 이용인구는 3천 7백만명을 상회하며 전체인구의 80%에 육박하고 있으며 이들 이용자 가운데 절반은 주평균 14시간 이상을 꼬박 사용하는 것으로 나타나고 있다. 이에 나아가 인터넷은 정보를 얻고 교환하는 중요한 수단일 뿐 아니라 여가와 커뮤니케이션, 경제생활 및 다양한 사회적 교환활동이 일어나는 생활의 공간으로 활용되고 있다. 이러한 인터넷 이용시간과 일상적 사용에서 보면, 한국사회는 인터넷을 매개로 연결된 거대한 'PC방'을 이루고 있다고 해도 과언이 아닐 것이다. 방(房)의 사전적 의미는 '사람이 들어가 지내려고 집이나 건물안에 벽으로 막아서 만든 칸' 혹은 '사람이 살거나 일을 하기 위하여 벽 따위로 막아 만든 칸' 등으로 정의된다. 이러한 방은 사적인 영역이자 공적인 활동이 일어나는 공간으로, 인터넷 매개된 한국사회는 개인과 개인, 그리고 사적 영역과 공적 영역이 연결되고 융합된 거대한 방의 구조와 문화를 보여준다. 인터넷과 휴대전화를 통해 가정의 방들과 사무실의 방들이 연결되는 한편 이동의 한 가운데에서도 끊임없이 네트워킹하는 한국사회의 일상은 그야말로 거대한

PC방의 풍경을 이루고 있다.

하지만 인터넷 매개된 방은 그 일상적 편재성에도 불구하고 일상생활과 별개인 것처럼 취급되는 경향이 있다. 이것은 온라인과 오프라인의 관계를 상호 연관적으로 고려하는 대신 오프라인을 대체하는 온라인 혹은 오프라인을 반영하는 온라인이라는 상반된 견해로 나타나곤 한다. 전자가 온라인을 새로운 창조로 간주하는 '온라인 신화'라고 한다면 후자는 오프라인의 실재성만을 고집한다는 점에서 오프라인중심의 '반영론'이라고 볼 수 있다. 하지만 오프라인이 온라인보다 앞서 생겨난 것은 사실이지만 오늘날 이 두 용어는 그 각각의 의미를 얻기 위해서는 그 상대편의 의미에 의존하고 있다. 예컨대 대학생들의 일상생활에서 인터넷과 이동전화 같은 디지털 미디어는 예전에 TV나 다른 도구들을 통해 자신들의 일상적인 삶과 여가, 오락 등을 위해 해왔던 것처럼, 오프라인 생활과 사회관계를 유지하고, 학업 과제등을 수행하기 위해 활용된다. 이처럼 인터넷이 장소의 공동체로 사람들을 재연결한다는 점은 오프라인을 대체하거나 비실재적인 것으로 보는 시각에서는 쉽게 간과된다.[43)]

이러한 이분법은 실제 PC방에 대한 평가와 접근에서도 그대로 재현된다. 한국의 PC방은 1990년대 이후로 급속하게 확산되었다. 한국에서 가장 먼저 생긴 PC방은 1994년 오픈한 BNC라는 이름의 인터넷 카페로서, 세계최초의 인터넷 카페로 알려져 있는 영국의 '사이베리아'보다 먼저 생겨났다. 초창기 한국의 PC방은 네트워크카페, 모뎀카페, 인터넷카페, 사이버카페 등의 다양한 이름으로 사용되었으며 그 이후 대학가를 중심으로 전화모뎀을 이용한 PC통신 및 게임을 위한 공간으로 활용되었다. 특히 1997년말 외환위기를 기점으로 한국의 PC방은 창업열풍 및 컴퓨터산업의 활황과 맞물려 경제적 산업적 가치가 있는 공간으로 크게

---

43) 온라인과 오프라인에 대한 이분법은 사이버커뮤니티같은 새로운 관계성의 차원과 관련된 논의들에서 뚜렷하게 나타난다. 윤명희(2008)에 따르면 디지털시대의 개인과 커뮤니티의 관계를 이분법적으로 보는 시각은 '깨어진 공동체', '정보소비자', '자유공동체' 같은 소멸과 대체라는 양자택일의 차원에서 설명한다. 이에 비해 대안적 시각에서 개인과 커뮤니티는 개인지향성의 상호작용이라는 통합적 차원에서 모색되며 새로운 사회성의 커뮤니티, 탈전통화 커뮤니티, 리좀 커뮤티티로 각각 개념화된다.

각광받았다. 이러한 초창기 PC방은 새로운 정보매체를 습득하고 생활화하는 신세대 청소년들이 새로운 체험을 일상화하고 정보 역량을 배양시킬 수 있는 유익한 생활수단이자 여가문화활동의 공간으로 간주되었다(원형중・박수정, 2000). 더욱이 국내 통신업체와 컴퓨터생산업체, 게임소프트웨어 등과 같은 정보통신산업의 활성화라는 측면에서도 PC방은 긍정적인 것으로 평가되었다.

하지만 인터넷의 보편적 접속이 확장되면서 PC방의 부정적 결과, 즉 PC방의 과도한 이용이 사회관계를 원자화하고 악화시킬 뿐 아니라 지나친 몰입이 유발하는 일탈적 양상을 강조하게 된다(김문조 외, 2001: 4). PC방으로 검색되는 최근의 신문기사들에서도 PC방은 문제적 공간으로 묘사된다. 예를 들어 인근PC방에서 가상 캐릭터를 성장시키는 온라인 게임에 장시간 빠져 생후 3개월 된 신생아를 집에 방치하여 굶겨 숨지게 한 게임중독부부의 사례는 PC방이 반인륜적이며 일탈적인 중독의 공간임을 다시 한번 환기시킨다. 이 기사는 2009년 9월에 발생한 사건을 다루고 있는데, 이와 유사한 사례는 PC방이 나타난 이래로 거의 매년 되풀이식으로 보고된다. 무엇보다 PC방은 청소년세대의 일탈 공간으로 그려지는데, 게임중독 청소년에서부터 성폭행 및 성추행, 영아유기, 조건 만남, 가출 청소년의 아지트가 되어버린 PC방에 대한 내용들이 그 증거로 제시된다. 이러한 인식은 PC방에 대한 좀더 학술적인 방식으로 재생산되고 세련화된다. 사이버섹스 중독자, 가상관계 중독자, 충동적 인터넷 사용자, 과다한 정보 검색자, 컴퓨터 중독자같은 병리적 인터넷 사용자들은 이상행동을 유발하는 성격적 특질(trait)의 양과 강도가 다른 것으로 파악된다. 즉, 병리적 사용자들은 신경증경향, 외향성, 개방성, 호의성, 성실성 등에서 소위 일반인들과 다른 분포도를 보이는 것으로 간주된다(이인혜・이혜정, 2009).

이처럼 PC방을 게임중독이나 일탈같은 문제적 차원과 관련시키고 이를 개인적 특질과 치료적 대상으로 설명하는 것은 'PC방'이 함의하는 사회적 문화적 차원을 간과하는 결과를 초래할 수 있다. 이와 관련하여 윤선희는 초창기 한국의

PC방이 IMF라는 간접적이나마 세계경제체제의 주변부가 겪는 냉엄한 분업구조에서 탄생한 산물이자 게임문화라는 이용자들의 새로운 문화를 형성하는 통로라는 점을 지적한다(윤선희, 2001). 즉, PC방은 세계의 중심과 주변간의 하드웨어의 불평등한 분배구조가 낳은 결과물이자 미국의 팽창주의의 지름길인 정보고속도로의 한 변종으로 주변부에서 자생적으로 싹튼 세계 패권의 순응적 기제로 이해된다. 실제로 고사양의 컴퓨터와 초고속네트워크를 구비한 전국 각지 PC방은 스타크래프트와 같은 외국의 게임 소프트웨어의 마케팅 거점으로 작용하였다. 다른 한편 게임의 이용자들을 하루 10시간씩 컴퓨터 앞에 붙잡아 두는 것은 자폐증적인 중독성이 아니라 게임이 주는 긴장감과 몰입, 그리고 이를 통해 형성되는 새로운 정체감이 작동하기 때문이라는 점을 강조한다(윤선희, 2001: 332-335). PC방은 세계자본주의의 사회경제적 구조를 재현하는 한 단면이 되는 동시에 게임이용자들간의 커뮤니케이션과 의미생산이 활성화되는 공간으로 이해될 수 있다. 나아가 이희상은 PC방을 하이퍼텍스트의 공간이자 가상과 실제 사이의 제3의 공간으로 의미화한다(Heesang Lee, 2007). 이러한 혼성적 공간으로 PC방은 유목적이고 정착적인 경관, 공적 전자공간이면서 젠더화된 닫힌 공간, 육체의 확장이면서 자기중심적 공간, 그리고 육화된 공간이자 사이보그 경관을 수반하는 패러독스적 사회-공간적 특징을 지니는 것으로 분석된다.

이렇게 볼 때, PC방은 새로운 신세계 혹은 병리적 공간이라는 도식을 넘어 네트워크 시대 한국사회의 일상적인 삶 풍경이 구체적으로 드러나는 공간, 즉 디지털시대의 체험적 경험을 구체적으로 현상하는 공간으로 살펴볼 필요가 있다. 이 글에서는 PC방을 하나의 구체적인 장소공간으로 지칭함과 동시에 인터넷 매개의 일상풍경을 발견하는 데 활용하고자 한다. 덧붙여, 이 글에서 풍경은 경관이란 용어와 맥락에 따라 혼용하여 쓴다. 여기서 풍경은 단순히 수사적 용어도 아니지만 개념적으로 엄밀하게 정의된 용어도 아니다. 아파두라이(2004)나 김홍중(2005)이 풍경과 관련한 논의를 하고 있지만 여기에서도 풍경은 어떤 엄밀한 개념화와는 거리가 있다. 그런데 오히려 '풍경'의 이러한 모호한 측면이 일상생활과 문화의 복합적이고 모순적인 양상을 드러내는 데는 더욱 적절하다고 본다. 이 점에서 필자는 미디어의 이동성과 결합되면서 나타나는 혼성적인 공간 정체성과 문화적 가능성을 고찰하는 데 풍경이라는 용어를 활용할 것이다.

이후 각 장은 다음과 같이 구성되어 있다. 2장에서는 추상적 본질적 공간론에서 벗어나 구체적인 장소에 주목하는 현대의 공간성 연구를 살펴보고 있다. 3장에서는 교통과 통신, 미디어의 확장과 연관된 공간성의 변화를 장소/비장소의 이분법으로 보는 데서 벗어나 인터넷 매개된 방의 공간적 특성을 탈장소화와 재연결의 차원에서 논의하고 있다. 4장은 이러한 공간성 연구에 대한 이론적 논의를 바탕으로 PC방이라는 네트워크화된 공간에서 나타나는 혼성적인 일상풍경에 대한 실제 분석을 수행하고 있다.

2. 공간적 전회와 '장소들'의 발견

현대의 공간 연구는 공간을 본질적 물리적 개념이 아니라 공간성을 구성하는 다양한 계기, 즉 문화적·사회적·매체적 차원들에 초점을 맞추어 공간을 분석하고 기술한다는 점에서 '공간적 전회'(spatial turn)라는 패러다임의 전환에 기초하고 있다(Günzel, 2010: 11-15). 공간적 전회를 기반으로 현대의 공간 연구는 공간을 자연적으로 주어진 요인들에 의존하는 자연적 존재로 보거나 공간을 실체론적 표상으로 보는 사고를 지양하고, 문화적 맥락적 차원과 관련된 공간성의 차원에서 모색한다. 이처럼 공간성의 차원을 실질적으로 이해하기 위해서는 생활세계의 토대라는 시간적, 역사적 차원을 갖는 공간에 대해 사고하는 것, 다시 말해 초월적이고 실체론적인 공간을 벗어나 공간성의 일상적 맥락적 차원에 주목할 필요가 있다.

하지만 공간에 대한 전통적인 접근은 자연적, 현실적, 생활세계적 공간에 대한 사고를 배제함으로써 현실의 장소들을 추상적인 공간으로 대체하는 경향을 띠고 있다(Ebeling, 2010: 408-409). 이러한 편향은 실제공간의 주변화를 초래하였다. 예컨대 서양의 형이상학적 전통에서 구체적인 장소는 에피쿠로스의 정원, 칸트의 쾨니히스베르크의 다리를 들 수 있다. 쾌락주의자 에피쿠로스가 강조한 아타락시아(ataracxia)는 육체적 쾌락이 아니라 정신적 쾌락을 의미하며, 이러한 내면적 평정을 추구하기 위해 에피쿠로스는 아테네 외곽에 비밀스러운 정원을 마련하고 거처하였다. 또한 쾨니히스베르크 주민들이 정확한 일과를 지켰던 칸트의 산책시간에 맞춰 시계를 맞추었다는 것 역시 하나의 일화로 알려져 있다. 하지만 이들 공간들이 갖는 구체성은 추상적인 공간이론속으로 사라지는 양상을 띤다.

그러나 현대의 공간 연구들은 사회적 문화적 맥락과 관련된 구체적인 장소들을 조명하는 다양한 방식들에 보다 많은 주의를 기울인다. 장소에 대한 선구적 연구로 발터 벤야민을 꼽을 수 있다. 그는 『아케이드 프로젝트』와 『일방통행로』를 통해 '일상' 주변에 가까이 놓인 구체적인 공간들에 대한 문화적 비평을 실행한다. 벤야민은 19세기 파리를 아케이드와 만국박람회, 실내공간, 거리, 바리케이드 등에서 발견되는 공간성을 통해 기록하고 비평하고 있다(Benjamin, 2005). 나아가 벤야민은 대중매체의 사회적 활용을 통해 공간성의 활력을 도모하고자 한다. 그에 따르면 사회적 삶이라는 거대한 장치에 감추어져 있는 축이나 이음매에 기름을 치기 위해서는 행동과 글쓰기가 엄격하게 교대되어야 한다고 강조한다(Benjamin, 2007: 13-14). 이를 위해서는 '괜히 젠 체하기만 하며 일반적인 제스처만 취하고 마는 저서보다 현재 활동중인 공동체들에 영향을 미치기에 훨씬 더 적합한, 언뜻 싸구려처럼 보이는 형식들, 즉 전단지, 팸플릿, 신문기사와 플래카드 등을 만들어내야' 하는데, 이는 '기민한 언어만이 순간순간을 능동적으로 감당할 수 있기' 때문이다. 이같은 매체양식은 고정된 시선을 유지한 관조적 사유보다는 항상적 유동성에 기초한 감각적 습관을 주조하는 데 더 유용한 형태들이다. 벤야민의 공간성 연구는 일상적인 생활의 장소를 통해 사회적 삶에 대한 통찰을 제시하는 한편, 일상의 장소를 실질적으로 재건하는 작업의 일환으로 매체를 활용한 새로운 커뮤니케이션 전략을 제시하고 있다.

조르조 아감벤은 '수용소' 공간에 작동하는 특수한 법적 정치적 구조를 통해 포섭과 배제의 사회적 장치에 대해 논의한다. 그에 따르면 '수용소'는 가장 비인간적인 조건이 현실화되는 장소이자 '예외상태'의 공간이다(Agamben, 2008: 315-322). 수용소는 강제구금의 법적기반이 관습법이 아니라 예외상태와 계엄령에서 유래된 예비검속, 다시 말해 예방적 구금의 장소이다. 여기에는 법과 사실이 혼합되는 공간으로, 누구든 수용소 안으로 들어서면 내부와 외부, 예외와 규칙, 합법과 불법이 구별되지 않는 지역으로 들어서는 것이며, 거기서 개인의 권리나 법적 보호라는 개념은 더 이상 어떤 의미도 갖지 않게 된다. 이러한 수용소는 불법 이민자를 송환하기 전에 임시수용했던 이탈리아의 축구 경기장, 동유럽 출신으 유대인 피난민들을 집결시켜놓았던 코트부스-질로프의 외국인 집단 수용소, 그리고 프랑스의 국제공항내에 난민지위를 인정받기를 희망하는 외국인들을 억류시키는 곳인 대기구역같은 공간들을 통해 현존한다. 이들 장소들은 겉보기에는 대수롭지 않아 보이지만 실제로는 정상적인 법질서가 사실상 정지되어 있고 잔혹한 일이 벌어질 것인지 아니지 여부는 법이 아니라 그 시점에 임시적인 주권자-경찰의 예의와 윤리감각에 전적으로 달려있는 공간들이다.

테렌스 데 프레는 홀로코스드의 극힌 상황속에서 인간의 생존 양시을 다루고 있으며, 이를 맥락화하는 집단 강제수용소의 참상을 생생하게 다루고 있다(Terrence Des Pres, 2010). 수용소 생존자들의 증언은 죽음의 세계로서 강제수용소의 시련을 폭로하는 데만 그치지 않는다. 여기에서 나아가 극한적인 시련의 상황에서 살아남는 것이 단지 타락이나 부도덕한 방식에 의존하는 것이 아니라 오히려 삶을 쟁취하기 위해 투쟁, 말하자면 사회적 결속과 상호교환, 집단적 저항, 위엄과 도덕심같은 생존 방식의 구조과 관련되어 있다는 점을 드러낸다.

이들 공간성 연구들은 추상적 이론적 공간이 아니라 실제하는 구체적인 장소들을 세밀하게 그리는 데서 출발하고 있으며, 이를 통해 장소들의 사회・문화적 의미를 이끌어내는 한편 텅빈 장소가 아니라 장소에서 살아가는 사람들의 커뮤니케이션 전략 및 네트워크화된 삶의 다양한 기획들을 포착하는 데 유의미한 논의들을 제시하고 있다고 볼 수 있다.

3. 미디어시대 장소의 확장과 재연결

흔히 '공간'은 시공간의 압축으로 인한 효과같은 것으로 언급된다. 이것은 도시화와 산업화, 혹은 근대의 전반적 확장이 공간의 소멸 혹은 사라짐을 초래하는 요인이라는 것을 의미한다. 하지만 사라진 것은 공간이 아니라 공간이 불변의 실체라는 사고를 지지하는 생활세계의 토대라고 할 수 있다(Günzel, 2010: 16). [44] 물리적 장소로부터의 이동은 오늘날 일상적인 공간 경험이지만, 이것을 장소의 몰락 혹은 비장소로의 대체로 보는 것은 별개의 문제이다. 예를 들어 구조주의적 접근은 공공의 장소 혹은 공공 경관을 '장소'와 '비장소'로 구분한다(Augé; Ebeling, 2010:414 재인용). 여기서 '장소'는 교회의 첨탑이나 굴뚝의 공존같이 역사적 깊이를 가지고 있고 형이상학적 위엄성을 갖춘 공간을 의미한다. 반면 이러한 깊이와 위엄이 결여된 일시적으로 거쳐 가는 통행 지역과 통로 지역은 '비장소'로 구분된다. 특히 매체는 '장소상실'(placelessness)을 직·간접적으로 조장하는 기제로 파악된다(Relph, 2005: 197-199). 렐프에 따르면, 매체들은 장소들이 서로 비슷해 보이게 할 뿐 아니라 비슷한 느낌을 주며 똑같이 무감동한 경험을 하도록 장소의 정체성을 약화시키는 것이다. 여기서 매체는 매스컴 뿐만 아니라 대중문화, 대기업, 강력한 중앙권력, 경제체제를 지칭하는 것으로, 이들 매체들은 키치나 기술중심적 가치관과 밀접하게 관련되어 있으며 장소에 대한 '비진정한 태도'

44) 공간과 매체간의 연관성에 대해서는 누구도 부인할 수 없지만 이를 바라보는 시각은 서로 다르다. 예컨대, 점이나 장소 그리고 공간 일체를 매체들의 효과로 보는 시각이 있는가 하면 매체를 공간의 효과로 보는 시각도 존재한다. 이것은 공간이 먼저냐 혹은 매체가 먼저냐라는 상반된 입장을 보여준다(Bexte, 2010: 290-291). 하지만 '공간'과 '매체' 모두 자기 독립적으로 자족하는 존재가 아니라는 점에서 공간과 매체는 관계적 차원에서 모색될 필요가 있다. 공간과 매체의 관계적 차원에서 공간성을 연구한다는 것은 공간의 영원성이나 본질성을 전제하는 것과 거리를 둔다는 것을 의미한다.

를 양산하는 데 기여한다. 무엇보다 교통과 통신의 발달은 무장소성을 확장시키는 것으로 파악된다. 즉 길, 철도, 공항은 경관과 함께 발전하기 보다는 오히려 경관을 위압하고 가로지르고 토막내는 한편 대규모의 이동을 통해 무장소성의 급속한 확산을 초래하는 것을 의미한다. 신문, 저널, 라디오, 텔레비전 같은 통신 및 대중매체의 확산 역시 대면접촉의 필요를 줄이고 지리적 제약으로부터 공동체를 해방시킴으로써 장소에 기반한 공동체의 중요성은 감소하는 것으로 간주된다.

하지만 과거의 장소가 좋고 오늘날의 비장소는 나쁘다라는 이분법적인 고정관념을 탈피할 필요가 있다. 과거를 부정하는 것과 마찬가지로 과거를 이상화하는 것도 비현실적이이기 때문이다. 이러한 점에서 현대의 경관 경험은 오늘날의 문화적 태도와 활동, 삶 형식과 밀접한 관련속에서 이해해야 한다. 짐멜이 언급했듯, 전형적인 대도시인은 외부 환경의 흐름이나 그 모순들에 의해서 삶이 뿌리째 위협받는 상황에 대해 방어 메커니즘을 만들어낸다(Simmel, 2006: 36-37; 윤명희, 2009a: 116-118). 즉, 대도시 개인들은 대도시의 억압적 힘으로부터 지키기 위한 자구책으로서, 감정적인 반응이 아니라 이성적이고 지적인 반응을 보인다. 소도시 삶 형식이 정서적 상호작용이라면, 대도시의 삶 형식은 '계산적인 정신'에 기초한 이성적 상호작용의 특징을 띤다. 이처럼 대도시 삶에서 요구되는 정확성, 계산가능성, 치밀성은 대도시의 화폐 경제적 지성주의적 성격과 밀접히 관련되어 있으며, 자기 스스로 삶을 규정하되 비합리적이고 본능적인 기질과 충동은 배제하고자 한다. 이러한 이성적이고 성찰적인 삶 태도와 연관된 현대의 도시풍경은 열정없는, 그리고 둔감한 풍경이다. 이것은 '일상생활의 단편들이 마치 퍼즐 조각처럼 조립되고 재단되고 설계되며, 이러한 일상의 각 조각들이 수많은 조직과 제도에 의존하며 합리적으로 수행되는' 전형적인 풍경을 보여준다(Lefebre, 2005: 131-132).

무엇보다 장소와 비장소는 서로 뚜렷이 구분되는 정반대의 현상이 아니다. 교통과 통신, 그리고 테크놀로지의 발달은 장소적인 것으로부터의 이탈을 가속화하는 한편 공간의 경계 범주를 모호하게 하기 때문이다. 물리적 장소와 매개된 가상 공간을 구분하는 것은 마치 신체의 장소와 정신의 장소를 구분하는 것만큼이나 불가능한 것이 되고 있다. 특히 여행과 이주과 같은 장소들 사이의 지리적 이동이 빈번해짐에 따라 '탈장소'는 더 이상 예외적 현상이 아니다(McDowell, 2010: 347-351). 이동하는 삶은 과거의 생활방식이거나 일반적인 상식에서 벗어난 혹은 무언가 문제가 있는 것으로 간주되어왔다. 하지만 오늘날 여행, 이민, 인구이동은 일시적이고 이례적인 사건을 넘어 고정적이고 영구적인 생활보다 더 정상적인 일상이 되고 있다. 이동의 문화가 최근의 현상에 국한되는 것은 아니지만 이동의 범위와 강도, 속도, 그리고 그 영향력에서 유래가 없는 양상으로 나타나고 있는 것이 사실이다(Held et al., 2002: 443-513).

특히 미디어는 지구적 차원의 상호작용을 매개하는 중요한 기제로 작용한다. 지구적 차원의 상호작용은 중심-주변 모델로는 이해될 수 없는, 복합적이고 중층적이며 탈구적인 질서로 나타난다. 아파두라이는 지구적 차원의 상호작용 복합성을 에스노스케이프(ethnoscapes), 테크노스케이프(technoscapes), 파이낸스스케이프(financescapes), 미디어스케이프(mediascapes), 이데오스케이프(ideoscapes)라는 5가지 차원간의 관계로 설명한다(Appadurai, 2004: 61-69). 이 가운데 미디어스케이프는 정보를 생산하고 배분하는 신문, 잡지, TV방송국, 영화제작 스튜디오같은 미디어와 함께 이것에 의해 생산된 이미지들 모두와 관련되어 있다. 미디어기구와 장치들이 이를 소유한 개인이나 집단의 이해관계에 밀접한 연관을 맺는 것은 널리 알려진 일이다. 그런데 미디어스케이프에서 가장 중요한 것은 전세계의 많은 관객들이 매체가 제공하는 이미지와 이야기들을 통해 복합적이고 상호연관된 레퍼토리를 경험한다는 점이다. 이는 현실적인 풍경과 허구적인 풍경 사이에 존재하는 선이 점점 희미해진다는 것이며, 그 자신의 삶 뿐만 아니라 다른 곳에 살고 있는 사람들의 삶에 대한 상상적 관계를 맺게 된다는 것을 의미한다. 이러한 미디어스케이프의 복합적이고 상호연관된 지구적 풍경은 '영토화되지 않는, 공간적으로 제한되지 않는, 그리고 문화적으로도 동질적이지 않는' 전지구적 문화 흐름의 중요한 원천이 된다.

물론 최근의 이동 추세를 유별난 것으로 과장하는 것은 지양해야 한다. 혹은 이러한 이동의 일상화를 기존의 고정된 구조를 부정하는 새로운 사회적 실천으로 곧바로 격상되는 것도 피해야 한다. 예컨대 탈출을 통해 저항을 이룰 수 있다는 주장들은 로컬리즘에 기초한 투쟁과 변화의 가능성을 과소평가하는 경향을 지닌다(McDowell, 2010: 355). 그럼에도 불구하고 오늘날의 이주와 과거의 이주는 뚜렷하게 구분되는 양상을 띤다. 즉, 이주의 동기와 선택이 어떠하던간에 이들 모두는 라디오와 텔레비전, 신문, 전화같은 매체에 의해 중개된다는 것이며, 또한 이들 매체들은 도구적 합리성의 수단이면서 또다른 한편으로 개인들에게 새로운 선택과 경험들을 제공할 수 있다는 것이다(Appadurai, 2004: 16). 실제로 장소중심에서 네트워크중심으로 변모하고 있는 사회성의 토대는 토착성이나 지역적 경계성에 의존하는 단일차원화된 사회관계의 개념을 넘어 개인들의 일상적 삶 위치와 관련된 이질적이고 다양한 공간의 조직화가 확산되고 있음을 보여준다(Castells, 2004: 175).

4. PC방에서 PC-방까지: 혼종적 일상풍경

그렇다면 네트워크시대 공간풍경의 실제는 어떨가. 이를 알아보기 위해 필자는 일상생활의 주거지와 아울러 대학가 일대의 PC방과 멀티방을 현지관찰하고 이를 사진으로 기록하였다. 이러한 체험과 이미지를 중심으로 네트워크 일상풍경에 대한 이야기를 풀어가고자 한다.

1) 밋밋한 혹은 혼잡한 풍경

어느 길 혹은 어느 도로에서 만나도 PC방은 어디선가 본 듯한 흔적을 공유하고 있다. 이것은 평균률에 근거해 고안된 동질성의 자국, 즉 구체적 장소성이 제거된 비장소의 확장을 보여준다. PC방은 보잘것없고 평범하고 당연하게 여겨지는 모든 것들로 구성되어 있는 일상의 '단순하고 밋밋한 풍경'을 그대로 담고 있다. 즉, PC방을 둘러싼 일상 풍경은 평범하고 특징이 없으며 놀랄만한 것도 없는, 대중을 위해 설계된 대량 생산된 소비품들로 채워져 있다. 이러한 PC방은 여전히 상업적이고 조야하고 난잡한 광고판, 생기없는 건물과 출입구, 통로 등과 연결되어 있다. 획일적이고 단조로운 PC방의 풍경은 단순성과 명시성을 특징으로 한다. 또한 PC방의 일상 풍경은 활동을 위한 무대에 필요한 건물, 공간, 그리고 평범한 사물들이 정리되지 않은 체 혹은 난잡하게 뒤섞여 있다. 이처럼 PC방은 풍부한 삶과 유리된 공간 혹은 정체성없는 비장소의 풍경을 재현한다.

특히 PC방은 각종의 소비 공간들과 동시에 뒤섞임으로써, 밋밋한 경관에 혼란스러움을 더한다. 예컨대 PC방은 업무와 활동의 보조공간에서부터 점점 일상적이고 여가적인 공간으로 변모하여 왔다. 초창기의 PC방이 일을 보조할 수 있는 몇 가지 유용한 장비들이 갖춰져 있는 공간이었던 데 비해, 현재의 PC방은 상호작용 게임을 위한 고사양 컴퓨터와 함께 좀더 오랜시간 동안 '게임'에 집중할 수 있게 하는 각종 서비스, 예를 들어 스낵, 음료수, 안락한 인테리어를 보완하는 데

주력한다. 게임을 위한 공간으로서 PC방은 놀이와 여가의 구체적인 현장이며, 온라인 게임의 몰입적 상호작용성은 새로운 정체성을 구축하고 경험하는 실제적인 체험이 될 수 있다. 이러한 점에서 PC방은 축제의 외양을 지니고 있다.[45] PC방과 연결된 각종의 방들은 축제를 위한 음주가무의 의식을 보다 충족시킨다. 하지만 동시에 이곳에는 사람들의 문화 대신 상업화와 시장 시스템에 의해 식민화된, 그리고 속물주의로 둘러싸인 전체적으로 '타락한 환경'(Jameson, 1991)이 자리잡고 있다. 그렇기에, 소비를 위해 고안되고, 계획된 각종의 방들과 PC방은 명시적 이질성에도 불구하고 문화적 동질화를 위해 계획된, 즉 축제의 현장을 흉내낸 '사이비-축제'의 공간들이다.

또한 PC방은 밋밋하면서도 혼란스러우며, 단순하면서도 모호한 양상이 가속화되는 지점으로 나아가고 있다. 이것은 각종의 개별 방-공간의 병렬적인 연결이 아니라 보다 통합된 복합성, 다시 말하자면 상업적으로 고안된 다양성에서 두드러지는데, '멀티방' 같은 형태를 그 예로 들 수 있다.[46] 멀티방은 최근에 생겨난 복합유통게임장인데, PC방, 노래방, DVD방, TV시청 등의 디지털 엔터테인먼트를 다양하게 서비스하는 공간이다. 이러한 멀티방은 방과 테크놀로지가 접목되면서 나타나는 변화, 즉 기존의 PC방과 비교할 때 공간의 복합화 양상이 좀더 구체적으로 드러난다. 또한 멀티방은 탁자와 의자가 있는 룸(room)이 아니라 온돌방같은 전형적인 방(房)의 형태를 띠고 있으며, 방의 사적이고 폐쇄적인 차원이 좀더 강화되어 있다. 예를 들어 기존의 PC방이나 노래방이 공개적이고 끼리끼리

45) 축제는 의식의 성질을 띤 구경거리들, 패러디·희화화·모독·왕관(권위)의 박탈 등과 같은 극적 구성, 그리고 다양한 종류의 상소리들 - 욕설, 모독, 대중의 과시 등 - 라는 세가지 중요한 문화적 형식을 띤다(Bakhin, 2004: 24). 이러한 축제의 공간은 웃음의 원리를 통해 구성된 민중들의 축제적 삶으로, 엄숙한 공식적 전례 형식 및 예식들과는 달리 모든 위계적 질서와 관계, 특권, 규범, 금기의 일시적 파기를 승인하며, 제도적으로 보장된 구경거리와 함께 쾌락을 통해 저항의 의미를 체험적으로 형성하는 장소이다.

46) 멀티방은 2009년 9월 게임법 시행규칙의 개정에 의해 복합유통게임장으로 합법화되어 10대 청소년도 자유롭게 출입할 수 있는 공간이다. 일부 멀티방에는 노래방 기계와 PC, 게임기, TV외에 침대와 소파, 욕실 등의 시설까지 갖춰 놓거나 불법 게임물과 비디오물도 유통되고 있어 청소년의 탈선을 조장하는 공간으로 문제화되고 있다.

의 소집단이라는 사회적 관계와 관련되어 있다면, 상대적으로 멀티방은 '2자관계'라는 친밀하고 제한된 사적 관계를 확인하는 공간에 가깝다.

이러한 PC방의 복합화와 폐쇄성의 동시적 강화는 속도전적인 변화를 거듭해 온 한국사회의 이중적인 일상 풍경을 보여준다. PC방의 복합화 및 폐쇄적 풍경은 '포스트모던 풍경'이라고 부르기를 주저하게 한다. 포스트모던 풍경은 현상의 복잡성과 관련해서는 유용하지만 역사적 문화적 맥락에서 배태되는 일상의 풍경에 대해서는 제한된 설명만을 제공하기 때문이다. 한국사회에서 PC방의 복합화와 폐쇄성은 다원적 개인주의와 후기사회구조의 접목에서 도래한 것이라기보다는 오히려 물질적 고도성장과 집단주의 문화간의 아노미적인 불균형에 더 가까워 보인다. 한국사회는 개인 이익의 추구라는 사적 자본의 정상화에 비해 문화적 차원에서는 가족주의같은 집단문화가 여전히 작동한다. 이러한 한국의 집단문화는 특유의 인간주의와 협력주의로 나타나기도 하지만 자기집단중심주의와 폐쇄적 배타주의라는 다면적인 문화적 얼굴로도 표출된다. 흔히 인맥과 가족주의로 표상되는 이 특유의 문화는 공식적인 시스템의 확률을 현저하게 저하시키는 대신 비공식적인 인맥을 가장 효과적인 자본으로 호명한다. 이런 맥락에서 볼 때 복합적 기능을 통합한 새로운 PC방의 폐쇄성은, 은밀한 사적 영역의 의미를 넘어, 효율적인 인맥 자본을 확인하고, 구축하고, 강화하는 한국사회의 실질적인 과정을 표상하는 것이라 볼 수 있다.

2) 'PC방'의 사회적 확장과 사이공간의 혼종적 풍경

호황기와 비교할 때, 생활 인근에서 PC방을 찾기는 대학가나 상업지구에서만큼 쉽지 않다. 내가 PC방을 찾아 어슬렁거리고 다녔을 때, 대학가 혹은 상업지구에서 PC방은 찾기 전에 시야안에 재빨리 들어왔다. 하지만 '동네'에서 PC방은 다른 업종으로 변경됐거나 간판만 남겨놓은 채 대부분 그 자리를 비우고 도망가 있었다. 그렇다면 PC방은 지리적 생활장소로부터 추방된 혹은 소멸되어가는 공간인가? 하지만 PC방의 흔적은 다른 방식을 통해 지속되고 변형된다. 예를 들어 인터넷 카페는 PC방의 다른 이름이었지만, 이제 인터넷 없는 카페는 찾기 힘들다. 인터넷매개의 카페는 근대초기 '커피하우스'(Coser, 1993: 45-53)의 전통을 불러온다. 계산대에 1페니의 돈을 내면 종교와 주의, 신분에 개의치 않고 모든 사람들에게 열려 있으며 아무 빈자리나 내키는 대로 차지하고 앉아 주위 사람들과 대화를 나눌 수 있었던 18세기 런던의 커피하우스는 인터넷을 매개로 다시 재현된다. 커피하우스의 단골고객들이 자연신교와 전통주의, 그리고 새로운 정치경제적 견해의 탄생으로 비공개적인 클럽으로 나뉘어진 것처럼 인터넷 상호작용의 공간 역시 함께 있으되 이것은 하나의 덩어리가 아니다. 마치 커피하우스의 새로운 분열이 신분계층이 아니라 개인의 업적과 관심사에 따라 이뤄진 것과 마찬가지로 인터넷 연결된 방의 개인들은 개별의 지향과 이해관계, 취향에 따라 움직이고 결합하고 헤어진다.

이러한 점에서 PC방은 소멸되는 것이 아니라 네트워크화된 공간과 사회로 끊임없이 재생된다. 실제로 네트워크 시대의 장소 이동은 지리적 시간대와 공간대를 옮겨다니는 원거리 여행을 넘어 '내적 외국으로의 여행'으로 확장되고 있다. 테크놀로지가 매개하는 시공간의 압축은 비동시적인 것의 동시성을 일상적으로 실현하는 계기가 된다. 'PC-방'은 장소이동, 즉 여기와 저기라는 비동시적인 장소에 동시에 있게 하는 장소가 된다. 비동시성의 동시성을 실현하는 이동의 장소들로서 'PC-방'은 어떤 공동 장소에도 통합되지 않고 자신의 낯섦을 잃지 않는 가운데, 타자 장소와 자기 장소가 조우하는 공간이 된다. 즉, 낯섦과 자기 경험을 위해 필요불가결한 분열과 틈을 용인하되 서로 침투하고 공통으로 경험하되 또한 상호분리되는 그러한 장소가 되는 것이다.

특히 네트워크화된 장소들로서 'PC-방'의 일상풍경은 경계의 구획보다 흐름이며 혼종성을 특징으로 한다(윤명희, 2010: 139-141). 혼종성이란 용어는 정체성과 문화적 형태가 혼합과 융합의 산물이며 이동에서 비롯된 결과라는 것을 의미한다(McDowell, 2010: 361-363). 이것은 서로 경쟁관계에 있는 두 개의 정체성을 대체하는 경계넘기, 틈새 혹은 제3의 위치같은 용어로 쓰이기도 한다(Bhabha, 1990: 211). 이것은 다른 문화를 받아들인다는 문화변용이나 단순한 혼합보다는 역동성과 유동성을 강조하는 횡단문화(transculture)에 가깝다(Mirzoeff, 2009: 233-234).[47] 횡단문화는 공간과 공간, 문화와 문화간의 틈새에 존재하는 '사이-공간'을 떠올리게 한다(Bexte, 2010: 292-293). 두 공간 사

47) 횡단문화는 세 가지 과정, 즉 새로운 문화적 차원의 습득, 구문화의 상실, 그리고 구문화와 신문화의 조각들을 통일성있는 하나의 몸체로 용해하는 과정을 포괄한다. 흔히 혼종성에 기반한 횡단문화는 하위주체의 저항적 정체성으로 연결된다. 식민 지배에 대한 저항의 형식으로서 탈식민주의 논의가 그것이다. 유럽의 아프리카 쟁탈 시기에 식민지의 저항은 제의를 통해 나타나곤 하는데, 콩고제국의 민키시(Minkisi)를 그 예로 들 수 있다(Mirzoeff, 2009: 261-269). 민키시는 힘을 가진 사물로 노련한 통제자 은강가(Nganga)의 부름을 받아 적이나 악의 영혼들에 저항하는 기도자들을 중재한다. 유럽인들은 민키시와 아프리카의 종교적 사물들을 페티시(fetish)로 규정짓고 무생물의 사물로 간주했다. 하지만 민키시의 존재는 아프리카인들이 스스로를 식민지 체제의 종복이나 객체가 아닌 주체로 상상하게 한다. 무엇보다 민키시는 횡단문화적 과정의 결과물로서, 민키시의 구멍난 신체 이미지는 기독교적인 유럽인과 콩고인의 믿음이 모호하게 혼합된 문화적 형식을 보여준다.

이에는 반드시 또다른 공간이 있으며, '사이'가 없이는 공간의 분리도 연결도 없다. 이처럼 '사이-공간'은 공간에 대한 관계적 사고에 기초하고 있으며 분리와 연결이라는 형상을 제시한다. '사이-공간'이라는 차원은 공간과 공간간의 분리와 연결을 일깨우며 이를 통해 이동과 변화를 내포하는 혼종성에 대한 사고를 촉진시킨다.

예컨대 무선인터넷 와이파이(Wi-Fi)와 스마트폰 같은 움직이는 PC방은 혼종적인 사이공간의 사회적 확장으로 이해될 수 있다. 사람들은 자신의 방 혹은 작업실에서 나와 버스와 지하철, 고속철도로 이동하면서 다른 사람들의 사무실 혹은 침실로 연결, 접속한다. 이처럼 이동하면서 연결하고 재연결하는 것은 의무이자 놀이이다. 장소에서 장소로 이동하는 시간, 예컨대 일터에서 집으로 가는 길은 의무의 시간이 종결된 명백한 경로와 일치하는 것이었다. 하지만 공간과 공간을 지속적으로 연결하고 재연결하는, 즉 네트워킹하는 상황은 의무의 시작과 종료를 모호하게 한다. 이동하면서 의무를 지속하는 사람들은 움직이는 PC방을 짊어지고 작업하는 힘겨운 노동자들이다. 사이공간에서도 일은 끝나지 않고 이동하는 PC를 통해 끊임없이 지속된다. 또다른 한편, 접속하며 움직이는 사람들은 쉴새없이 놀이하는 게으른 자들이다. 게으른 것은 중요치 않은 것, 혹은 하찮은 것을 이미하지 않는다. 사람들은 이동하는 내내 문자보내기, e-book보기, 웹으

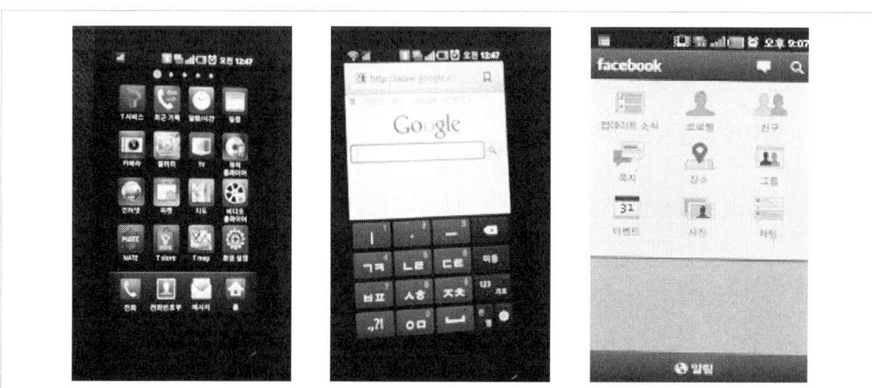

로 음악듣기, 유투브로 동영상보기, SNS에서 이야기하기 등 쉼없이 놀이하고 유희한다. 이들은 마치 일상적이고 직접적인 실무에는 거의 관심을 쏟지 않는 진지한 지식인들과 마찬가지로 게으른 호기심에 온통 정신을 쏟는다. 이처럼 장소와 장소 혹은 공간과 공간의 분리도 연결도 없는 사이공간에서 네트워킹하는 사람들은 일하는 자와 게으른 자의 정체성 사이를 오고 간다.

3) 연결과 분리, 그리고 재연결로서 네트워크화된 장소들

칸막이로 구분되어 있는 물리적 장소에서 벗어나 장소들의 네트워크로 'PC-방'을 상상한다는 것은 네트워크 공간이 사람들을 연결하고 분리하며 포함하고 배제하는 현실의 공간이라는 것을 의미한다. 이러한 PC-방은 미로의 구조와 문화적 차원을 띤다. '미로'는 '사이 - 공간'의 분리와 연결이 일어나는 특별한 장소로서, 미로에서 '사이'의 형상은 개방과 닫힘, 내부와 외부, 정향과 비정향의 중간지대에서 발견된다(Bexte, 2010: 307-309). 서로 분리하고 연결하는 것은 미로의 양상이자 근본적인 활동성으로, 이것은 한 장소에 접근하거나 접근하지 않는 근거들을 형성한다. 그물망와 같은 미로는 단지 웹이라는 인공적인 네트워크에만 해당되는 것은 아니다. 사회, 관계, 두뇌, 세포라는 공통점을 상상하기 힘든 각각의 차원들에서도 이러한 미로의 네트워크는 공통적이다. 인터넷을 매개로 온라인과 오프라인을 연결하고 또한 분리한다는 점에서 PC-방은 미로의 공간이다. 즉, PC-방의 사람들은 함께 있지만 또한 분리되어 있다. 예를 들어 PC방의 중앙은 게임으로 연결된 젊은이들의 자리이며, 그 주변부는 게임과 함께 밤을 종료하려는 사람들로 나뉘어진다. 좀더 빠르게 온라인과 연결하고 재연결하려는 사람들과 달리, PC방을 통해 낮의 세계로부터, 집으로부터, 학교로부터, 직장으로부터, 그리고 타자화하는 시선들로부터 도주한 사람들은 PC-방의 세계로 지속적으로 은둔한다. 이것은 연결의 표면을 갖지만, 오히려 분리이다.

인터넷 매개된 공간에서의 연결과 분리는 더욱 빈번하다. 네트워크화된 개별의 PC방들 사이의 거리는 어디서든 전체 네트워크와 연결가능하다는 점에서 제로에 가까운 경향을 띤다. 하지만 웹을 통해 네트워크화된 장소로 향하는 사람들의 연결선은 동일한 거리를 가진 평등주의적인 것이라기보다는 선호적 연결이라고 보는 편이 더 정확하다. 다시 말해 인터넷 사용자들은 무작위적인 연결이 아니라 취향과 기호, 이해관계, 관심사 등과 같은 코드에 따라 연결된다. 그렇다면 PC-방의 개인들은 자신이 원하는 모든 곳에 다다를 가능성 혹은 정반대로 남이 나를 보고 들을 가능성이 모두 같다고 말할 수 있을까? 사람들은 특정한 연결선에 의존하여 PC-방의 네트워크로 진입하고 연결하는데, 대부분의 경우 네트워크의 시작이 되는 '홈'은 대형 포털사이트이다. 이러한 인터넷 포털은 허브의 지위를 가지며 이들 허브사이트는 우리가 웹의 어디에서 무엇을 하고 있는지를 쉽게 찾을 수 있다.

이에 비해 개별 사용자들은 원하는 것을 웹에 올릴 권리는 갖고 있지만, 심지어 허브사이트 자체도 사용자들에 의해 만들어진 것이지만, 원하는 것을 보고 들을 가능성은 이에 상응하지 않는다. 허브 역할을 하는 대형 포털사이트의 콘텐츠의 많은 부분은 블로그나 인터넷카페, 전자게시판 등의 사용자 자신이 생산하고 가공한 것들로 이루어져 있다. 사용자들이 만든 콘텐츠는 일종의 사회적 공유라는 맥락을 지니지만 가입형 대형포털사이트를 이용하는 한, 이 콘텐츠의 저작권은 개별 사용자가 아니라 허브사이트에 귀속된다. 이렇게 볼 때, 네트워크화된 장소들은 연결선 수가 매우 많은 극소수의 허브에 의해 지배되며, 이들 허브사이트는 어디를 가든 특정한 지점을 가리키는 경향을 띤다고 할 수 있다.

이처럼 네트워크화된 장소들간의 연결과 분리라는 상반된 경향은 상상력의 확장과 퇴조라는 대조적인 삶 풍경을 동시에 조건화한다.[48] 상상력의 확장이라는

48) 이같은 상상력의 양면적 가능성은 일상의 비참함과 아울러 '일상의 위대성'이라는 대조적인 풍경에 대한 승인으로부터 가능하다(Lefebre, 2005: 95). 르페브르는 지루하고 모욕적이고 삶에 짓눌린 일상의 비참함과 아울러 땅 위에 뿌리박고 지속되며 숫자로 환원되지 않는, 그리고 반복적 몸짓으로부터 실천-감각의 세계를 창조하는 일상의 위대성을 동시에 강조한다. 이것은 일상의 축제성, 즉 외관상 빈약한 일상성의 밑에 숨겨진 풍요로움을 폭로하는 것, 경박성 밑에 깔린 심오함을 드러내는 것, 그리고 범상함의 비범상함에 도달하는 것을 강조하는 것일 뿐 아니라 민중의 생활, 거리의 생활, 자기들이 느끼고 행하는 것을 거침없이 말하고 즐기고 열광하고 모험하는 사람들의 생활을 찬양하는

측면에서 보면, 전통사회에서 상상력이나 환타지는 특정한 사람들이나 영역에 제한된 '잉여의 실천'이었지만 오늘날 사회에서는 영화나 텔레비전, 영상기술에 의해 창조되는 환타지는 사회적 삶을 가공하는 '사회적 실천'으로 여겨진다(Appadurai, 2004: 97-99). 특히 일상생활에서 미디어매개된 '상상력'은 연결과 이동으로 형성된 전지구적 장소감에 기초한 탈영토화된 다양한 정체성으로 나타난다.

예를 들어 중국의 정부기관은 인터넷같은 신기술을 시민의 참여가 아니라 인민의 생활수준 향상을 위한 수단으로 채택되었으며, 경제적 이익을 취하려하면서도 정치적으로는 권위주의 국가모델의 현상유지를 위해 활용하고자 한다. 하지만 풀뿌리 수준의 사용자 네트워크라는 'PC-방'은, 정치적 검열과 규제에도 불구하고, 중국의 가상 지평에 가장 혁신적인 변화의 근원이 되어 자유화의 엄청난 잠재성을 내포한 예측불허의 차원이 되고 있다. 실제로 중국의 대도시 주변 위성도시를 중심으로 번져나는 중국의 인터넷 카페는 도시 청소년들이 집단적으로 방문하여 온라인 게임을 하고 채팅을 하면서 새로운 청년 하위문화에 참여하는 장소가 되고 있다. 신분증을 보이지 않고도 인터넷카페에서 접속할 수 있는 중국의 PC방 사용자들은 민감한 국내 사안들과 관련된 상호작용에 참여하지만 이들 개인 사용자들을 모니터하고 통제할 수 있는 체계적인 방법은 없다(Linchuan Qiu, 2009: 153-164).

또한 2008년 미국쇠고기수입과 관련한 한국의 촛불정국은 이동전화와 노트북, 그리고 인터넷이라는 상호작용 네트워크로 연결된 사회적 광장으로서 'PC-방'의 형상을 보여준 사례라고 볼 수 있다. 'PC-방'이라는 네트워크 광장은 거대한 계몽적 포부나 목적론적인 의도보다는 일상성에 기초한 참여 기획에 가깝다고 볼 수 있는데, 여기에는 현장참여, 양초나누기, 인터넷동영상보기, 미안함의 표현, 온라인 출석체크 같이 다양한 수준, 즉 직접적 것에서부터 약한 의미의 참여까지

것을 포함한다(Lefebre, 2005: 94-99).

동시에 존재하는 양상을 띠고 있다. 또한 오프라인 광장과 온라인 광장은 글과 사진, 동영상 등 표현할 수 있는 모든 형식을 통해 연결되고 재연결된다. 사진이나 동영상같은 이미지지향적 텍스트의 구성은 오프라인 광장의 상황과 분위기를 생생하게 재현함으로써, 온라인 공간을 또 하나의 광장으로 네트워킹하는 효과를 강화한다. 이러한 참여기획은 일종의 '미디어 카니발 전략'으로서, 거대한 구조와 권력에 직접적이고 논리적인 대립보다는 패러디와 희화화, 권위의 박탈, 모독, 대중지성의 과시 등과 같은 축제의 양식이 주로 활용되고 있다(윤명희, 2009b).

그러나 구성된 사회적 삶은 미래를 향해 열려 있는 만큼 과거 혹은 현재와도 깊은 연관을 갖는다. 즉, 상상력와 결부된 사회적 삶은 세계적 차원의 자본지배, 그리고 배타적이거나 순응적인 문화적 양상들로부터의 완전한 결별이 아니다. 이러한 점에서 'PC-방'은 온라인과 오프라인, 과거의 것과 새로운 것, 그리고 계획된 것과 기획하는 것이 끊임없이 상호대화하는 공간이다. 또한 미디어 매개된 시공간의 압축과 흐름이 각각의 장소와 각각의 위치에 따라 다르게 경험될 수 있기에, 네트워크화된 혼종성은 어떻게 발전할 지 불확실하며 소수집단 정체성은 배타적이고 보수적인 주장으로 귀결될 수도 있다. 즉, 장소들간의 네트워크화는 정체성의 진보적인 변화를 가져올 수 있는 반면 정체성에 대한 고루한 생각에 매달리거나 새로운 경험을 거부하는 방식, 예를 들어 국가주의나 분리주의같은 것으로 발전할 수도 있다(McDowell, 2010: 374). 이것은 틈새와 사이, 이질성을 추인하는 대신 여기로의 동일화를 추구할 때 '네트워크화된 미로'가 경이의 지형이 아니라 '경악'의 지형'(Waldenfels, 2010: 104)으로 퇴락하는 지점을 명확히 보여준다.

5. 네트워크화된 장소들의 미래

이 글에서는 PC방, 즉 컴퓨터와 인터넷을 매개로 연결된 사람들의 네트워크화된 방풍경을 통해 이들 네트워크 공간에서 나타나는 지루한 반복과 동시에 뒤섞임, 변화를 탐색하고 있다. 디지털매개 네트워크 공간은 텅빈 공간이 아니라 상호작용하는 사람들의 공간이라는 점에서 사람들의 구체적인 상호작용문화, 즉 구체적인 소통 및 커뮤니케이션 과정에 대한 분석을 통해 추후에 좀더 보완될 필요가 있다. 결론에 대신하여, 네트워크화된 장소들의 미래에 대해 잠시 생각해보고자 한다. '인터넷'은 '상호작용'하는 일상생활을 매개하는 하나의 계기이지 예정된 결과를 초래하는 원인이 아니다. 물론 이 매개의 기술력이 갖는 위력은 새삼 말할 필요가 없을 정도로 강한 효과로 나타나는 것도 사실이다. 그럼에도 불구하고, 인터넷 매개된 '상호작용'이 능동성이나 자율성을 그대로 용인하는 것이 아니듯, PC방의 사회적 확장이자 네트워크화된 공간으로서 'PC-방'은 구성되고 재구성되는 '열린 과정의 하이퍼텍스트'라는 점을 다시 강조할 필요가 있겠다.

이 사회적 하이퍼텍스트로서 'PC-방'이 어디로 향할 것인지는 알 수 없다. 다만 하이퍼텍스트의 유동적 가능성과 관련하여, 벤야민이 말한 '좋은 산문을 쓰는 작업'(Benjamin, 2007: 56)의 세 단계, 즉, 전반적인 구성을 생각하는 음악적 단계, 조립하는 건축적 단계, 그리고 마지막으로 짜맞추는 직물적 단계(text)를 함께 떠올려볼 것을 제안한다. 이것은 텍스트의 탄생이 우연성, 즉 작가의 천재성으로 일거에 획득한 성과가 아니라 어떤 최적의 균형에 도달하는 조합적 과정을 통해 이뤄진다는 점을 의미한다. 그렇다면 네트워크화된 미로라는 하이퍼텍스트의 균형은 어디에서 찾을 것인가. 이 질문에 대한 단초는 '어떤 방향을 향하여 잘 조정하는 사람들'(kybernetikos)의 '복합적인 협력'으로부터 변화되어온 웹의 문화적 궤적으로부터 얻어야 할 것이다. 다시 말하자면, '네트워크화된 삶 장소들'로서 'PC-방'의 실현은 직물로서 텍스트가 만들어지는 과정을 따르는 동시에 다양한 방면의 협력이 얼마만큼 유쾌하게 지속되는가에 달려 있다. 이것은 미래에 대한 대책없는 희망사항이 아니라 '이성으로는 회의하되 의지적으로 낙관하는' 것을 통해 네트워크화된 삶 장소를 상상하고 지향해보는 것과 유사하다고 할 수 있다.

〈참고문헌〉

권첼(Stephan Günzel). 2010. "공간, 지형학, 위상학". 『토폴로지』. 이기홍 옮김. 에코리브르

김문조 외. 2001. "정보생활화의 촉진을 위한 PC방 활용방안". 『정보화정책저널』 제8권 제1호, pp. 26-41.

김홍중. 2005. "문화사회학과 풍경의 문제: 풍경 개념의 구성과 그 가능성에 대한 이론적 탐색", 『사회와이론』 제6집, pp. 129-167.

데프레(Terrence Des Pres). 2010. 『생존자: 죽음의 수용소에서의 삶의 해부』. 차미례 옮김. 서해문집.

렐프(Edward Relph). 2005. 『장소와 장소상실』. 김덕형 외 옮김. 논형.

린다(Linda McDowell). 2010. 『젠더, 정체성, 장소』. 여성과 공간 연구회 옮김. 한울.

린추안추(Jack Linchuan Qiu). 2009. "중국의 인터넷-국가주의 사회 속의 자유기술". 『네트워크 사회』. 박행웅 옮김. 한울.

르페브르(Henri Lefebre). 1992. 『현대세계의 일상성』. 박정자 옮김. 에크리.

미르조에프(Nicholas Mirzoeff). 2009. 『비주얼 컬처의 모든 것』. 임산 옮김. 홍시.

바흐친(Mikhil Bakhin). 2004. 『프랑수아 라블레의 작품과 중세 및 르네상스의 민중문화』. 이덕형 외 옮김. 아카넷.

베른하르트(Bernhard Waldenfels). 2010. "생활세계의 지형학". 『토폴로지』. 이기홍 옮김. 에코리브르.

벡스테(Peter Bexte). 2010. "사이-공간: 사이버네틱스과 구조주의". 『토폴로지』. 이기홍 옮김. 에코리브르.

벤야민(Walter Benjamin). 2005. 『아케이드 프로젝트 I』. 조형준 옮김. 새물결.

________2007. 『일방통행로: 사유의 유격전을 위한 현대의 교본』. 조형준 옮김. 새물결.

아감벤(Giorgio Agamben). 2008. 『호모 사케르』. 박진우 옮김. 새물결.

아파두라이(Arjun Appadurai). 2004. 『고삐 풀린 현대성』. 차원현 외 옮김. 현실문화연구.

에벨링(Knut Ebeling). 2010. "현장: 공간철학에서 장소이론으로". 『토폴로지』. 이기홍 옮김. 에코리브르.

원형중 · 박수정. 2000. "PC방 이용자 여가행동의 문화.기술적 분석". 『한국스포츠사회학회지』 제13권 1호, pp. 85-96.

윤명희. 2008. “블로그의 사회이론적 탐색 : ‘커뮤니티’의 시각에서”. 『사이버커뮤니케이션학보』 제25권 5호, pp. 121-169.

______2009a. “디지털공간의 스펙터클과 산책자”. 『담론 201』 제12권 2호, pp. 107-135.

______2009b. “청소년과 디지털 참여: 커뮤니티의 감성적 상호작용 분석을 중심으로”. 『한국사회학』 제43집 5호, pp. 211-245.

______2010. “네트워크시대 하위문화의 애매한 경계, 그리고 흐름”. 『사이버커뮤니케이션학보』 제27권 4호, pp. 125-162.

윤선희. 2001. “PC방과 네트워크 게임의 문화연구-스타크래프트를 중심으로”. 『한국언론학보』 (45-2). pp. 316-348.

이인혜·이혜정. 2009. “병리적 인터넷 사용 하위 유형과 성격특성 - PC방 이용자를 중심으로“ 『사회과학연구』 (15-2) pp. 473~509.

짐멜(George Simmel). 2006. “대도시와 정신적 삶”. 『짐멜의 모더니티 읽기』. 김덕영·윤미애 옮김. 새물결.

카스텔(Manuel Castells). 2004. 『인터넷 갤럭시』. 박행웅 옮김. 한울.

코저(Lewis A. Coser). 1993. 『살롱 카페 아카데미: 지식인과 지식사회』. 지평문화사

헬드 외(Held, David et al.). 2002. 『전지구적 변환』. 조효제 옮김. 창비

Bhabha, Homi. 1990. The Third Space:Interview with Homi Bhabha. In J. Rutherford(ed.). *Identity: Community, Culture, Difference*. London: Lawrence and Wishart.

Heesang, Lee. 2007. Hybrid Urbanscapes of PC bangs and Their Socio-Spatial Effects on Human Bodies. *Journal of Korean Geographical Society, Vol. 42, No. 5*, pp. 710-727.

Jameson, Fredric. 1991. *Postmodernism, or the cultural losic of late capitalism*. Duke University Press Books.

제7편

편의점으로 읽는
도시인의 삶과 문화

07

편의점으로 읽는 도시인의 삶과 문화

– 김애란, "나는 편의점에 간다"와의 사회학적 동행 –

전상인

1. 서론

이 글은 편의점의 눈으로 이 시대 우리나라 도시인의 삶과 문화를 읽는다. 편의점은 자본주의 시장경제 체제에서 상품의 유통을 담당하는 경제주체 가운데 하나로서, 역사가 그리 길지 않다. 영어로는 'Convenience Store'(CVS)인데, 한글사전에서는 "편리함을 개념으로 도입된 소형 소매점포"로 정의한다(두산백과). 최근 우리나라에서 편의점의 성장세는 가히 눈부시다. 전통적으로 일본을 '콘비니 왕국'으로 불렀는데, 모름지기 한국은 '편의점 제국'쯤 되지 않을까 싶다.

언제부턴가 한국사회에서 편의점이 생활의 중심에 성큼 들어와 있음에도 불구하고 사회학은 편의점 확산 문제나 편의점 중독 현상에 별다른 주목을 하지 않았다. 도시 관련 연구 분야도 사정은 마찬가지다. 편의점 연구는 경제학이나 경영학, 유통학, 소비자학 분야에서 일정 부분 다루어졌을 뿐이다. 편의점에 대한 사회학적 재발견 혹은 재인식을 강조하는 이 글은 편의점에서 현대 한국사회의 단면과 경향을 찾고자 한다. 편의점을 알면 우리 사회가 읽히고 우리 시대가 보일 것이라는 기대가 이 글의 출발점이다.

이 글은 김애란의 소설집 〈달려라, 아비〉에 실린 단편 "나는 편의점에 간다"를 길잡이로 앞세운다. 질적 방법 가운데 하나로 소설이 "사회적 분석을 위한 중요한 매개체"라는 사실은 아무리 강조해도 지나치지 않다(Becker, 2007:8). 김애란의 위 소설은 편의점의 사회학적 의미를 사유하고 상상하는데 필요한 착상과 통찰 및 함의로 가득하다. 이 글은 편의점을 소재로 한 김애란의 소설 작품을 사회학 이론으로 재해석하고, 이를 학술적 체형과 문법으로 재구성하는 방식으로 쓰여진다.

김애란은 1980년생 여성작가다. 단편 "노크하지 않는 집"으로 2002년 제1회 대산대학문학상 소설부문을 수상했고 2005년에는 제38회 한국일보문학상을 받기도 했다. 지금까지 〈침이 고인다〉 (2005), 〈달려라, 아비〉 (2007), 〈두근두근 내 인생〉 (2011), 〈비행운〉 (2012) 등 네 권의 창작집을 펴냈다. 김애란은 우리 시대에 "가장 집중적인 스포트라이트를 받은 전도유망한 젊은 소설가" 혹은 "한국소설의 새로운 희망을 얘기할 때 가장 자주 언급되는 문학적 아이콘"으로 언급된다(권성우, 2008:130). 특히 그는 "유머감각을 가지고 재미있게 이야기 할 수 있는 재주를 지닌 작가"로 평가된다(우찬제, 2006:408).

물론 김애란은 통속작가가 아니다. 그녀는 대도시 변두리의 비루한 삶을 재미있게, 그러나 대단히 진지하게 다루는 작가다(손종업, 2006:218; 권성우, 2008:132 등 참조). 김애란의 문학적 시대정신은 이른바 '87년 체제'의 등장, IMF 경제위기 및 양극화 시대, 그리고 IT 혁명을 배경으로 하고 있다. 김애란은 청년세대의 시선과 입장에서 현대 도시공간의 사회적 풍경을 작품 소재로 삼는 경우가 많은데, 이는 20대에 처음 상경했다는 작가의 개인적인 경험과도 무관하지 않을 게다. 특히 편의점이란 김애란 시대의 작가들에게 있어서 일종의 "문화적 아이콘"이자(우찬제, 2006:398), "도시적 삶의 패턴과 인간관계가 무엇인가를 집약적으로 보여주는 장소"다(이광호, 2008:290). 그런 만큼 그녀가 그려내는 대도시 일상은 관찰자의 눈에 포착된 풍경이 아니라 삶을 살아내는 자의 감각이다. 달리 말하면 "관찰이 아니라 연루의 기록"이다(김동식, 2005:256).

참고로 "나는 편의점에 간다"의 줄거리는 다음과 같다.[49] 주인공 '나'는 대학가 근처 주택단지에서 혼자 자취를 하며 살고 있는 여대생이다. 그곳에는 편의점이 세 개 있는데, 그 가운데 오직 한 군데만 다닌다. 이유는 그곳의 아르바이트생이 늘 사무적이고 기계적이라 부담이 없기 때문이다. 그게 개인적 호감으로 발전하여 휴대전화 충전을 핑계로 그곳을 일부러 찾기도 한다. 어느 날 갑자기 시골에서 동생이 올라오게 되어 편의점 아르바이트생에게 집 열쇠를 맡겨보려 한다. 하지만 그는 '나'가 누군지 모른다며 거절한다. 얼마 후 한 편의점에서 여고생이 담배를 훔쳐 도망가다 자동차에 치이는 사고가 일어나는데, 이 때 치마가 뒤집혀 속옷이 드러났다. 주변의 누구도 선뜻 나서지 않는 상황에서 치마를 내려준 이는 마침 또 다른 편의점에서 복권을 훔쳐 나온 파란 야구모자의 사내였다.

2. 편의점 개관

편의점은 고객의 편의를 최우선으로 하는 소매점을 자임(自任)한다. 소설 속에서도 편의점은 "한 번도 휴일이 없었던" 곳이자 "나의 필요를 아는 척해주는 곳"이라 표현될 정도로 자신의 이름값을 한다(김애란, 2005:57, 이하 "나는 편의점에 간다"는 페이지만 표기). 그곳에 가기 위해 옷을 차려 입을 이유도 없고 차를 탈 필요도 없다. 하긴 주차장을 갖춘 편의점은 매우 드물다. "새벽, 트레이닝 바람으로 도로 위를 무단횡단해" 가기도 하는 곳이 바로 편의점이다(43). 작품 속의 '나'가 "많게는 하루에 몇 번, 적게는 일주일에 한번 정도" 편의점에 들린다고 말하는 것은 따라서 과장스럽지 않다(32). 백화점이나 슈퍼마켓 등과는 달리 편의점에는 영업시간 제한이나 의무 휴업 같은 것이 없어 누구라도 언제나 이용할 수 있다.

편의점이 편리한 것은 공간적인 측면에서도 그렇다. 작품 속에 등장하는 편의점이 그런 것처럼 편의점의 절대 대다수는 지상 1층에 입지해 있다. 편의점을 찾

49) 김애란의 소설은 대개의 경우 요약되지 않거나 요약을 요구하지 않는다. 파편적이고 장면적인 에피소드들이 빠른 속도로 탈주하기 때문이다. 그의 소설은 '개그콘서트'나 '우찾사' 같은 구성이라는 것이 평단의 의견이다 (우찬제, 2006:408).

는 일도 어렵지 않다. 그것은 외지거나 낯선 곳이 아니라 늘 사람이 많은 곳에 자리 잡는다. 편의점 자체가 랜드마크가 될 때도 많다. 하지만 편의점은 기본적으로 좁은 공간이다. 작품 속 주인공이 즐겨 다니는 큐마트 편의점의 넓이는 "스무평 정도"라고 하는데(44), 우리나라에서 편의점의 매장 면적은 법적으로 165㎡ 이하다. 편의점 간판은 2-3가지 색깔의 라인이 옆으로 나란히 그려진 경우가 많은데, 바깥에서 크게 보이라고 그랬는지도 모르겠다.

편의점의 좁은 실내를 가득 메우는 설비는 단연 냉장고다. 큐마트 편의점의 경우, 크고 작은 가로형 및 세로형 냉장고가 "미음자 모양으로 내부를 감싸고 있는 모양"을 하고 있으며, 그 안에는 주로 유제품과 냉동식품, 음료수, 빙과류 등이 들어있다(44). 그리고 이와 같은 큐마트 편의점의 내부 모습은 "다른 편의점의 구조와 크게 다르지 않다"(44). 작가에 의하면 "편의점은 바깥과는 다른 시간이 흐르고 있는 곳"이다(44). 일정한 냉기(冷氣)와 저온(低溫)이 경쟁력의 원천이기에 편의점은 계절의 순환이나 날씨의 변화와 무관하다는 뜻이다.

작가가 편의점의 냉장고를 묘사하는 대목에는 편의점의 태생 과정이 잘 드러나 있다. 편의점은 1927년 미국 텍사스주 댈라스 소재 사우스랜드 제빙공장(Southland Ice Company)에서 시작되었다. 이 회사는 얼음과 함께 빵이나 우유, 달걀 등을 취급하는 소매점을 인근 지역에 하나 둘씩 열기 시작했는데, 그것이 오늘날 체인화 편의점의 효시다(Bernstein, 1997:494-496). 식료품을 차게 보관하면서 영업시간까지 늘이자 편의점의 인기는 급상승했다. 1946년에 사우스랜드 제빙공장은 세븐일레븐(7-Eleven)이라는 이름의 편의점 체인을 오픈했는데, 일반가게가 문을 닫는 저녁 7시부터 밤 11시까지 문을 연다는 뜻을 담았다. 그리고 1963년부터 일부는 하루 24시간 영업을 시작했다. 그 무렵 미국사람들은 편의점을 "우리 동네 냉장고"라고 불렀다. 냉장고와 편의점의 관계는 말하자면 앙꼬와 찐빵 사이이다.

소설에는 3-4개의 편의점이 등장한다. 대학가 근처 주택단지를 중심으로 위치한 이들은 "삼십 미터가 안 되는 거리에 삼각형 모양으로 배치"되어 있다(33). 처음에는 엘지25, 패밀리마트, 그리고 세븐일레븐이 있었다. 하지만 언젠가 엘지25가 문을 닫은 다음, 그 자리에 큐마트가 들어섰다(39). 이와 같은 소설 속 편의점의 존재 방식은 실제 상황에 가깝다. 편의점에는 크게 체인화 편의점과 개인형 편의점 두 종류가 있다. 패밀리마트(2012년 8월 이후 CU로 개명), LG25(현재의 GS25), 그리고 세븐일레븐은 우리나라의 대표적 체인화 편의점인데, 이들의 점포 점유율은 2010년 현재 90%에 가깝다(한국편의점협회, 2011:47).[50] 편의점 체인도 유형이 다양하나 우리 주변에서 보는 대부분의 것은 프렌차이즈형이다. 본사에서 가맹점을 모집하고 동일한 브랜드로 판매하는 방식인데, 본사는 상표, 상호, 서비스, 경영노하우를 구축제공하고, 가맹점은 일정한 가맹비와 로열티를 본사에 납부한다.

김애란은 작품에서 편의점이 "기원을 알 수 없는 전설처럼 그렇게 왔다"고 썼다(32). "쉴 새 없이 무언가 생겼다 사라지고 생긴 게 또 생기는 서울"에서 편의점은 "시치미를 떼고 앉은 남편의 애첩처럼, 혹은 통조림 속 봉인된 시간처럼, 수상할 것도 없이"(32) 우리 곁에 불쑥 다가왔다는 것이다. 특히 작가는 편의점이 "말쑥한 차림의 전입생처럼 앉아 있었다"고 했다(34). 맞는 말이다. 편의점이라는 형태의 유통자본은 우리나라 토종이 아니라 바다를 건너온 수입품이다

우리나라에서 최초의 편의점은 1989년 5월에 세븐일레븐이 서울 송파구에 문을 연 올림픽선수촌점으로 알려져 있다. 그 이후 서울을 위시한 전국 도처에서 편의점은 "많이, 그리고 신속하게 생겨났다"(32). 경제위기가 찾아왔던 1998년과 2006년 두 해를 제외하면 편의점의 연간 점포 증가율은 늘 두 자리 숫자를 기록했다. 2011년 5월 현재 전국의 체인화 편의점은 모두 20,650개 정도로 알려져 있으며, 이는 우리나라 인구 2,410명 당 1개에 해당한다 (중앙일보, 2012.05.12).

소설에서처럼 "편의점에는 많은 사람들이 오간다"(33). 2010년 현재 편의점 1

---

50) 이는 2010년 4월, 세븐일레븐이 바이더웨이를 인수·통합하였기에 바이더웨이 편의점까지 합쳐진 수치이다(한국편의점협회, 2011:47)

개당 하루 평균 방문객이 413명이라고 했는데(한국편의점협회, 2011:73), 같은 숫자로 계상할 경우 2011년에는 매일 850만 명에 이르는 사람들이 편의점을 들락거린 셈이다. 그렇다면 누구나 편의점의 현실적 혹은 잠재적 고객이 된다고 보아야 한다. "조금 전 비디오방에서 섹스를 한 뒤 같이 컵라면을 나눠먹는 어린 연인", "근처 병원에서 아이를 지운 뒤 목이 말라 우유를 사러 온 여자", "아버지께 꾸중 듣고 담배를 사러 온 백수 총각", 그리고 "얼굴을 공개한 적 없는 예술가나, 실직자, 간첩, 심지어는 걸인으로 위장한 예수"까지 포함해서 말이다(33).

3. 소비주의의 첨병

소설 속의 '나'는 "많게는 하루에 몇 번, 적게는 일주일에 한번 정도 편의점에 간다. 그러므로 그사이, 내겐 반드시 무언가 필요해진다"고 했다(32). 작가는 "이상하게도" 그렇게 된다고 했다(57). 편의점은 항상 사람에게 손짓할 뿐 아니라 결코 빈손으로 그냥 돌려보내는 법이 없다는 의미다. "나는 세븐일레븐을 지나며 '설마 저렇게 많은 물건 중 내게 필요한 게 한 가지도 없을까' 의심하게 된다. 그러면 세븐일레븐은 틀린 답을 고쳐주며 학생의 머리를 쓰다듬는 선생님처럼 내 손에 무언가를 들려 보낸다"는 것이다(34).

이 대목에서 우리는 편의점에 의해 '소비하는 인간'(Homo Consumus)으로 만들어지고 길들여진다는 사실을 실감한다. 말하자면 필요에 의해서 편의점을 찾는 것이 아니라 편의점에 의해서 필요가 생긴다는 논리다. "나는 소비한다, 고로 존재한다"가 아니라 "나는 편의점에 간다, 고로 존재한다"라고 해야 할 판인 것이, 소설 속 주인공은 "편의점이 없으면 존재하지 않는 사람"으로 정의될 정도다(54). 우리나라에서 편의점 역사는 우연히 쓰여지게 된 것이 아니다. 대신 그것은 특정한 시기에 누군가에 의해 의도적으로 시작되었다. 그 장본인으로 작가는 "사람들에게 중요한 문제가 뭘까 항시 고민하는 창백한 사람들"을 지목한다(32). 문맥에 따르면 아마도 그들은 우리 사회에서 힘과 돈을 가장 많이 가진 부류로

읽힌다.

르페브르에 의하면 현대는 '소비조작의 관료사회'다(르페브르, 1990:145-216). 자본가와 기술관료, 정치권력, 이데올로기 등에 의해 소비가 끊임없이 강요되고 있다는 의미다. '상품의 세계'인 자본주의 체제 하에서 소비는 더 이상 개인적인 선택이 아니라 사회화된 행위다. 이제 소비행위는 "영원한 구조"가 되었고, 소비는 "진지한 일"이 되었다(르페브르, 1990:213). 편의점에서의 소비도 그 중 하나다. "집에 화장지가 있지만 화장지가 언제 떨어질지 모르므로 화장지를 산다"거나 "집에 밥이 있지만 밥은 언제나 해먹어야 되는 것이므로 참치캔을 산다"거나, "참치캔을 샀으니 밥을 해 먹을 것이고, 밥을 해 먹으면 입가심을 하고 싶을 것이므로 요쿠르트를 산다"고 하는 말이 과연 소비사회의 정곡을 찌른다(34-35).

소비가 조작 내지 유도되는 메커니즘은 교환가치가 사용가치를 능가하고 기호나 이미지가 상품의 본질을 능가하는 방식으로 진행된다. "기호는 재화를 장식하고 재화는 기호의 모습을 띠었을 때만 '재화'가 된다. 그리고 최고의 소비는 재화없이 단지 '재화'의 기호만을 목표로 삼는 소비이다"(르페브르, 1990:179). 달리 말하여 소비자들은 상품 자체보다는 기호라는 자양분을 취하는데, 그것들에 담긴 의미는 기술, 부, 행복, 사랑과 같은 것들이다(르페브르, 1990:214). 이러한 기호의 소비라는 측면에서는 편의점도 둘째가라면 서럽다. 소설 속 주인공이 즐겨 구매하는 것은 물이 아니라 '제주삼다수,' 담배가 아니라 '디스플러스,' 김이 아니라 '양반김,' 화장지가 아니라 '깨끗한나라화장지,' '요쿠르트가 아니라 이오요쿠르트,' 생리대가 아니라 '좋은느낌생리대,' 비누가 아니라 '도브비누,' 그리고 우유가 아니라 '서울우유'다(41).

편의점은 이와 같은 소비의 기호들이 특히 '분위기 있게' 자리 잡고 있는 곳이다. 이와 관련하여 보드리야르가 편의점과 유사한 드럭 스토어(drug store)를 묘사한 대목은 사뭇 인상적이다. 그곳은 "풍부함과 계산이 종합된 것"으로서 "상품의 교양화를 통한 소비활동의 종합적 실현"이 구현되는 공간이다(보드리야르,

1991:16). 드럭 스토어는 "소비 그 자체의 섬세한 리사이틀을 제공"한다(보드리야르, 1991:17). 그곳은 "모든 현실생활, 모든 객관적 사회현실의 승화물(sublime)이며…상춘(常春)의 기후 속에서…모든 것이 검사되고, 기름쳐서 미끄럽게 되고…모든 것이 소화되어 균질한 똥"이 된 공간이다(보드리야르, 1991:20-21).

김애란이 소설에서 그리는 편의점도 드럭 스토어와 흡사한 미장센(mise-en-scène)이다. 편의점은 희고 깨끗하고 안전하고 또한 고급스럽다. 편의점의 간판은 "늘 환하게 밝혀져 있거나 눈부시다"(53). 주인공 '나'가 큐마트 편의점을 좋아하게 된 이유 가운데 하나는 센서식 자동문이다. 그것은 "코가 예민한 짐승처럼 잔뜩 웅크리고 있다가 조금이라도 기웃거리는 사람이 있으면 컹, 하고 짖듯 문을 활짝 열어주었다. 자동문은 항상 구원처럼 열렸다"(40). 언제나 잔잔한 클래식을 틀어놓는다는 점도 편의점을 좋아하는 이유다. "음악은 손님들로 하여금 물건 앞에 오래 머물도록 해준다. 산책로에서 천천히 허리를 구부려 낙엽을 줍듯, 큐마트에서 양반김이나 제주삼다수를 드는 나의 몸짓은 갑자기 우아해진다"고 작가는 썼다(41).

무엇보다 편의점은 "숨길 것도 감출 것도 없다는 듯 투명유리 사이로 훤히 내장을 드러내고 있는" 곳이다(34). 보드리야르에 의하면 유리야말로 기호의 소비를 촉진하는 '분위기' 조성에 절대적으로 필요한 물질이다. "포장, 창이나 칸막이로서의 유리는 단숨에 투명성을 확보한다…진열창은 마술이자 욕구 불만을 일으키는 것이다"(보드리야르, 1999:66). 유리의 효능은 이것만이 아니다. "유리는 전염으로부터 제품을 보호하고 눈길만 스쳐가게 한다…냄새를 지니지 않기 때문에 '고상한' 재료인 유리는…새벽의 신선함을 유지할 야채와 과일을 돋보이게 할 것이다"(보드리야르, 1999:68). 사정이 이럴진대 편의점이 온통 유리문, 유리벽, 유리창으로 꾸며져 있다는 사실은 하등 놀라운 일이 아니다.

상품의 실체 대신 기호를 생산하고 소비하는 경향은 포스트 포디즘 자본주의 체제에서 보다 더 강화된다. 이른바 '기호와 공간의 경제'(Economies of Signs and

Space)에서는 탈근대적 '상징가치'(sign-value)가 근대적 '교환가치'(exchange-value)에 비해 훨씬 더 추상적으로 진화하는 가운데, 생산에 있어서 물질적 객체 대신 기호가 점점 더 큰 비중을 차지한다(Lash & Urry, 1994:14-15). 이와 같은 물질적 객체의 미학화는 비단 생산영역에서뿐만 아니라 상품의 유통 및 소비영역에서도 마찬가지다. 외관이나 상표 같은 디자인 요소(design component)가 부각하고, 문화상품이나 감정노동(managed heart) 같은 재화나 서비스의 '표출적 요소'(expressive component)가 중시되는 것도 같은 맥락이다(Lash & Urry, 1994:4-6) 소설 속에 그려지는 편의점 나름의 미장센, 곧 환한 건물, 투명유리, 냉장고, 청결, 친절, 자동문, 클래식 음악 등은 포스트모던 자본주의와 편의점 사이의 각별한 궁합을 보여준다.

4. 맥도날드 사회의 표상

편의점은 최근의 IT혁명에 힘입어 근대 합리적 관료주의가 최고조에 도달한 공간이다. 그 결과, 이른바 '사회의 맥도날드화'(McDonaldization of Society) 현상이 집약적으로 드러난다. 릿쩌(Ritzer, 1996:13-15)에 의하면 패스트푸드(fast food)는 현대사회의 상징적 키워드인데, 그것의 핵심 원리는 효율성, 예측가능성, 계산성 및 비인격적 테크놀로지에 의한 통제다. 그리고 패스트푸드의 원리는 사회 전반적으로 급속히 확산되고 있다. 편의점도 예외가 아니어서 릿쩌는 편의점을 '쇼핑의 맥도날드화'라 불렀다.

먼저 효율성과 예측가능성의 경우를 보자. 소설 속 편의점은 언제 누가 찾아가도 "모든 게 있어야 할 자리에 있고, 또 있었던 자리에 있다"(43). 상품이 떨어지지 않았는지, 어디에 놓여 있는지 고민할 필요가 없다는 말이다. 고객의 시선(視線)과 동선(動線)을 십분 감안한 '진열의 과학'은 어떤 면에서 편의점의 존재 이유 그 자체다. 계산성 또한 탁월하다. 구매하고 싶은 상품을 들고 계산대로 오면 결제에 직진한다. 정찰제 원칙에다가 신용카드 소액 결제도 전혀 눈치가 보이지 않는다. 작품 속 큐마트 편의점의 경우 계산대는 자동문 바로 안쪽에 있으며 계산대 뒤로 각종 양주와 담배가 진열되어 있고, 우측으로 휴대폰 급속충전기가 놓여 있으며, 앞쪽에는 신문과 복권이 위치하고 있다(44). 이처럼 카운터가 출입구 가까이 매장의 중심에 위치하는 것에는 이유가 있다. 입장하는 손님의 속성을 최대한 빠르게 파악하고, 계산이 끝난 고객을 최대한 빠르게 배출하기 위함이다.

작품 속에 그려지는 것처럼 편의점에서 테크놀로지에 의한 통제는 바코드를 읽는 리더기가 주도한다. 그 가운데 소위 POS(Point of Sales) 혹은 판매시점정보관리시스템이 가장 대표적인데, 판매시점에서 스캐너가 상품의 바코드를 읽는 것과 동시에 팔려나간 품목, 가격, 수량 등의 정보가 입력되어 적정 재고량 및 주문량의 유지를 항상 가능하게 만든다. 디지털 피킹 시스템(Digital Picking System, DPS)은 개별 편의점에서 주문이 들어오는 것과 동시에 대형 물류센터에서 집하와 운송이 시작되는 제도다. 어떤 의미에서 편의점은 유통산업이라기보다 정보산업(information industry)이다(Ishikawa and Nejo, 1998:7-8).

쇼핑의 맥도날드화에 있어서 백미(白眉)는 비인격성이다. 무엇보다 편의점은 표준화와 원칙이 지배하는 '매뉴얼'의 공간이다. 편의점에서 벌어지는 풍경은 사물들 혹은 로봇간의 기계적 관계를 방불케 한다. 파는 사람과 사는 사람 사이의 인격적 대화는 기대할 수도 없고 기대해서도 안 된다. 급속충전을 위해 휴대폰을 맡기거나 찾을 때 확인하는 것은 이름이 아니라 임시 비밀번호다(45-46). 소설 속 '나'가 어느 날 이후 패밀리마트를 안다니는 이유도 그곳 사장이 나의 직업, 학교, 전공 등을 집요하게 물어왔기 때문이다(35-36). 세븐일레븐을 그만 다니는 이유 또한 콘돔 한 갑을 계산대에 올렸을 때 점원이 주민등록증을 요구하면서 "수상한 눈초리로…몇살이예요?"라고 질문했기 때문이다(39-40).

비인격성과 관련한 편의점의 대표 캐릭터는 파트타이머 혹은 아르바이트생이다. 소설 속에서도 '알바생'은 매우 큰 비중을 차지하고 있다. 우선 알바생에게는 감정과 표정이 없다. 소설 속 큐마트 아르바이트생은 "지하철에 가면 오분마다 한번씩 볼 수 있는 얼굴"로 비유될 정도로 평범하고 무심하다(42). 그리고 그는 "내게 꼭 필요한 말만 건넨다.", "'이천오백원입니다' 혹은 '데워드릴까요?' 혹은 '빨대 넣어드릴까요?' 등이 그것이다(42). 따라서 편의점은 '어세오세요'와 '감사합니다'의 세계"다(46). 그런데 소설 속 주인공은 오히려 바로 "그 점이 아주 마음에 든다". "마음만 먹는다면 우리는 어떤 말도 안할 수 있다"는 상황이 매우 편하다는 것이다(42).

편의점 알바생의 지위는 단지 유니폼으로 표현될 뿐이다. 알바가 "몇 번 바뀌었으나…항상 푸른 조끼를 입고 있으므로 상관없다"(42, 56). 알바는 주어진 업무 규정과 절차에 따라 비숙련 단순노동에 종사할 따름이므로 임금 수준이 높을 필요도 없다. 사실 편의점 알바는 패스트푸드점의 그것과 함께 시급(時給)이 가장 낮다. 그만큼 쉽게 이직하는 것이 바로 편의점 알바 자리다. 그럼에도 불구하고 대세에는 지장 없다. 특별한 기능이나 훈련 없이 유니폼만 입혀 놓으면 누구라도 금방 그 자리를 채울 수 있기 때문이다.

결국, 많은 사람들이 편의점을 이용하지만 "우리는 서로를 알아보지 못한다"(33). 편의점에서 나는 "그러므로 누구도 만나지 않았고, 누구도 껴안지 않았다"(57). 점원과 고객 사이에 안면이 쌓였을 법한 관계에서도 외상은 절대 사절이며(43), 열쇠 보관 같은 사적인 부탁도 편의점에서는 금기사항이다(49-50). 편의점이 표방하는 인간관계는 서로 누구인지를 묻지도 않고 대답하지도 않는 "참으로 거대한 관대(寬大)"다(33). 그와 같은 '무관심의 배려'를 비인격적이라 매도하기에는 너무나 치명적인 것이 편의점의 매력이다.

하지만 작가 김애란은 이러한 편의점의 맥도날드화가 어떻게 끝을 맺을지 걱정스럽다. 곧, 근대사회의 특징인 관료적 합리주의가 궁극적으로 세상을 "분노도 없고 애정도 없는, 혹은 미움도 없고 열정도 없는(sine ira ac studio)" 식으로 비인간화시키게 될 것이라는 베버의 예견을(Weber, 1948:215-216) 우리에게 새삼 상기시킨다. 그리하여 소설 속 주인공은 "당신이 만약 편의점에 간다면 주위를 잘 살펴라"고 권한다. "당신 옆의 한 여자가 편의점에서 물을 살 때, 그것은 약을 먹기 위함이며, 당신 뒤의 남자가 편의점에서 면도날을 살 때, 그것은 손을 긋기 위함이며, 당신 앞의 소년이 휴지를 살 때, 그것은 병든 노모의 밑을 닦기 위함인지도 모른다는 것을" 한번쯤은 생각해 보라는 당부다(57). 이러한 고객 나름의 개인 사정을 "큐마트, 세븐일레븐, 패밀리마트는 모른다." 왜냐하면 "편의점의 관심은 내가 아니라 물, 휴지, 면도날"이기 때문이다(57).

5. 세계화의 징표

세계화의 측면에서도 편의점은 할 말이 많다. 단일한 세계경제체제의 형성과 더불어 소매업의 국제화 추세가 나날이 뚜렷해지고 있다(Wrigley, 2000). 유통업의 프랜차이즈화가 전반적으로 심화되는 가운데 소매업은 이제 지구적 산업(global industry)으로 발전하고 있다. 글로벌 프랜차이즈 체인의 전형인 편의점은 따라서 세계화의 상징이자 지표다. 편의점이 있다는 것 혹은 많다는 것은 자본주의 세계체제에 동참하고 있거나 편입되었다는 확실한 물적 증거 가운데 하나다.

패밀리마트나 세븐일레븐 등 소설에 나오는 편의점들도 물론 글로벌 프랜차이즈 체인이다. 세븐일레븐은 원래 미국이 종주국이었다가 1991년에 일본의 유통자본에 의해 인수되었다. 패밀리마트는 일본의 수퍼마켓 체인이었는데 1973년 도쿄 외곽에서 편의점 사업을 시작했다. 편의점과 같은 서구식 소매업이 늘어나는 만큼 전통적 형태의 가게는 줄어든다. 작품 속에서도 동네 포장마차가 어느 날 갑자기 사라지는데, 그 이유와 관련하여 작가는 "편의점 주인들이 신고를 했다"고 추정한다(51).

우리나라에서 외국계 프랜차이즈 편의점이 본격적으로 성장한 것은 1990년대였다. 1990년대는 현실 사회주의와의 대결에서 승리를 구가한 세계 자본주의가 새로운 프런티어로서 '밤의 세계'를 정복하는 일에 본격적으로 나서기 시작한 때다. 말하자면 '항상 열려 있는 세계' 곧, '24시간 사회'가 도래한 시점이었다(크라이츠먼, 2001). 세계화라는 이름으로 한국 자본주의가 과감한 대외개방의 길로 접어든 것도 이 무렵이었다. 김영삼 정부가 공식적으로 '세계화 시대'를 표방한 것은 1994년의 일이었다. 우리나라에서 편의점의 본격적인 등장은 "세계화라는 이름으로 다른 나라의 자본의 대거 유입"한 것과 무관하지 않다(임동근, 1999: 75).

사람들은 어디에서 일하건 세계적 패턴을 따라가야 하는 시간적 압력을 받게 되었다(크라이츠먼, 2001:17). 세계경제가 단일 경제단위로 통합되면서 전통적인 생활리듬을 더 이상 고집하기 어려워진 것이다. 1990년대에는 "시간을 정상적으로 배분해서 사용하지 않는 집단들이 갑자기…폭발"하여 "자본이 시간의 다양한 배분과 가치를 조장"하는 시대로 접어들었다(임동근, 1999:74-75). 그 결과, '24시간 사회'는 '24시간 편의점'을 필요로 했고, '24시간 편의점'은 '24시간 사회'에 뿌리를 내렸다. 작품 속의 큐마트는 섣달 그믐날 밤 열한시에도 문을 열고 있는 것으로 그려지는데(52), 이는 바로 그 시각에도 서울 변두리의 한 편의점이 세계자본주의의 전지구적 작동에 접속되어 있다는 사실을 웅변한다.

시간의 문제는 달리 표현하여 속도의 문제다. 하비의 주장처럼 포스트모더니즘 시대의 유연적 축적과정에서는 속도의 증가가 전지구적인 차원에서 보다 더 중요해진다(Harvey, 1989). 유행이나 제품, 가치, 사고와 이념, 관행 등의 측면에서 즉흥성(volatility)과 순간성(ephemerality)이 부상하는 경향은 그것의 필연적 결과다(Harvey, 1989:285). 상품의 생산 및 소비에 있어서도 햄버거 등 인스턴트 식품으로 대변되는 즉시성(instantaneity)과 종이컵이나 냅킨, 플라스틱 접시 등에 의해 대표되는 처분성(disposability)의 가치가 크게 고양된다(Harvey, 1989:286).

이 때 편의점은 세계자본주의를 가속화시키는 장치 가운데 하나다. 우선 POS나 DPS 혹은 정찰제나 신용카드, 바코드, 리더기 등을 통해 유통 및 결제의 속도를 높인다. 또한 편의점은 순발력 있는 상품개발 및 판매를 통해 새로운 가치의 실험장 혹은 첨단 유행의 최전선으로 기능한다. 소설 속에서 휴대전화 충전기를 없애고 일회용 배터리를 들여놓는 장면도(56) 그만큼의 시간절약을 의미한다. 보다 결정적으로 편의점은 생활의 속도를 전반적으로 높인다. 가령 그곳에서 판매하는 상품의 대부분이 즉시용이거나 일회용이다. 작품 속에 등장하는 햇반이나 컵라면, 포장만두, 삼각김밥은 바로 먹거나 전자레인지에서 금방 데워진다. 편의점에서 파는 잡화는 대부분 한번 쓰고 버리는 것이다.

하지만 편의점의 세계적 확산 과정이 반드시 폭력적이거나 일방적인 것은 아니다. 우선 소설 속 '나'도 그런 것처럼, 편의점식 미학적 소비에 대한 일종의 문화적 선망이 있다. 패스트푸드가 동아시아에서 일종의 '성사적(聖事的) 소비'(sacramental consumption)로 출발했던 것처럼 말이다(Yan, 1997; Watson, 1997:9-10; Berger, 2002:7). 또한 편의점이 점차 일상적인 것으로 바뀌는 데는 나름의 비교우위가 분명히 작동했다. 지난 날 일본의 경험에 비춰보면 편의점은 재래식 구멍가게에 비해 상품의 종류나 품질의 측면에서 우월했고, 영업시간이 길어졌을 뿐만 아니라 일정하게 준수되었다. 주거공간이 협소하여 물건을 조금씩, 자주 구매해야 하는 '보충식'(top-up) 장보기 관행은 '원스톱' 장보기를 전제로 하는 대형매장이나 슈퍼마켓, 백화점보다 편의점에게 더욱 유리했다(Bernstein, 1997:506-509; Haddock-Fraser, et. al., 2009). 소설의 도입부와 종지부에서 주인공이 "많게는 하루에 몇 번, 적게는 일주일에 한번 정도"는 편의점에 갔다고 말하는 것도(32, 57), 집이 좁아 그렇게 할 수 밖에 없었기 때문인지도 모른다.

편의점의 적극적인 현지화 전략도 간과할 수 없다. 무릇 세계화란 근본에 있어 동태적이고 복합적인 것이어서 문화적 세계화는 그 자체가 변형과 합성의 과정이다(Berger, 2002:2-3). 세계화는 지역화(localizing)이라는 역설적 과정을 필연적으로 동반할 수밖에 없는 것이다(Appadurai, 2008:17, 32). 이는 자본주의의 문화적 선의(善意) 탓이 아니다. 대신 세계화 이후 가일층 격화된 경쟁 상황이 자본가들로 하여금 특정 지역의 상대적 이점에 대해 세심하고 주목하게 만들고,

보다 높은 수익의 창출을 위해 공간의 미세한 분화를 착취하도록 종용하기 때문이다(Harvey, 1989:293-294). 이런 점에서 편의점이라는 거대 외래종이 국가간 혹은 지역간 문화적 차이를 소멸시킴으로서 전세계적으로 동일한 문화 경관 혹은 이른바 '무장소성'(non-placeness)을 초래할 것이라는 주장은 설득력이 낮다(Auge, 1995).

일본에서 '콘비니'가 급성장하는 계기도 '오니기리' 곧 일본식 주먹밥의 판매였다. 말하자면 편의점 산업이 일본의 대표적 전통 음식을 상업적으로 흥행시키는데 성공하였기 때문이다(Whitelaw, 2006). 소설 속 편의점에서 우리나라 사람들이 김밥이나 죽, 컵라면, 만두, 햇반 등을 즐겨 사먹는 광경도 그것이 한국의 토착문화와 고유정서에 다가가고 적응하는 모습을 상징적으로 보여준다. 요컨대 편의점은 가장 세계적이면서 가장 한국적인, 이른바 세방화(世方化, glocalization)의 현장이다.

6. 신종 도시인프라

지금 이 시대는 신유목사회다(아탈리, 2005). 집단이나 조직, 그리고 정주(定住)의 의미가 약화되는 가운데 각 개인들이 부단히 이동 내지 부동(浮動)하며 살아가는 것이 일상의 대세가 되었다. 소설 속에서도 그렇다. 주인공인 '나'부터가 서울 변두리에서 생활하는 시골 출신 자취생이며, 편의점의 점원이나 손님 역시 비슷한 부류다. 하지만 신유목사회가 유목사회의 단순 재림(再臨)은 아니다. IT 혁명 덕분에 언제 어디서나 연결이 가능하기 때문이다 이 시대의 유목민들은 어디까지나 '지속적 접속'(constant connectivity) 혹은 '영속적 접촉'(perpetual contact)을 전제로 이동하는 것이다. 현대사회의 '호모 노마드'(Homo Nomad)는 다른 말로 '호모 모빌리쿠스'(Homo Mobilicus)다(김성도, 2008 볼 것). 작품 중에 휴대전화 통화나 문자 메시지 교환, 충전 장면이 계속 나오는 것도 이 때문이다(44, 48, 53-54).

모바일 시대의 주체인 개인들은 한편으로 최대한의 자유와 프라이버시를 요구하고 구가한다. 서로가 누구인지를 모르고 지내는 이른바 '거대한 관대'를 긍정하고 수용하는 것이다. 하지만 다른 한편으로 개인화 시대는 경쟁과 불안, 피로, 위험이라고 하는 어두운 그림자를 던진다. 이 때 필요한 것이 일상생활의 새로운 공간적 거점이다. 이는 온라인 공간에 의해 해결되지도, 제공되지 않는 영역이다. "나처럼 혼자 자취를 하는 사람에겐 일정한 동선, 일정한 습관이 필요"하다고 말하는 소설 속 주인공 '나'는 편의점이 바로 그러한 역할을 해 준다고 믿는다(39). 정보화, 개인화, 유목화 시대에 있어서 편의점은 따라서 새로운 형태의 도시기반시설 혹은 도시 인프라로 부상하는 측면이 있다.

오늘날 편의점은 더 이상 단순한 상품매장이 아니다. 대신 그것은 사람들이 살면서 필요로 하는 거의 모든 것을 취급하는 생활매장이다. 소설 속에 나오는 택배 서비스의 경우나 식당, 카페 혹은 술집 겸업의 사례는 그것의 지극히 작은 일부다. 공과금이나 국세 납부, 민원서류 발급, 금융거래, 교통카드 충전, 통신 및 우편, 꽃배달, 사진인화, 해외탁송, 각종 티켓 판매 등 편의점의 생활서비스 영역은 나날이 확대되고 있다. 최근에는 아동 안전 지킴이와 같은 치안 영역이나 독거노인을 보호·관리하는 사회복지 부문에까지 진출하고 있다. 심지어 작품 속 편의점에는 종교적 기능을 수행하는 모습이 엿보인다. 해가 바뀌는 섣달 그믐날 밤, 큐마트 편의점 안에는 "복음성가가 흐르고 있었다"(52-53).

시나브로 가까운 동네에서 구멍가게, 다방, 빵집, 문방구, 서점, 사진관, 만화방, 중국집, 주점 등과 같은 가게가 속속 사라지고 있다. 대부분 편의점에 의해 각각의 기능이 흡수된 결과다. 편의점에만 가면 일상생활에 필요한 모든 것을 구매하거나 모든 일을 해결할 수 있는 시대가 목전에 펼쳐지고 있다. 그러기에 작품 속 주인공은 이렇게 말한다. "내가 편의점에 갈 때마다 어떤 안심이 드는 건, 편의점에 감으로서 물건이 아니라 일상을 구매하게 된다는 생각 때문인지도 모르겠다"고(41). 요컨대 오늘날 편의점은 도시민의 일상을 책임지는 제공하는 복합만능 생활문화 공간으로 변신 중이다.

주킨(Zukin, 1991)이 말하는 '역(閾)공간'(liminal space) 혹은 '문지방'(threshold)은 상업과 문화가 혼합되고 공적 역할과 사적 기능이 합성되어 있는 곳을 일컫는다. 그에 의하면 자본주의 이전 전근대 사회에서는 시장(market)과 장소(place)가 서로 분리되지 않았다. 시장의 목적은 경제적인 것에 한정되지 않아서 "사회적으로 구성된 공간"이자 "문화적으로 배태된 구역"이었다. 하지만 자본주의의 등장과 더불어 시장은 "더 이상 장소(성)를 내면화하지 않게 되었다"(Zukin, 1991:7-11). 주킨은 호텔이나 백화점 등에서 나타나는 새로운 도시공간 트랜드에서 시장과 장소, 경제와 사회, 사적 행위와 공적 활동의 재통합 가능성을 조심스럽게 읽는다(Zukin, 1991:28, 50-51). 편의점이 드러내는 공간적 역성(閾性, liminality)도 이와 같은 맥락에서 이해할 필요가 있다.

근대 자본주의의 등장은 시간 및 공간의 원격화(time-space distanciation)에 따라 시간과 공간을 '비우거나'(empty out), 숫자나 기호 등을 통해 추상화시켰고, 그 결과 사물과 사람들은 구체적인 시간 및 공간으로부터 '뿌리가 뽑히게'(disembedded) 되었다 (Giddens, 1984, 1990 볼 것). 수평적으로는 기하학적 도로계획과 수직적으로는 국제양식의 고층건물이 만들어낸 격자형(grid) 도시에서 일상생활에서 사람들이 '장소와 인연은 맺는 일'(place marking)은 애초부터 기대하기 어려웠던 것이다(Lash & Urry, 1994:16, 55; Sennett, 1991). 하지만 작품 속에서 나오는 편의점은 우리 시대에 일정한 동선 및 습관의 공간적 거점이 될 수 있는 개연성을 제시한다. 다른 글에서 김애란은 편의점을 "도시의 성좌"라고 표현했다. "고대의 별자리가 그랬듯 현대 인간에게 어떤 위치와 방향을 가리켜 주고 있는 듯"하기 때문이란다(김애란, 2006).

하지만 편의점을 통한 현대도시의 장소적 재탄생을 작가가 낙관하는 것은 결코 아니다. 무엇보다 익명성은 편의점의 장점으로 여전히 강하게 남아있다. 더욱이 편의점은 언제부턴가 우리들의 사생활을 일일이 관찰하고 기억하는 주체로

군림한다. 정보수집이나 감시기능과 관련하여 편의점은 세상의 빅브라더 혹은 파놉티콘 같은 존재다. 아닌 게 아니라 볼록거울과 CCTV 없는 편의점은 없다. "나는 뜻밖에 의도하지도 원하지도 않은 내 정보들이 매일매일 그가[편의점 직원이] 들고 있는 바코드 검색기에 찍혀나가고 있다는 것을 깨달았다"고 말하며 식은땀을 흘리는 주인공은(47) 결코 남이 아니라 우리 자신의 모습이다.

"예컨대 그는(편의점 직원은) 나의 식성을 안다. 대 여섯 종류의 생수 중 내가 어떤 물을 가장 좋아하는지. 자주 사가는 요쿠르트가 딸기맛인지 사과맛인지, 흑미밥과 쌀밥 중 무엇을 더 선호하는지 등을 말이다. 원한다면 그는 내 방 크기도 추측할 수 있다. 쓰레기봉투를 매번 10리터를 사가는 나는 결코 큰 방에 살고 있을 리 없다. 그는 나의 가족관계도 알 수 있을 것이다. 새벽마다 와서 햇반을 사가는 여자, 필수품을 스스로 사는 여자, 젓가락은 한 개만 가져가는 그 여자는 독신이리라. 그는 나의 고향을 안다. 편의점에 겨울옷을 정리한 택배를 부치러 갔을 때, 그는 수수료를 받으며 내 주소를 확인했다. 그는 나의 생리주기를 안다. 그는 정기적으로 생리대를 사가는 나를 본다. 그는 콘돔갑을 뒤집어 계산대에 올려놓는 나를 본다. 그는 나의 식생활에서 성생활에 이르기까지 모두 '보고' 있다"(47).

편의점이 개인의 프라이버시 모두를 알게 되는 이유는 자명하다. 워낙 "편의점이란 모든 걸 파는 곳이기 때문이다"(47). 모든 것을 취급하는 만큼 비밀이 없는 것이다. "내게 단 한마디의 사적인 대화를 걸지 않고도…나도 모르는 습관을 알고 있을지도"(47) 모르는 것이 바로 편의점의 불편한 진실이다. 보다 뻔뻔스러운 것은 "알면서도 침묵하는" 편의점의 태도다(47). "나는 네 [편의점] 앞에서 하루에도 몇 번씩 내장을 꺼내놓듯 내가 먹고 싸고 하는 것을 드러내는데…" 너에 대해 아는 게 하나도 없다"고 항변해 봐야 소용이 없다(48). 사실을 말하자면 우리가 그들에게 스스로의 성역과 존엄을 돈을 주며 매일 갖다 바치는 쪽에 훨씬 더 가깝다.

7. 양극화와의 공존

김애란의 단편소설 "나는 편의점에 간다"에 등장하는 인물은 대부분 도시 변두리에서 살아가는 평범한 혹은 그 이하의 '하류인생'들이다. 가령 주인공인 '나'는 자취하는 여대생이고, 그녀가 한 때 개인적 관심을 가지기도 했던 남자는 편의점 큐마트에서 알바하는 청년이다. 동네 포장마차의 주인인 노모의 아들은 "저도 대학 나왔어요. 그냥 편하게 살려고 이런 거 하는 거예요"라고 에둘러 말하는 총각이며(37-38), 소설 마지막 장면을 장식하는 두 인물은 "여고생"과 "파란색 야구모자를 눌러쓴 이십대 후반의 남자"다(53-56).

실제로 우리나라의 편의점 이용고객 현황을 보면 2010년의 경우 연령별로는 20대와 30대가 31.1%와 35.1%를 차지하고 있으며, 직업별로는 회사원이 57.2%로 가장 많고 그 다음은 25.1%인 학생이다(한국편의점협회, 2011:59) 요컨대 편의점의 핵심 고객은 20대 학생과 30대 샐러리맨이라고 말할 수 있다. 이러한 고객 분포를 보면 편의점 이용은 외형상 신세대의 미학적 소비취향을 나름 반영하는 것으로 보인다. 하지만 그 이면에서 작동하는 경제적 동기를 결코 무시할 수 없다. 주로 젊은 세대가 편의점을 찾는 것에는 보다 현실적인 이유가 있어 보인다.

작품에 자주 나오듯이 편의점은 학생, 구직자, 실업자, 알바족, 불안한 취업자 등 IMF 위기 이후 사회양극화가 쏟아내고 있는 광의의 '88만원 세대'가 김밥이나 만두, 도시락, 햇반, 죽 등으로 식사를 혼자 해결한 다음, 담배나 술 등으로 자신의 처지를 위로하는 집단 서식지 같은 모습이 되어간다. 편의점의 구매시간대별 구성비를 보더라도 점심과 저녁 식사시간 전후에 손님이 가장 몰린다(한국편의점협회, 2011:62). 우리나라 편의점에서 가장 많이 팔리는 것은 담배와 같은 피울 것, 음료와 같은 마실 것, 도시락과 같은 먹을 것, 술과 같은 취할 것, 그리고 안주와 같은 씹을 것이다. 2010년도 편의점의 상품종류별 매출구성을 보면 담배가 40.5%로 으뜸이었고, 음료 9.5%, 우유 6.5%, 맥주 4.7%, 스낵 및 껌 4.5%, 도시락 및 김밥이 3.3%를 그 뒤를 있고 있다(한국편의점협회, 2011:97).

이들 젊고 외롭고 가난한 편의점 애용자들은 당연히 우리 사회의 기득권 세력에 대해 적대적이다. 소설에 따르면 패밀리마트의 주인은 "40대 후반으로 보이는 여자"로서 "심통난 듯한 얼굴"을 하고 있으며(38), 큐마트 주인 부부 또한 같은 "사십대 후반"인데 "아이엠에프 때 명예퇴직금으로 큐마트를 연 것 같다"(40). 그런데 '나'는 큐마트 주인 부부가 마음에 들지 않는다. "그들은 아마…노력한 것 이상으로 벌어온 사람들일 것"로 추정하면서, 부부의 관상이 온화한 것에 대해서도 "모든 부드러움에는 자신들이 의식하지 못하는 어떤 잔인함이 있다"고 엉뚱하게 비약한다(40). 설령 그게 진실이 아니더라도 "내가 그것 사실로 만들어버리는 이유는 그러고 나면 내 처지가 덜 속상해지기 때문"이라고도 했다(41). 편의점에 가면 "나는 한국에 살고 있는 한국인이면서 엘에이 한인촌을 습격한 흑인을 닮아있다"고 말하기도 하고, "나는 정직하므로 가난하고 그들은 부정직했으므로 풍족하다"고 단정하기도 한다(41).

편의점 소비가 한 때 '성사적'인 성격을 벗어나 점차 대중화되어 가고 있는 작금의 현상은 편의점과 양극화의 공존이라는 측면에서 설명될 여지가 많다. 단적으로 말해 불황일 때 대용량 컵라면의 판매는 급신장한다고 한다. 미국발 금융위기가 일어난 직후인 2009년이 그랬고, 2012년 1-4월 사이에도 매출이 20% 가까이 늘었다는 보도다(중앙일보, 2012.6.20). 주지하다시피 일반 컵라면이 간식이라면 대용량 컵라면은 주식이다. 2011년도 편의점의 매출이 전년 대비 17.9%나 증가하여 대형마트(9.0%)나 슈퍼마켓(6.5%)을 크게 제친 이유도 (통계청, 서비스업동향조사, 2012) 양극화 시대의 경제적 약자들이 대거 편의점으로 몰린 결과로 보인다. 불경기가 편의점에게는 반드시 불리하지는 않다는 분석이다.

우선 이용객의 입장에서는 필요할 때마나 가까운 편의점에 걸어가서 아쉬운 만큼씩 생필품을 사는 것이 생존전략으로 보다 합리적일 것이다. 게다가 편의점은 익명성이 장점이라 남의 시선으로부터도 자유롭다. 최근 편의점 개업이 양적으로 늘어나는 것도 경제 불안과 관련하여 개운치 않다. 유관 자료에 의하면

2008-10년 사이 편의점 창업자 가운데 회사원이나 공무원 출신이 40%에 가깝다(소상공인진흥원, 2012). 이는 우리나라의 취약한 노후 사회보장제도와 무관하지 않아 보인다. 특히 2010년에서 2011년 사이에 편의점 점포 수가 급증했는데, 이는 베이비 붐 세대의 본격적인 은퇴와 연관이 있다는 분석이다(조선일보, 2012.08.04). 그렇다면 편의점 주인들도 소설에서처럼 비난받을 존재가 아니라 위로의 대상이 되어야 옳다.

그렇다면 양극화 시대와 편의점의 평화공존이 차지하는 사회적 의미는 무엇일까? 결론을 앞세운다면 우리 사회의 구조적 모순을 인지하고 이를 바꾸고자 하는 집합적 노력으로부터 멀어진다는 점이다. 굳이 혁명을 도모하자는 뜻이 아니라 양극화 시대를 적극적으로 개선·개혁하려는 나름의 사회의식이나 집단의지 같은 것 말이다. '하류인생' 혹은 '88만원 세대'가 살아가기에 편의점이 당장에는 편리한 존재다. 하지만 장기적으로 볼 때 편의점은 이들의 전의(戰意)를 해체하고 이들의 단결을 저해하는 결과를 초래할 공산이 없지 않다. 의도적이든 혹은 비의도적이든 결과적으로 그렇다는 말이다.

우선 편의점이 지향하는 심미적 소비주의는 사람들로 하여금 일상을 소비로 탕진하면서 삶의 의미를 사소한 데서 찾게 만든다. 일상의 소비화, 그리고 그로 인한 일상의 진부화는 '소비조작의 관료사회'의 목표이자 특징이다(르페브르, 1990:152, 213). "많게는 하루에 몇 번, 적게는 일주일에 한번 정도" 편의점에 가며 그 사이에 "이상하게도" 반드시 무엇인가 필요해진다는 사회에서 언제, 누가, 그리고 어떻게 혁명을 말하고 꿈꾸겠는가? 편의점에서 '구원'과 '안심'을 느끼고(32, 41), 편의점에서 물건을 사서 집으로 돌아오는 길에 "평범한 서울시민이 된다"고 자부하는(41) 소설 속 주인공이 과연 혁명가가 될 수 있을까? 결국, 편의점은 세상의 총체적 변혁을 가로막는 일종의 이데올로기이다.

게다가 소비행위는 기본적으로 개인적 단위로 이루어진다. 일찍이 베버는 사회적 불평등을 '생산'의 관점에서 계급문제로 인식했던 마르크스의 한계를 지적하면서, 같은 계급 내에서도 '소비' 양식에 따라 사회적 불평등이 다양하게 발생한다고 주장했다(Weber, 1948:180-188). 인간이란 주거나 의복, 음식 등과 같은 일상생활의 소비영역에서 부단히 자신의 사회적 위치를 확인하고 차별화하는 존재라는 것이다. 아닌 게 아니라 편의점은 사회적 약자들을 끝없이 개별화시키는 기제다. 공통의 계급적 위치가 문화적 취향의 개별화에 의해 무력화되는 것이다. 작품에서 보듯이, 각자 좋아하는 생수, 각자 즐겨 찾는 담배, 각자 선호하는 비누 브랜드 등이 따로 있는데, 혹은 주인공 '나'의 경우에는 "햇반은 꼭 흑미밥만 샀는데"라며 잘난 척 우쭐거리는 데(50), 과연 이들이 하나의 혁명세력으로 단결할 것인가?

혁명 대신 선택되는 것은 일탈이다. 이런 점에서 소설의 마지막 장면 모티프가 절도, 흡연, 사행(射倖), 그리고 상호연민이라는 사실은 사뭇 의미심장하다. 한 여고생이 편의점에서 주인 몰래 "담배 몇 보루를 들고 뛰어 나가"다가 들키는 순간 도로에 급히 뛰어들다가 자동차 뺑소니 사고를 당한다(53-54). 화근은 담배였다. 담배는 일반 서민들이 가장 즐기는 기호품이긴 하지만 흡연, 특히 청소년의 그것은 대표적인 일탈행위다. 문제는 현재 담배를 가장 쉽게 살 수 있는 곳이 바로 편의점이라는 사실이다. 실제로 담배는 2010년의 경우 편의점 전체 매출의 40.5%로서 가장 많은 비중을 차지하고 있다(한국편의점협회, 2011:97). 결국, 이 에피소드는 서민 혹은 청소년의 팍팍한 삶이 담배를 매개로 하여 편의점과 연계되는 현실을 잘 보여준다.

편의점에서 담배를 훔쳐 달아나던 여고생이 차에 치여 주변이 어수선해진 틈을 타, "파란색 야구모자를 눌러쓴 남자"가 주인 몰래 "복권을 한 뭉치 집어 자신의 앞가슴에 넣는" 장면도 우리 시대의 남루한 삶을 드러내는 대목이다. 그가 훔친 것은 복권이었는데, 편의점 전체 매출에서 복권이 차지하는 비중은 결코 작지 않다. 보통 2% 내외라고 하는데, 2010년의 경우에는 1.4%였다(한국편의점협회, 2011:97). 참고로 서적·잡지와 문구·완구가 차지하는 비중은 각각 0.3%, 0.5%에 불과하다. 편의점의 로또 판매 성업은 인생역전을 노리는 이들이 많다는 사실의 방증이 아닐 수 없다. 그런 만큼 작가 김애란은 담배를 훔친 여고생과 복권을 도둑질한 청년은 악한(惡漢)으로 묘사하지 않는다. 오히려 이들에게 작은 연민을 드러낸다. 자동차에 치여 도로에 방치된 채 팬티가 훤히 드러난 여고생에게 걸어가 치마를 다소곳이 내려준 이는 다름 아닌 "조금 전 복권을 훔친, 가슴 안에 묵직한 절망을 쟁여안은 사내"였다(56).

8. 결론

오늘날 대한민국은 편의점에 의해 뒤덮이고 있다. 그리고 편의점의 확산 기세는 앞으로도 계속될 전망이다. 편의점은 자연스럽게 생활의 일부가 되어가고 있으며, 그만큼 편의점에 대한 사람들의 의존과 중독도 심화되어 가고 있다. 더군다나 편의점은 합리화, 세계화, 도시화, 정보화, 양극화, 개인화, 유목화, 온난화, 고령화 등 우리 시대의 대표적 트랜드를 반영하거나 선도하고 있는 공간이다. 그렇다면 이 시점에서 가칭 '편의점 사회학'의 필요성과 가능성은 아무리 강조해도 지나칠 수 없다.

이 글은 그러나 편의점 자체에 대한 분석을 최종 목적으로 삼지 않는다. 오히려 편의점을 통해 세상을 읽고, 편의점을 통해 한국을 말하고자 한다는 점에서 귀납법을 통한 나름의 한국사회론을 지향한다. 본격적인 '편의점의 한국사회학'에 앞서 이 글은 일단 김애란의 단편소설 "나는 편의점에 간다"를 사회학적 시각과 이론으로 재구성하고자 하였다. 편의점을 다룬 문학 작품 가운데 그 이상의 것을 아직 알지 못하기 때문이다. 김애란의 소설을 연구의 마중물로 삼는다는 점에서 이 글의 분석방법은 문학사회학 혹은 소설사회학이다. 이런 식의 접근법 또한 사회학 연구나 도시연구 분야에 있어서 약간은 평가를 기대한다.

오늘날 많은 사람들이 현실적으로 편의점을 찾고 또한 좋아한다. 현대 도시인들이 살아가는데 있어서 편의점 특유의 편리성은 분명 존재한다. 하지만 편의점이면(裏面)의 불편한 진실에 대해서 사회학은 보다 많은 관심을 할애해야 한다. 편의점에 의해 사람들이 소비인간으로 길들여지고, 편의점의 효율성이 사회를 전반적으로 비인간화시키며, 편의점에 의해 세상이 온통 자본주의 세계경제에 편입되고, 편의점이 일상적 생활공간의 패권적 거점으로 부상할 뿐 아니라 심지어 편의점이 양극화 시대와도 절묘하게 공존하는 모습은 결코 '편리'라는 미명(美名)으로 쉽게 넘어갈 수 있는 부분이 아니다.

특히 우리나라에서는 편의점 대부분이 사실상 거대자본의 차지다.[51] 이는 편의점을 중심으로 영위되는 우리들의 일상적 삶이 그만큼 그들에게 의존하고 조정되며, 노출되고 관찰된다는 의미다. 어떤 점에서 지금 대한민국은 '편의점 공화국'이다. 재벌 소유의 글로벌 프랜차이즈 편의점 체제를 무조건 비난하려는 것이 아니다. 주어진 조건을 현실로 받아들이는 가운데 편의점을 보다 일반시민의 이익과 공동체적 가치에 부합시키려는 노력을 게을리 하지 말자는 뜻이다. 그런 날이 언젠가 올지 모른다. 하지만 당장에는 지금의 세상에 대해 강력한 분노를 표현하고자 모인 이른바 '촛불시위' 때마다 인근의 재벌 산하 글로벌 체인 편의점들이 엄청난 호황 내지 특수를 누리는 것만은 참으로 아이러니한 풍경이다.[52]

51) 현재 우리나라에서 편의점 업계 1위는 (주)보광훼미리마트가 운영하는 훼미리마트다. 그것은 1999년 삼성으로부터 분할한 보광그룹 소유다. 2위는 GS리테일이 운영하는 GS25이며 3위는 롯데의 세븐일레븐이다 (〈Weekly 경향〉, 2009.7.28). 훼미리마트는 2012년 8월 1일부로 CU로 개명하였다.

52) 촛불집회 때 편의점에서는 컵라면과 김밥 등뿐만 아니라 양초와 우산, 우의 등이 편의점에서 대량으로 팔린다. 특히 양초나 우산, 우의 등은 일종의 시위용품이다. 우산과 우의는 경찰의 물대포에 대비하는 용도다 (〈편의점뉴스〉, 2008.6.4, www.cvs.or.kr).

〈참고문헌〉

권성우, 2008. 〈낭만적 망령〉, 소명출판

김동식, 2005. "달려라, 작가 - 생의 도약과 영원회귀의 잠재적 공존," 김애란 〈달려라, 아비〉 작품해설

김성도, 2008. 〈호모 모빌리쿠스〉, 삼성경제연구소

김애란, 2005. "나는 편의점에 간다" 김애란 소설집 〈달려라, 아비〉, 창비

김애란, 2006. "편의점, 도시의 성좌", 〈보그(Vogue)〉, 2006년 5월호

소상공인진흥원, 2012. 〈이슈페이퍼〉, 2012-01호

손종업, 2006. "탈문체의 시대를 떠도는 문학의 유령 - 젊은 작가들의 소설언어와 시대의식," 〈실천문학〉, 81

우찬제, 2006. "접속 시대의 최소주의 서사," 〈문학과 사회〉, 73

이광호, 2008. "불우한 산책자들의 도시 - 한국 현대문학과 도시의 모더니티," 〈문학과 사회〉, 21(1)

임동근, 1999. 〈서울에서 유목하기〉, 문화과학사

한국편의점협회, 2011. 〈편의점 운영동향 2011〉

앙리 르페브르, 박정자 (옮김), 1990. 〈현대세계의 일상성〉, 기파랑

장 브드리야르, 이상률 (옮김), 1991. 〈소비의 사회〉, 문예출판사

장 보드리야르, 배영달 (옮김), 1999. 〈사물의 체계〉, 백의

자크 아탈리, 이효숙 (옮김), 2005. 〈호모 노마드: 유목하는 인간〉, 웅진

레온 크라이스먼, 한싱진 (옮김), 2001. 〈24시간 사회〉, 민음사

Marc Auge, 1995. *Non-places: Introduction to an Anthropology of Supermodernity*, Verso

Arjun Appadurai, 1998. *Modernity at Large: Cultural Dimensions of Globalization*, Univ. of Minnesota Press

Howard S. Becker, 2007. *Telling About Society*, Univ. of Chicago Press

Peter L. Berger, 2002. "Introduction: The Cultural Dynamics of Glogalization," P. L. Berger and Samuel P. Huntington (eds.), *Many Globalizations: Cultural Diversity in the Contemporary World*, Oxford Univ. Press

Jeffrey R. Bernstein, 1997. "7-Eleven in America and Japan," Thomas K. McCraw(ed.), *Creating Modern Capitalism: How Entrepreneurs, Companies, and*

Countries Triumphed in Three Industrial Revolutions, Harvard Univ. Press
Anthony Giddens, 1984. *The Constitution of Society*, Polity
Anthony Giddens, 1990. *The Consequence of Modernity*, Polity
Janet Haddock-Fraser, Nigel Poole and Mitsuhiro Doishita, 2009. "The Failure of Multinational food retailer in Japan: a matter of convenience?", *British Food Journal*, 111(4)
David Harvey, 1989. *The Condition of Postmodernity*, Blackwell
Scott Lash and John Urry, 1994. *Economies of Signs and Space*, Sage
George Ritzer, 1996. *The McDonaldization of Society: An Investigation into the Changing Character of Contemporary Social Life*, Pine Forge Press
Richard Sennett, 1990. *The Conscience of the Eye: The Design and Social Life of Cities*, W. W. Norton & Company
Yunxiang Yan, 1997. "McDonald's in Beijing: The Localization of Americana," J. L. Watson (ed.), 1997. *Golden Arches East: McDonald's in East Asia*, Stanford Univ. Press
James L. Watson, 1997. "Introduction: Transnationalims, Localization, and Fast Foods in East Asia," J. L. Watson (ed.), 1997. *Golden Arches East: McDonald's in East Asia*, Stanford Univ. Press
Max Weber, H. H. Gerth & C. Wright Mills (eds.), 1948. *From Max Weber: Essays in Sociology*, Routledge & Kegan Paul
Gavin H. Whitelaw, 2006. "Rice Ball Rivalries: Japanese Convenience Store and the Appetite of Late Capitalism," R. P. Wilk (ed.), *Fast Food/Slow Food: The Cultural Economy of the Global Food System*
Richard P. Wilk (ed.), 2006. *Fast Food/Slow Food: The Cultural Economy of the Global Food System*, Altamira Press
Neil Wrigley, 2000. "The Globalization of Retail Capital: Themes for Economic Geography," G. L. Clark, M. F. Feldman and M. S. Gertler (eds.), *The Oxford Handbook of Economic Geography*, Oxford Univ. Press
Sharon Zukin, 1991. *Landscapes of Power: From Detroit to Disney World*, Univ. of California Press

제8편

라면의 사회학

08

라면의 사회학

김광기

1. 들어가는 말

이 장은 라면과 근대성을 다루고 있다. 라면은 1958년 일본 닛신 식품에 의해 탄생된 이후 현재 전 세계에서 1년에 약 8백억 개가 소비되는 그야말로 근대적인 식품 중 하나로 알려져 있다(라면천국, 2008: 13). 또한 우리나라에 소개된 이후 라면은 우리 삶 속에도 깊숙이 침투해 있다. 이 장에서는 라면과 근대성 그리고 대한민국의 긴밀한 관계에 대해 살펴보려 한다. 필자가 볼 때 그것들 간에는 떼려야 뗄 수 없는 무엇인가가 존재한다. 본 연구가 규명하고자 하는 것은 바로 분해될 수 없는 그 무엇이다. 보다 구체적으로 말한다면, 라면 속에 녹아 있는 근대성과 한국적 근대성을 규명하는 것이 이 장의 목적이다.

라면이 한 해에만 전 세계에서 약 8백억 개가 소비될 정도로 세계인의 사랑을 받는 세계적인 식품이기에 그 속에 녹아 있는 일반적인 근대성을 우선적으로 추출해 내는 것만으로도 하나의 훌륭한 연구가 될 수도 있다. 하지만 이 장에서는 그것을 넘어서, 한 해에 1인당 약 84개의 라면을 소비하는 명실공히 세계 1위의 라면 소비국으로서의 면모를 갖춘 우리나라에서 라면이 갖는 의미와 그 속에 녹아 있는 근대성, 즉 라면과 한국적 근대성의 관계를 천착하고자 한다.

이러한 목적을 염두에 두고 이 장은 크게 두 부분으로 구성되었다.

첫째로, 이 장은 라면의 탄생과 성장 그리고 그 발전에 대한 분석을 근대성에 대한 일반 이론과 함께 시작할 것이다. 여기서는 근대성을 특징짓는 수많은 요소들 중에서 세 가지 특징에 주목하고 그것들을 라면이라는 근대적 식품과 중첩시켜 봄으로써 현대의 음식과 현대 사회의 뗄 수 없는 연관성-여기서는 "라면 속의 녹아 있는 근대성"이라고 표현된 그 관계-에 대해 분석할 것이다. 그 세 가지 특징은 기능의 중시, 아우라의 상실, 그리고 포괄적 동일성의 지향이다.

둘째로, 이 장은 한국의 근대화만이 지닌 독특한 특징을 또한 한국 라면의 전개와 성장에 추이를 통해 분석해 볼 것이다. 이것을 통해 한국의 근대성이 적나라하게 드러날 것이다. 즉 여기서 라면은 한국의 근대성을 꿰뚫어 보는 일종의 창 또는 한국적 근대성을 라면을 통해 볼 수 있는 일종의 거울로 성격 지울 것이다. 주지하다시피, 한국의 근대화는 서구의 그것과는 달리 매우 빠른 시간에 압축적으로 진행되었다. 장경섭 같은 학자는 이를 "압축적 근대성"이라고 불렀다 (Chang, 1999; 2010: Chang·Song, 2010). 이렇게 압축적으로 단기간 내에 진행되어 온 한국의 근대화는 서구의 근대화와는 엄연한 차이를 보일 것이고 이것을 드러내는 데 한국인이 애용하는 대중식품인 라면이 결정적인 일조를 할 수 있다고 필자는 확신한다. 따라서 그러한 확신에 근거해 본 연구는 한국적 근대성이 서구의 근대성과 어떤 점에서 차이를 보이는지를 라면을 통해 규명해 보고자 한다.

2. 패스트푸드와 근대성

분명, 라면은 일반적으로 말해 패스트푸드에 속하고, 또한 패스트푸드의 개발과 비약적 발전은 근대성과 맞물려 있다. 바로 이점이 자연스럽게 기호식품이 된 라면을 사회학적으로 바라보려는 이유다. 그런데 이러한 과정을 꼼꼼히 밟아 나아간다면 단순한 식품의 하나인 라면을 통해 오히려 우리가 살고 있는 시대와 사회의 속살을 들여다 볼 수 있는 기회가 생긴다는 것을 발견한다. 이것이 바로 문화 분석의 힘이다(예, Kinsella, 1982; Ritzer, 1996; Aoki, 2002).

예를 들면, 킨셀라(Kinsella) 같은 이는 미국에서 일반화되고 있는 패스트푸드 식당 현상을 하나의 대중문화적 속성으로, 즉 대중문화의 표현으로 간주해 그 현상을 분석했다. 리처(Ritzer) 같은 이는 현대 사회의 일면이 이른바 그가 이름 한 '맥도날드화'하고 있다고 규정하고 그런 현상 속에 내포된 합리성에 주목하고 있다. 하지만 그는 거기에 머무르지 않고 사회전체가 이렇게 합리화된 형태로 수렴되어가고 있는 과정에 노정된 비합리성까지를 짚어내고 그것을 고발하고 있다.

일본의 사회학자 아오키(Aoki)는 현대 일본의 세계화의 측면을 되짚어 보는 연구에서 본 연구와 비슷하게 일본의 독특한 문화성(culturedness)을 드러내기 위해 일상생활의 패스트푸드화(the fast-foodization of daily life)에 주목하였다(Aoki, 2002: 69). 이 연구에서 그는 일본의 대중 음식 문화를 "값싸고 빠르고 맛있게"라고 단정 짓는다. 그러면서도 일본의 대중 음식 문화가 서구, 특히 미국의 패스트푸드와 다른 각도로 발전해 나가는 점도 아울러 강조하고 있다.

그런데, 이 장에서 주목하고 있는 라면은 엄밀한 의미에서 단순히 패스트푸드라고 규정하기에는 어폐가 있다. 왜냐하면 단적으로 라면은 물론 분식점에서 팔리기도 하지만 맥도날드처럼 단독으로 체인화 되어 있는 것도 아닐 뿐만 아니라 꼭 다른 이의 손을 빌려 조리해야하는 것도 아니기 때문이다. 그런 점에서 우리가 주목하는 라면은 마치 미국인들이 즐겨 먹는 냉동 피자와 같은 즉석식품으로 전자레인지에 데워서 먹는 그런 '텔레비젼 디너'에 속한다(Ritzer, 1996: 52). 어쨌든 라면은 엄격한 의미에서 흔히 일반적으로 말하는 패스트푸드에 속하지 않을 수도 있다. 하지만 그럼에도 불구하고 라면 자체를 우리가 연구의 대상으로 삼을 때, 위에서 언급한 학자들이 행한 방식은 본 연구의 길잡이 노릇을 충분히 할 수 있다. 왜냐하면 라면은 패스트푸드점의 확산 현상과 마찬가지로 하나의 대중문화적 속성을 지니고 있으며, 또한 라면 자체가 맥도날드 햄버거와 같이 근대성을 내포하고 있을 뿐만 아니라 공간적으로 한정된 한국적 현상으로서만 국한시켜 바라 볼 수 있어 라면을 통해 한국적 근대성을 엿볼 수 있기 때문이다.

라면은 애초에 일본에서 탄생했지만 우리나라에 도입된 후 한국의 라면 생산과 소비는 일본에서와는 다른 맥락에서 진행되었다는 점에 이 연구는 초점을 맞출 것이다. 1963년에 도입되어 한국에서 대량 생산되고 여전히 특별한 사랑을 받아 온 한국 라면의 일대기는 한국의 산업화 시기와 그 맥을 같이 해 왔다고 말해도 과언이 아닐 정도로 절묘하게 양자가 맞아 떨어진다. 이런 점에서 우선 라면은 한국 사회의 산업화와 떼려야 뗄 수 없는 깊은 관계를 가진다. 이 장은 바로 이 측면에 초점을 맞추고 있다.

3. 라면 속의 근대성

1) 기능의 중시

근대성은 그것이 사물이든 사람이든 관계없이 어떤 것이 지니는 의미 보다는 그것의 기능을 더 우선시 하는 측면을 내포하고 있다. 근대성의 이러한 특징에 대해서는 사회학자 짐멜(Simmel)이 발군이다. 그의 유명한 저서 『돈의 철학』에서 짐멜은 화폐경제가 발달함에 따라 인간관계에서 특별한 상호의존적 관계는 해체된다고 분석했다. 이 말은 곧 화폐경제가 한껏 발전한 현대사회에서는 어떠한 만남이든 그 만남의 당사자들은 서로 상대방의 객관적 조건에만 의거한 만남을 점점 더 갖게 되고, 그렇게 상대하며 그런 식으로 상호 의존하는 사람들이 정작 어떤 사람들인가는 전혀 신경 쓰지 않게 될 가능성이 커진다고 주장했다(Simmel, 1978: 295; Zijderveld, 1979). 즉 만남의 당사자들 간에는 서로의 기능만 중요하지 다른 어떤 것도 중요하지 않게 된다는 것이다. 이것은 곧 한 개인이 가지는 혹은 어떤 사물이 지니는 "활동의 일면성"(Simmel, 1978: 297)의 강조와 맞물린다. 이 경우 어떤 이나 어떤 사물의 한 측면만 강조되고 다른 모든 측면들은 모두 무시되는 경향이 있다.

이러한 주장을 뒷받침해주는 예는 과거 전통사회에서의 훈장어른과 현대사회에서의 교수가 제공해 줄 수 있다. 과거 사회의 훈장은 단지 천자문을 떼 주는 지식의 전달자로 끝나지 않고 학생들의 인생의 좌표가 되는 그런 인물로 받아들여졌다. 하지만 현대사회의 교수는 학생들의 개인적인 대소사에는 전혀 관여를 하지 않고 단지 강의실에서만 마주치는 지식의 전달자로서 간주된다.

여기서 노정되는 세 가지 중요한 사안들이 있다. 그 첫째는 바로 익명성이다 (Simmel, 1978: 295; 김 광기, 2003b: 268). 즉 마주하는 이가 어떤 이인가를 판단할 때 그가 지닌 기능만을 부각시키고 그의 모든 것이 무시된다면 그의 이름과 그의 얼굴 그리고 그의 됨됨이는 전혀 중요하지 않다. 그것이 바로 짐멜이 말하는 익명성이다. 근대성은 이러한 익명성을 특징으로 한다. 우리가 하루의 일상생활에서 마주치게 되는 거의 대부분의 사람들은 서로가 서로에게 모두 익명적인 사람들이다. 지나치면 거의 그의 얼굴과 이름을 기억하지 못하는 일종의 투명인간들인 것이다.

두 번째 사안은 바로 대체가능성(Simmel, 1978: 460)이다. 그렇게 익명적인 이들과 사물은 대체가능하다. 단 특정의 기능을 담당한다는 조건만 충족시킨다면 그 어떤 것도 대체 가능하다. 마치 자동차 헤드라이트가 나가면 다른 헤드라이트를 갈아 끼워 차를 운행하듯, 특정의 기능만 담당한다면 그 어떠한 것도 대체할 수 있다는 것이 바로 근대성이 지닌 또 다른 특징이다. 마지막으로 익명적이고 대체가능한 것들의 만남에는 자유가 존재한다. 얼굴과 이름이 알려져 있지 않고 기능만을 수행하는 이들 간에는 자유가 있는 것이다. 왜냐하면 꼭 어떤 특정인만이 어떤 일을 담당할 필요가 없기 때문이다.

이것의 훌륭한 예는 창녀를 들 수 있다. 창녀를 찾는 이들은 창녀의 다른 면을 보지 않고 창녀가 행하는 활동의 특수한 한 가지 면만을 본다. 성적욕구의 해소가 바로 창녀의 기능이다. 따라서 이런 기능만 수행한다면 어느 창녀든 그가 누구든 상관없다. 창녀[53]는 익명적이고 대체가능하며, 또한 사랑해달라고 구걸도

53) 창녀에 대한 필자의 묘사와 유사한 논의로는 짐멜(Simmel, 1978: 376)을 참조할 것.

집착도 하지 않아 사랑을 통해 얻는 구속으로부터의 자유를 보장한다. 마치 화장실의 변기처럼……

이러한 근대성의 특징이 라면에도 고스란히 녹아있다. 우선, 라면은 누가 끓이든 상관없이 똑같은 맛을 낸다는 의미에서 익명적이다. 다시 말해 "어떤 라면"이든 그리고 그것을 끓이는 "누가"(특정인) 중요치 않는다는 의미에서 익명적이다. 다음으로 라면은 어떤 라면을 먹든 대체할 수 있다. 즉 이 라면과 저 라면의 구분이 존재하지 않는다. 존재하는 것이 있다면 다만 라면의 일면성(특수한 측면), 즉 사람의 허기진 배를 채운다는 기능만 있을 뿐이다. 그 기능만을 충족한다면 어떤 라면이든 대체가능하다. 그래서 싸구려 음식이란 선입견이 있지만 대신 라면은 그것을 대하는 이에게 자유를 준다. 무엇 보다, 라면은 그것 자체를 조리하는 대상과 그것을 조리하는 시간의 단축이 주는 여유라는 의미에서의 자유를 준다다. 특히 이러한 자유는 전통사회에서 음식 조리를 주로 담당해 왔던 여성들이 현대사회에서 누리는 자유와 친화력을 가진다. 간단히 말하면, 단지 배만 채우면 그만이며 어떤 것을 먹어도 똑 같은 라면이기에, 여성이 조리를 전담할 필요도 없고 또 설사 그것을 담당한다고 하더라도 매우 간편하기에 라면과 여성의 자유는 양립가능하다. 이런 의미에서 도시화, 핵가족화, 여성의 지위 향상과 가사로부터의 해방, 새로운 현대적 생활양식은 라면과 친화력을 가지는 것이 전혀 이상하지 않고 오히려 당연히 여겨질 수밖에 없다.

그런데 이러한 라면과의 친화력이 단지 여성만의 전유물이라고 생각하면 오산이다. 바쁜 일상을 보내는 현대인들이라면 그것이 여성이든 남성이든 상관없이, 음식을 조리해서 먹어야하는 불편함을 시간낭비라고 치부하는 모든 현대인은 바로 라면과 친화력을 가질 수밖에 없는 것이다. 이것은 마치 패스트푸드점이나 혹은 식당에서 음식을 포장해 집에 가져가는 현대인이 갈수록 늘어나는 현상과 일맥상통한다. 즉 현대인은 음식을 조리할 시간이 없거나 그것 자체가 아까운 것이다(Wax, 1998; Lawrence, 1996). 그리고 라면의 조리도 "물 55ml(3컵 정도)를 끓인 후 면과 분말스프, 후레이크를 같이 넣고 4분 30초간 더 끓이세요"라는 글만 읽을 줄 아는 이라면 누구나 간단한 수고를 들여서 4분 30초 만에 자신의 주린 배를 채울 수 있기에 시간에 쫓기는 현대인에게 안성맞춤인 즉석 음식이 되기에 충분한 것이다. 이러한 점은 또한 사실상 글을 읽고 셈을 할 수 있는 이들이라면 "누구나" 패스트푸드점의 식당에서 조리를 할 수 있는 것(Luxenburg, 1985: 84-85)과 마찬가지로 라면 조리에 뛰어들게 한다. 이것이 바로 라면이 현대인과 친밀한 관계를 유지하게 하는 근본적인 이유다.

2) 아우라의 상실

일찍이 철학자 벤야민(Benjamin)은 현대 사회의 특징을 "아우라(후광 또는 원광)의 상실"로 요약했다(Benjamin, 1969; Cf. Lash, 1990). 물론 그가 이것을 통해 말하고자 했던 것은 출중한 예술 작품이 현대 기술의 눈부신 발전에 힘입어 대량으로 복제됨으로써 위대한 예술가의 걸작이 사람들을 빨아들였던 그 원래의 '힘'-즉 그 오묘한 흡인력-을 잃어가는 것을 지적하기 위함이었다. 그러나 그의 이러한 예술작품에 대한 예리한 관찰은 단지 현대 예술작품에만 국한되지 않고 그 범위를 넓혀 적용된다. 다시 말해, 현대의 모든 것은 과거 전통사회에서 지녔던 그 고유한 '힘'을 거의 상실했다고 해도 지나치지 않을 정도로 무기력한 모습으로 볼 품 없게 되어 버렸다. 그 어떤 것도 과거 전통사회에서 보였던 그 독특함, 시쳇말로 '포스'를 상실했다는 말이다. 예를 들어 보자. 과거의 도공이 가마에서 구워냈던 하나의 도자기는 세상 어디에서도 그것과 똑같은 것을 결코 찾아낼 수 없는 유일무이한 그릇으로서 그 존재감을 한껏 뽐낼 수 있었다. 벤야민 식으로 이야기 하면 그 도자기는 아우라를 보유하고 있었던 것이다. 하지만 현대의 그릇들은 그러한 아우라를 보유하지 않는다. 모두 대량으로 간편하게 공장에서 찍어 내고 있기 때문이다.

그런데 이런 모습은 사람들에게도 똑같이 관찰된다. 즉 도자기와 찬가지로 현대를 살아가는 현대인들에게도 과거 전통사회를 살던 인간들이 보유했던 아우라는 전혀 찾아 볼 수 없다. 이를 짐멜은 "고귀함의 상실"이라고 묘사했다(Simmel, 1978: 391). 과거 전통사회의 사람들은 어떤 이들이건 그 나름의 독특함을 일생 동안 간직했고 그것을 드러냈기 때문에 그 만의 아우라를 갖고 있었다. 반면 현대인에겐 이런 모습을 전혀 찾아낼 수 없다며 짐멜은 그것을 "고귀함의 상실"로 묘사했던 것이다.

이 점을 단적으로 보여주는 예는 어떤 이를 보았을 때 그의 정체를 쉽사리 파악할 수 있는가의 여부다[54]. 즉 겉으로 보는 것만으로 정체파악이 가능한지의 여부다. 만일 그것이 쉽게 일어난다면 그는 짐멜식으로 이야기 하면 '고귀함'을 가진 자이고 그렇지 않다면 그는 그것을 상실한 자이다. 과거 전통사회에서는 어떤 이를 멀리서만 보고서도 그가 어떤 이임을 대번에 알 수 있었다. 그것은 그가 바로 그 '고귀함'과 '아우라'를 가지고 있었기 때문에 가능했던 것이다. 하지만 현대인은 제아무리 어떤 이를 유심히 관찰한다고 해도 도대체 그가 어떤 사람인지에 대한 감을 잡을 수 없다. 유일하게 알 수 있는 것이 있다면, 어떤 특정한 상황에서 그를 대할 때 그가 하는 '기능'으로서만 그가 어떤 이라는 것을 추정해 낼 수 있을 뿐이다. 이런 의미에서 현대인은 '고귀함' 또는 '아우라'를 상실한 존재들이라고 할 수 있다. 따라서 현대인들은 전인격적인 측면을 보유한 인간으로 서로를 대하지 않고 단지 역할과 기능만을 교환하며 관계를 맺는, 그런 "생기가 사라진 곳"(Zijderveld, 1979: 32)을 채운 인물들로 서로를 규정하고 그 규정에 의거해 서로를 대한다. 제이더벨트(Zijderveld)는 이런 현대인의 모습을 전형적으로 목격할 수 있는 곳의 예로 호텔을 들고, 호텔의 투숙객이야말로 현대인이 어떤 인물인지를 보여주는 전형적인 예라고 주장했다(Zijderveld, 1979: 297). 즉 그들은 얼굴 없는 자들(투명 인간으로 취급 받는 이들)이고 어떤 이들로도 대체가 능하며 그들의 기능은 단지 숙박료를 내고 아무나 주인이 될 수 있는 주인 없는 방에 잠시 머물다 가는 유령 같은 존재일 뿐이다. 거기엔 어떠한 아우라도 포스

54) 그 대표적인 예는 앞서 거론했던 훈장과 교수일 것이다. 과거의 훈장은 언제 어디서든 그가 훈장임이 표가 났다. 반면 현대의 교수는 표가 나지 않는다.

도 고귀함도 존재하지 않는다.

그런데 이러한 근대성이 지닌 "아우라의 상실"이라는 특징은 두 가지 결과를 갖는다는 것을 인식하는 것이 중요하다. 그 첫째는 그것으로 인해 어느 것도 무엇이 진짜라고 말할 수 없는, 즉 어느 것이 진짜인지 모르는 '불확실(정)성'과 '불안정성'을 내포한다는 것이다. 그리고 그러한 '불안정성'은 '혼돈'과 '불만'을 동반하다(Simmel, 1978: 404). 근대성이 지닌 이러한 측면을 이해하는 것은 어렵지 않다. '기능'만이 부각된 얼굴 없는 이를 대하는 것은 그 '기능'만을 교환하는 동안만큼만 확실성과 안정성을 맛본다는 것을 의미한다. 그리고 그 순간이 지나면 그에 대한 모든 것은 다시 애매모호함의 심연으로 추락하게 된다. 이는 곧 그에 대한 확신의 결여와 그와 맺은 관계의 불안정을 의미한다. 그리고 이 모든 것은 현대인의 모든 관계가 상궤에서 벗어난 '불규칙성'으로 특징 지워 진다는 사실과 맥을 같이 한다(Simmel, 1978: 488). 매일 집에 있어야 할 부인이 어느 날 보따리를 싸고 사라지거나 나의 안전을 도모해주어야 할 경찰관이 성폭행범으로 돌변하는 일이 자주 일어나거나 적어도 상상이 가능한 현대사회가 바로 '고귀함'을 상실한 인물 군상들로 넘쳐나기에 그런 현상이 벌어진다는 것을 짐멜이 보여주고 있는 것이다. 그리고 이러한 풍경의 진수에는 바로 그 '불규칙성'이 똬리를 틀고 있는 것이다. 얼굴 없는 이와 이름 없는 이들은 언제 어떻게 그 모습을 바꿀지, 언제 나타나고 언제 종적을 감출지 아무도 예상치 못한다. 예상치 못하는 것은 불규칙하다는 것과 다른 말이 아니다. 따라서 '불규칙성'과 함께 '불안정'과 '불확실(신)성'이 싹트는 것은 매우 당연한 일이다.

그리고 또 하나의 결과는 바로 '평준화'(levelling)이다(Simmel, 1978: 432). 아우라를 상실한, 즉 시쳇말로 포스를 잃어버린 존재는 고만고만한 존재로 둔갑할 수밖에 없다. 이러한 사실은 사람이든 사물이든 예외 없이 적용된다. 예를 들어보기로 하자. 과거 전통사회에서 간장, 된장 같은 장은 집집마다 그 고유한 아우라가 있었다. 하지만 지금은 그것의 생산을 특정 식품회사가 담당한다. 따라서 과거에 집집마다 가지고 있었던 장의 아우라는 상실되고 남은 것은 평준화된 특정 회사의 장뿐이다. 사람도 마찬가지다. 전인격적인 측면 보다는 '기능'만 강조되는 현대인에게 남은 것이라곤 '기능'라고 하는 평준화된 역할밖에는 없다. 기러기 아빠는 전인격적으로 아이들과 아내를 대하는 아버지와 남편이 아닌 단지 돈만 벌어 학비를 송금해주는 '기능'만이 부각된다. 만일 환율이 올라 그 '기능'을 제대로 수행해주지 못한다면 그의 존재는 왜소화될 수밖에 없다. 그는 단지 돈을 벌어 송금해주는 기계로만 가족에게 인식될 뿐이다. 그러한 모습은 모든 기러기 아빠들에게 해당된다. 따라서 甲 가정의 기러기 아빠나 乙 가정의 기러기 아빠나 서로 대체할 수 있다(Cf. 김 광기, 2009: Kim, 2012). 송금만 제대로 해준다면 이 이가 저 이가 될 수 있고 저 이가 이 이가 되어도 무방하다. 이것이 바로 현대인이 지닌 평준화의 훌륭한 예이다[55].

이러한 특징을 보유한 근대성이 라면의 탄생과 성장에 그대로 녹아 있다. 우선 '불규칙성'과 관련된 이야기를 해보기로 하자. 과거 전통사회에서 음식의 조리에는 많은 시간이 들었다. 해서 적절한 시간 안배가 음식조리에 관건이었다. 그것을 하지 못한다면 결코 음식이 생산되거나 소비되는 것이 불가능했다. 거기에 규칙성이 파고 들 수밖에 없는 이유다. 식재료의 준비와 마련 그리고 구입에서부터 음식의 조리와 그것을 담당하는 생산자 모두 규칙적이어야만 식품이 생산되고 소비될 수 있었던 것이다.

그러나 현대 사회에서 음식을 조리하고 소비하는 데 과거 전통사회에서 보였던 규칙성은 파고들어갈 자리가 점점 없어지고 있다. 즉 현대사회의 음식은 규칙성으로부터 소외되어 있는 것이다. 현대인이 음식을 섭취할 시간도 불규칙하며 그것을 마련하는 데도 불규칙성이 존재한다. 또한 현대인이 보여주는 극도의 이동성은 그러한 시간을 뒤죽박죽으로 만든다. 비행기를 타고 해외 출장을 가는 이의 배는 불규칙하게 기내식에 의해 채워지고 변화하는 시간에 맞추어 곯아지고

55) 마치 이 된장을 저 된장으로 교환해서 먹어도 되듯 말이다.

채워진다. 따라서 현대인의 음식 섭취의 욕구는 저마다 달라 질 수밖에 없다. 해서 현대인에겐 단란한 가정의 화목한 식사시간이란 상상 속에서만 가능할 지도 모르게 되었다(Ritzer, 1996: 12). 이러한 불규칙한 일상 속에서 언제 어디서든 주린 배를 채울 수 있게 그 욕구를 만족시켜 주는 패스트푸드가 탄생한 것은 어쩌면 근대성의 선물일지도 모른다. 그것은 아침 혹은 점심 혹은 저녁 이렇게 정규적으로 문을 여는 일반 식당조차 가기를 버거워하는 현대인에게 하늘이 내려준 만나와 같은 것이다. 시도 때도 없이 들락날락 거리며 음식을 소비할 수 있는 곳이 바로 패스트푸드점이고 그것은 불규칙한 현대인의 처지를 십분 이해하는 산타클로스의 선물보따리와 같은 것이다. 그리고 그 안에서 꺼내진 현대인의 양말을 채운 선물 중 하나가 바로 라면인 것이다.

그러나 여기서 우리가 놓치지 말아야하는 것은 바로 그러한 불규칙한 현대인의 위장의 욕구를 채워줄 수 있는 패스트푸드점이 그리고 패스트푸드가 나올 수 있었던 데는 그 음식을 조리하는 데에 어떤 비밀이 숨어 있기에 가능하다. 그 비밀은 간소화된 절차이다. 전혀 군더더기가 필요 없는-즉 조리하는 자의 숨은 비법이 필요 없는, 누구나가 정해진 매뉴얼에 따라 일을 밟아 가면 뚝딱하고 음식이 식탁위에 놓이는- 바로 그 간편함이 현대인의 불규칙성에 부응해 맞장구를 치며 발전할 수 있었던 배경이다. 패스트푸드의 대명사인 맥도날드 햄버거의 조리에 있어서의 간편성에 대해 보아스와 체인(Boas et al.)은 다음과 같이 묘사하고 있다. “비효율성, 낭비, 변덕스런 요리사, 무성의한 서비스, 시도 때도 없이 달라지는 음식의 질 등이 있는 곳에 필요한 것은 처음부터 끝까지 간소화된 절차에 따라 움직이면 완성되는 하나의 단순한 제품이었다”(Boas & Chain, 1976: 9-10).

즉 패스트푸드는 시간과 공간을 가리지 않고 언제 어디서고 섭취가 가능한 식품으로서 불규칙성을 그 생활의 중요한 특징으로 삼고 있는 현대인에게 구세주와 같은 역할을 감당할 수 있었던 것이다. 라면도 이 사실에 결코 예외일 수 없다.

또한 라면이 있는 자든 아니든, 배운 자든 아니든, 특정 지역에 사는 이든 아니든 상관없이 모두 가리지 않고 소비를 한다는 점에서 그것은 근대성이 지닌 평준화를 여실히 보여준다. 예전에는 앞서 분류된 자들이 각기 섭취하는 음식이 모두 각양각색이었다. 이와 같은 사실은 세린(Serrin)의 다음과 같은 패스트푸드의 묘사에서 가장 절묘하게 나타난다.

> "미국식 음식 조리에서 지역 간 인종 간 차별성은 사리지고 있는 중이다. 어떤 이웃, 도시 또는 주에서건 음식이 모양새와 맛에서 차이가 별로 없이 대동소이하다. 미국인들은 즉석 마카로니와 치즈, 부드러운 흰빵, 올레오 마가린과 냉동 도너츠 그리고 젤로 등이 차려진 식탁에 앉아 식사를 한다. 오늘날에는 어떤 이도 자신의 식습관을 바꿀 필요가 없이 미국의 동쪽 끝과 서쪽 끝을 여행할 수 있다... 정밀한 가공 및 저장 기술, 신속한 수송, 그리고 각양각색의 즉석식품들이 식품생산에 있어 지역과 계절의 차이를 무시할 수 있게 만들었다"(Serrin, 1980).

3)포괄적 동일성의 지향

마지막으로 이 장에서 초점을 맞춘 근대성의 주요한 특징 중 하나는 바로 동일성이다. 그러나 이 동일성은 무지막지한 전횡을 휘두르는 그런 "가부장적 동일성"(patriarchal identity)이 아니다(김광기, 2004: 387). 즉 과거 전통사회에서 보이는 "우리가 남이가" 식의 너와 내가 분리되지 않는 "강한 연대"에 기초한, 그래서 이질적인 것을 용납하지 않는 동일성이 아니다. 대신, 이때의 동일성은 매우 "약한 연대"에 기초한 동일성이며 이질적인 것을 '포용'[56]하는 포괄적 동일성[57]이다.

---

56) 이 용어는 Parsons(1977)에서 빌려 왔다. 그리고 이것은 다른 것에 대한 '관용'을 의미한다. 관용에 대한 사회학적 논의로는 Berger et al.(1973), Seligman(2000; 2001), 김 광기(2012)을 참조할 것.

57) 포괄적 동일성에 대한 대표적 논의로는 Habermas(1981; 1987), Lash(1999), Best and Kellner(1991), 그리고 김광기(2003a)를 참조할 것.

그런데 근대성은 왜 이러한 포괄적 동일성의 특징을 가질 수밖에 없을까? 그 해답의 열쇠는 앞서 살핀 바 있는 근대성이 지닌 '불규칙성'이 쥐고 있다. 주지하다시피, '불규칙성'은 많은 혼란과 혼돈, 그리고 불확실성과 불안정성 및 불만족을 야기한다. 즉 그것은 한 마디로 말해 무질서를 야기한다. 그러나 한 가지 분명한 사실은 인간은 이러한 무질서 속에서 살 수 없다는 것이다. 왜냐하면 인간은 고질적으로 그리고 선천적으로 질서를 선호하는 존재이기 때문이다(Rawls, 1989: 162). 따라서 혼돈에 휩싸인 무질서한 현대사회 속에서도 인간들은 그런 환경에 맞는 나름의 질서를 추구할 수밖에 없다. 그러한 노력의 일환이 바로 삐거덕거리는 부조화와 불규칙성 속에서 "희미한 최소한의 공통분모"를 찾아내는 것이다(김광기, 2004: 387).

다시 말해, 현대인들에게도 모든 이질적인 것들을 관통하는 "일관된 무엇"이 반드시 필요하다. 그것을 찾는 것이 그들의 숙제이고 숙명이다. 전자에 해당하는 모든 이질적인 것은 바로 불확실하고 불규칙한 것을 의미하며, 후자의 "일관된 무엇"이란 불확실성과 불규칙성으로 꽉 채워진 세계 속에서 일말의 확실성과 안정성 그리고 규칙성을 발견하거나 모색하거나 창안하거나 추구하는 그런 모든 행위를 뜻한다. 이것을 베버(Weber) 식으로 표현하면, 현대사회의 관료제가 그것을 감당하고 있고, 그것은 곧 현대사회에서 만연한 합리성을 의미한다. 그런데 베버에게 있어 합리성은 곧 '계산가능성'을 말하는데 이것이 담보로 하는 것은 바로 규칙성에서 비롯되는 '예측가능성'이다(Weber, 1968; Kalberg, 1980, 1994). 그리고 이것을 제이더벨트 식으로 표현하면, 깊은 뜻이 들어 있지 않은 '진부함', 곧 클리쉐이(*cliché*)다(Zijerveld, 1979).

근대성의 이러한 포괄적 동일성의 지향과 추구는 우리가 일상에서 섭취하는 음식인 라면에서도 그대로 드러난다. 일단 현대인은 과거 전통인들에 비해 그들이 소비할 수 있는 음식의 종류가 너무도 많아지고 다양해 졌다. 과장해서 말한다면, 전 세계의 음식이 현대인의 눈 앞에 놓여 있는 것이다. 그것은 그를 혼란에 빠트리기에 충분하다. 왜냐하면 많은 대안 중에서 하나를 선택하는 일은 매우 어려운 일이기 때문이다. 그렇게 많은 대안들중에서 낮이 익은 음식을 선택하는 것은 어쩌면 당연한 일인지도 모른다. 왜냐하면 그것은 이미 검증이 된 것이라 그것의 맛을 예측할 수 있기 때문에 쓸데없는 고민의 수고를 덜어준다. 만일 그 수많은 종류의 음식들을 낮선 것, 그리고 예측할 수 없는 것, 그래서 그것을 섭취했을 때 어떤 일이 벌어지는 가에 대한 셈이 안 될 때 인간들은 좌절할 수밖에 없다. 그러나 그런 와중에도 반드시 선택해야만 할 때 그들은 가장 낯익은 것을 선택할 수밖에 없다. 왜냐하면 그 낯익은 것들은 예측 가능한 것이고 셈이 가능한 것이라 일말의 여유를 줄 수 있기 때문이다. 해서 현대인은 자신들이 선택할 수 있는 것 중 가장 낯익은 것을 고르게 된다. 비록 완전히 낯익은 것이 아닐지라도 말이다. 그것이 바로 포괄적 동일성, 즉 최소한의 공통분모를 찾아 그것에 해당하는 것을 고르는 일이다.

이것이 바로 맥도날드와 같은 패스트푸드가 전 세계인에게 선호되는 이유다. 만일 전 세계인들이 서로 다른 나라를 여행한다고 했을 때, 그들 앞에 다른 모든 식당과 함께 맥도날드 상점이 보인다면 그들 모두에게 가장 낯익은 것은 맥도날드와 같은 패스트푸드일 수밖에 없다. 비록 자신의 나라에서 그것을 즐겨하지 않았다고 하더라도 말이다. 그런 의미에서 완전히 친숙한 것은 아니라고 할지라도 자신의 나라에서 보았던 식품이 다른 나라에서도 보인다면 그것은 그것의 호불호를 떠나 일단 전혀 낯선 나라에 여행간 사람에게 일말의 낯익음, 규칙성, 예측가능성, 계산가능성을 부여하기에 충분하다. 그러면 그는 비록 그것을 평상시에는 즐겨하지 않았을지 모르지만 전혀 낯선 그 지방 음식점을 기웃거리기 보다는 그곳으로 발길을 돌릴 가능성이 매우 높다. 이렇게 맥도날드와 같은 패스트푸드가 전 세계인의 발길을 당기게 하는 이유는 바로 그들이 제공하는 식품의 표준화된 통일성에 기인한다. 즉 맥도날드의 햄버거는 그것이 미국이든, 영국이든, 일본이든, 중국이든, 한국이든, 말레이시아든 어디든 그 규격, 내용물, 무게, 가게의 모양새 등이 균일하다(Collins, 1996; King, 1980; Leidner, 1993: 45-47, 54, 58 ; Reiter, 1991: 107). 그러한 표준화된 통일성과 균일성이 바로 거기서 판매되는 햄버거에 대한 예측을 가능케 한다. 이것이 바로 그렇게 수많은 음식들 중에서 이러한 패스트푸드가 성행하고 성공을 거두는 근본적인 이유가 된다.

그렇다면 라면은 어떤가? 다른 패스트푸드와 마찬가지로 라면도 규칙성이 숨어 있는 창고라 할 수 있다. 그것의 겉표지, 모양새, 내용물, 그것의 조리방법, 조리시간, 조리방식, 섭취시간 등 모든 것이 규칙적이지 않은 것이 없다. 또한 이것은 우리나라의 어디를 가든 혹은 전 세계의 어디를 가든 다르지 않고 균일하다. 해서 그것은 그것을 섭취하는 이들에게 예측가능성을 주고 계산가능성을 주고 위안을 준다.

그 예는 실로 무궁무진하다. 각기 지역이 달라 해 먹는 음식에 차이가 있을 지라도 수해 등으로 피해를 입은 지역에 어김없이 라면의 온정이 쏟아진다. 그것은 우리나라에만 국한 되지 않는다. 다른 나라에서 천재지변 등의 재해가 발생하면 구호품으로 라면이 전달된다. 심지어 서로 체제가 다르고 사는 방식이 다른 남한과 북한 사이에도 북한에 식량을 원조할 일이 있으면 라면이 꼭 포함되기 마련이다. 이는 인종, 시간과 공간 등 그 모든 것을 관통하는 표준성과 획일성 그리고 통일성이 있기에 가능한 것이고 그것을 바탕으로 한 규칙성에 근거해 그것을 소비하는 동안 서로 다른 환경에 놓인 사람들이 포괄적으로 동일성을 느끼게 되는 것이다.

4. 라면 속의 한국적 근대성

이제까지 우리는 근대적 식품으로서의 라면과 현대사회의 특징 사이의 분리될 수 없는 관련성을 살펴봄으로써 라면 속에 녹아 있는 근대성을 살펴보았다. 이제부터는 그 일반적인 근대성을 넘어 다른 나라에서는 찾아 볼 수 없는 한국만이 지닌 독특한 근대성을 다룰 것이다. 이를 위해 여기서는 세계 제 1의 라면 소비국으로서 한국과 라면의 독특한 관계에 초점을 맞출 것이다. 즉 이 장의 목적을 달성하기 위해 라면은 또 다시 중요한 하나의 수단으로 등장할 것이다. 이렇게 하는 이유는 한국적 근대성을 규명하는데 한국에서의 라면의 탄생과 성장을 함께 고려하는 것이 확실한 지름길이라고 믿어 의심치 않기 때문이다.

1) 양면성

서구 사회의 근대성과 구분되는 한국적 근대성의 하나는 그것이 지닌 양면성이다. 서구 사회의 근대성은 그 이전의 전통사회의 그것과 확연히 결별을 고하고 진행되었다. 하지만 비유적으로 표현해서 한국의 근대성은 전통사회와 완전히 이혼하지 않은 채 어정쩡한 동거를 하고 있는 상태에서 진행되어 왔다. 그렇게 된 가장 큰 이유는 바로 양자의 전개 시간에서 차이가 나기 때문이다. 즉 서구의 근대화는 오랜 시간에 걸쳐 진행되었으므로 전통사회의 잔재들을 청산하는 것이 그 기간이 매우 짧은 우리에 비해 훨씬 수월했다. 하지만 우리는 전통사회의 모습을 단번에 일소하고 현대사회로 넘어가기에는 근대화의 기간이 너무나 짧았다. 장경섭 같은 이는 이를 “압축적 근대성”이라고 명명했다. 단기간 내에 압축적으로 근대화가 진행되면 급작스런 변화가 일어나게 되고 그 와중에 여전히 변하지 않고 잔존하는 과거의 무엇이 반드시 있게 마련이다. 이것이 바로 양면성이다. 과거와 현대가 깔끔하게 분리되지 않고 병존하는 양면성이야말로 한국의 근대성을 특징짓는데 빠져서는 안 되는 매우 중요한 요소임에 분명하다. 그런데 이것을 라면을 통해서도 확인가능하다.

우선, 라면은 과거의 음식과는 확실히 다른 현대의 음식임에 분명하다. 그러나 이 라면에도 단순히 현대적인 것 말고도 과거의 것이 병존하고 있다. 단적으로 라면은 그것이 우리나라에 도입되고 애용되기 이전부터 있어왔던 “국수문화”의 변종으로 보아도 무방하다고 할 정도로 과거의 것을 지니고 있다. 거기에 국에 밥을 말아 먹는 우리네의 전통적인 “국밥문화”도 고스란히 포함하고 있다. 지금의 형태의 라면을 일본에서 가지고 왔지만 일본에서도 라면 국물에 밥을 말아 먹는 일은 거의 없다. 즉 라면은 분명 현대적인 인스턴트 음식임에도 불구하고 우리의 전통적인 음식문화의 여러 요소들이 혼합되어 있는 양면성을 가지고 있는 것이다. 마치 우리네의 근대성이 그런 것처럼 말이다. 이는 완벽하게 근대적인 음식으로 간주되는 고기와 빵으로 이루어진 햄버거와 같은 패스트푸드와 라면이 확연한 차이를 보이는 것과 맥락을 같이 한다. 그리고 우리나라에서 패스트푸드나 인스턴트 음식 중에서도 특정 계층이나 연령에 한정되지 않고 즐겨 애용되는 것이 햄버거가 아닌 라면이라는 것을 상기한다면 우리나라만이 지닌 독특한 근대성을 이 라면을 통해 유추해 내는 일에 전혀 무리가 따르지 않는다는 것에 모든 이가 충분히 동의할 수 있을 것이다.

그러나 라면이 기존의 우리네의 전통적인 국수문화의 한 변종이라고 할지라도 그것은 기존의 국수와 엄연한 차이를 보인다. 후자가 전자에 비해 그것을 끓이는 이가 누구냐에 따라 내용과 형식 그리고 맛에서 차이가 난다는 점에서 그 차이는 확연해 진다. 국수는 라면에 비해 대체가능하지가 않다. 다시 말해 이 집의 국수와 저 집의 국수 맛은 천차만별이다. 이에 비해 라면은 이 집의 라면과 저 집의 라면이 차이가 날 수 없다. 즉 대체가능하다는 것이다. 이 점에서 라면은 국수문화의 변종으로 이해할 수 있을지라도 확실히 그것보다는 근대적인 음식이며 그 점에서 근대성을 반영한다. 그리고 라면의 이러한 근대성은 우리네의 근대성을 이해하고 설명하는 데 훌륭한 하나의 유추적 예가 되기에 충분하다.

이 외에도 라면은 또 다른 양면성을 가지고 있다. 이는 라면에 대한 우리 한국사람의 양가적인 태도에서 비롯된 양면성이다. 한 마디로 한국인들은 라면에 대해 애증(愛憎)이라는 서로 양립할 수 없는 감정을 가지고 있다. 그리고 그러한 라면에 대한 애증의 감정은 한국인이 근대성에 대해 가지는 감정과 매우 흡사하다. 우선 라면은 한국인들에겐 소외, 가난, 외로움 등의 상징으로 통한다(전자신문, 2010. 9. 15). 그런 면에서 라면은 한국인에겐 부정적인 이미지 혹은 가능하다면 피해야할 대상쯤으로 흔히 인식된다. 1986년 아시안 게임 육상경기에서 세 개의

금메달을 따 당시에 육상의 불모지인 한국에서 국민적 영웅이 되었던 임춘애 선수는 당시 우승 소감으로 라면을 먹고 운동했다고 해 국민들의 가슴을 짠하게 했다. 2010년 10월 〈슈퍼스타 K2〉 결선무대에서 우승한 최종 우승자는 우승 소감으로 아버지와 라면을 끓여먹고 싶다고 해 그의 어려운 환경을 간접적으로 대변해 관중들의 심금을 울리기도 했다(한국경제신문, 2010. 10. 23). 아니 이렇게 멀리 갈 것도 없이 "생일날 라면 먹었다"는 말과 같이 일상생활에서 라면은 단순한 간편식이나 간식 정도로 초라함을 대변하는 하나의 기호로 작용하고 있다. 따라서 라면은 곧 성공하면 우선적으로 멀리 해야 할 것으로 치부되는 음식으로 푸대접을 받고 있는 것이다. 라면에 대해 한국인이 지닌 '증'(憎)의 감정과 태도다.

그러나 라면에 대한 한국인의 태도와 감정이 꼭 부정적인 것만은 아니다. 완전히 상반될 때도 있다. 그 단적인 예가 라면이 막 출시된 후 그리고 한국 경제가 지금과 같은 궤도에 오르기 전까지 가난과 식량 부족으로 고통 받고 있을 암울한 시기에 라면은 간식이 아닌 쌀밥을 대신하는 한 끼의 훌륭한 대용식으로 대접받기도 했다. 아니 오히려 대용식이라기보다는 면발과 국물에 녹아 있는 기름기가 지방을 보충해주는 일종의 보양식정도로도 여겨질 정도였다(아시아 경제, 2010. 4. 12; 김문겸, 2010). 이외에도 라면을 먹고 열심히 일하고 뛰자는 일종의 "으쌰 정신"으로 라면은 근면과 절약 그리고 성실을 상징하는 기호로 작용하기도 하고 이것은 확실히 라면에 대한 한국인의 긍정적인 태도를 엿보게 한다. 그리고 라면에 대한 이러한 긍정성을 띤 태도는 한반도에 위기 상황이 도래할 때마다 어김없이 라면을 사재기하는 한국인의 행태로 확증된다. 다시 말해 어떨 땐 싸구려 음식으로 푸대접하다가도 아쉬울 때는 생명줄을 연장해 줄 수 있는 가장 신뢰할 것으로 인식하고 있는 것이다(연합뉴스, 2010. 5. 25). 그리고 심지어는 완전히 싸구려 음식에서 탈바꿈을 해서 특급호텔에서는 2~3만 원대 고가로 팔려 야식 메뉴 1위에 당당히 등극해 그 새로운 면모를 과시하면서 한국인의 사랑을 받고 있기도 하다(매일경제, 2010. 8. 8).

어쨌든 한국인이 라면에 대해 가지는 감정은 이렇게 애증이 교차하는 양면성을 가진다. 그리고 이는 한국인이 지닌 근대화 혹은 현대세계에 대한 양면적 감정과도 매우 흡사하다. 즉 우리네 한국인들은 한 편으론 근대화와 그것이 주는 편리와 합리성에 열광하는 듯 보이면서도 또 다른 한편으로는 그것에 대해 혐오하는 전혀 상반된 태도와 감정을 견지한다. 이러한 근대성에 대한 애증이라는 양가적 감정, 즉 양면성을 라면에 대해서도 똑 같이 보이는 것이 한국인이며 따라서 라면에 대해 가지는 한국인의 양면성을 통해 한국적 근대성의 양면성을 유추해 낼 수 있는 것이다.

이는 평상시에는 자신의 자녀에게 라면을 먹지 말라고 하던 주부들이 추석이나 명절 때 가장 먹고 싶어 하는 음식으로 라면을 꼽는 것으로 입증 된다[58](국민일보, 2010. 9. 17). 즉 라면에 대한 한국인의 이중적인 감정이 여실히 드러나는 것이다. 이와 유사하게 한국인이 근대성에 대해 지니는 감정 또한 양립할 수 없는 양면성으로 이중성을 띈다. 예를 들어 근대적인 신식 집안으로서 시대를 앞서가는 선구자로 자임하면서도 자녀의 혼사에서는 가문과 집안을 따지는 이러한 야누스의 두 얼굴과 같은 생활방식의 양면성은 곧 현대적 문물과 생활 방식, 즉 근대성에 대한 한국인의 이중적인 태도와 감정을 여실히 드러내는 것이다. 해서 강남의 높은 고층 빌딩에 거주하는 상류층은 동시에 강북 북촌 마을의 한옥 구입에 열을 올리기도 한다. 이러한 양면성, 이중성, 그리고 양가성은 한국적 근대성의 중요한 하나의 측면을 보여주는 것이고, 이러한 측면이 근대적인 음식인 라면을 대하는 태도에서도 동일하게 보인다는 점에서 한국적 근대성과 라면은 공통

58) 기혼 여성 커뮤니티 포털인 '아줌마 닷컴'이 기혼 여성 538명을 대상으로 2010년 10월 2일에서 14일 사이에 "추석 때 가장 먹고 싶은 음식이 무엇"이냐고 물어 본 결과 희한하게도 응답자의 30%가 라면, 23%가 피자라고 대답했다. 그 이유는 매우 간단하다. 그것들이 별반 준비를 요하지 않는 음식이거나, 주문만 하면 간단하게 배달시켜 먹을 수 있는 것들이기에 그렇다. 즉 명절 기간 중 강도 높은 가사노동에 시달리는 주부들의 입장을 대변하는 응답 결과라고 볼 수 있다. 이렇게 평상시에는 주부들에게 푸대접 받던 음식인 라면과 패스트푸드가 극심한 가사노동의 부담을 덜어 주어 일종의 쉼을 주는 것으로서 받아들여진다는 점에서, 라면은 한국인에겐 부정과 긍정, 혹은 사랑과 기피의 대상으로서 서로 상반된 대상으로 동시에 받아들여지고 있다는 것을 감지할 수 있다.

점을 가진다. 그리고 이 때문에 라면을 통해 한국적 근대성을 충분히 꿰뚫어 볼 수 있다는 필자의 주장이 설득력을 지니는 것이다.

2) 경신(輕信)의 결여

양면성 외에 한국적 근대성이 일반적인 서구의 근대성과 구별되는 다른 점 하나는 바로 '경신의 결여'에 있다. 이 말은 서구에서 진행된 근대화 속에서 발견할 수 있는 서구 현대인들의 '경신'(credulity)의 모습이 현대의 한국인에게는 현저히 결여되어 있다는 것을 의미한다. '경신'이란 매우 가벼운 믿음을 가리키는 것으로, 종교적으로는 경신 상태를 유지할 경우 개종을 거듭하게 된다. 하지만 경신은 단순히 종교적인 믿음의 형태에만 국한되지 않는다. 수많은 대안들 중에서 선택을 강요당하는 현대인이 한 순간 선택했던 것을 버리고 다른 것을 쉽사리 다시 선택하는 일련의 과정을 끊임없이 계속적으로 행하는 것을 가리킬 때도 이 경신이라는 개념이 적용된다. 이런 의미에서 버거는 현대인을 "경신의 시대"를 사는 인물이라고 정의했다(Berger, 1992: 126). 이러한 현대인의 즉흥적 성향을 짐멜은 '가변성'이라고 이름 했고(Simmel, 1978: 577), 제이더벨트는 '변덕성'이라고 불렀다(Zijderveld, 1979: 78).

그런데 서구의 근대성에서 흔히 목도되는 이러한 일반적인 경향인 '경신'이 한국 사회에서는 현격하게 결여되어 있는 것을 목도하게 된다. 즉 한국의 근대성 속에서는 '경신'이라기보다는 오히려 '우직함' 혹은 '충성심' 등이 더 많이 목격되기에 그러하다. 이러한 한국의 독특한 문화적 풍경은 앞서 살핀 한국의 근대성, 즉 "압축적 근대성"을 방증하는 중요한 요소로 작용한다. 왜냐하면 바로 한국의 근대성에는 일소되지 않은 전통도 간직하고 있기 때문이다. 즉 쉽게 변하지 않는 믿음과 같은 것이 완전히 배제되지 않은 채 근대성에 묻혀 있는 모습이 우리에게 확실히 있기 때문이다. 쉽게 변하지 않는 믿음을 어떤 이는 '보수적'이라고 표현할 것이다. 만일 그것을 우리가 수용한다면 이때의 보수성은 정치적 차원에서의 보수를 일컫는 것이 아닌 필자가 앞서 언급한 바 있는 '성실성'이나 '충실성'에서의 높은 정도를 의미하는 것이어야 한다.

그런데 전통에서의 변화를 의미하는, 그리고 그것에 멈추지 않고 끊임없는 변화를 의미하는 근대성에 가장 부합하는 인간들의 태도와 경향은 '경신'이어야한다. 하지만 여기서 필자는 한국의 근대성에서는 그러한 '경신'이 결여되어 있다고 주장하고 있다. 물론 그런 경신의 모습도 아주 안 보이는 것은 아니지만-예를 들면 휴대폰의 기계를 새 기종이 나올 때마다 바꿔야만 직성이 풀리는 사람들이 한국인에게도 있는 것처럼, 그리고 잘나가는 음식점이나 까페가 3~4년이면 다른 집으로 바뀌는 한국이지만- 이런 모습 보다는 오히려 쉽게 변하지 않는 보수성을 간직하고 있는 경향이 있다고 필자는 주장하고 있는 것이다. 그렇다면 어떻게 끊임없는 변화를 추구하는 근대성과 쉽게 변하지 않는 보수성, 즉 우직한 충실성이 양립할 수 있다는 말인가? 필자는 두 가지 측면에서 그것이 가능하다고 본다. 먼저, 변화자체를 거부하지는 않지만 그렇다고 해도 무턱대고 변화하는 것을 혐오하는 양면적인 태도에서 그 첫 번째 가능성이 보인다. 그리고 다음으로는 좀체 변하지 않지만 만일 어쩔 수 없이 변화를 택할 수밖에 없다면 일단 변한 변화를 우직하게 고집하는 태도에서 그 나머지 가능성을 본다. 예를 들면 휴대폰을 구입하기는 했지만 통신회사는 어떠한 감언이설과 혜택에도 불구하고 맨 처음 정한 회사를 끝까지 고집하는 사람들이 한국에는 많다는 사실을 그 예로 들 수 있다. 그런데 이러한 사실을 필자는 한국인의 라면 소비에서도 분명히 목격한다.

한국인의 독특한 라면 소비 행태를 보여주는 흥미로운 통계치가 있다. 일반적으로 우리가 국수를 뜻하는 건면은 전국적으로 라면에 밀려 입지가 크게 위축된 상황이다. 다시 말해 한국인들은 국수를 끓여 먹기 보다는 라면을 더 많이 끓여 먹는다는 말이다. 해서 건면 보다는 라면의 매출이 전국적으로 비교도 할 수 없을 만큼 더 큰 것이 사실이다. 하지만 이러한 전국적인 현상과 홀로 거리를 두는 지역이 대한민국에 존재한다. 바로 대구다. 전국적으로 건면이 라면에 참패를 당한 시점에서도 유독 대구에선 건면이 승승장구라는 통계치가 있다. 주식회사 샘

표의 건면 매출비율은 서울을 비롯한 수도권이 45%, 대구·경북이 25%, 충청이 15% 등의 순으로 나타났다. 그런데 수도권 인구가 2천만 명을 상회하고 대구·경북의 인구가 고작 510만 명[59]인 점을 감안한다면 1인당 건면의 판매량은 대구·경북이 수도권의 2배를 넘어 그야말로 국내 최대의 국수 소비지역임을 누구나 알 수 있는 것이다. 실제로 샘표의 한 관계자는 이러한 사실을 확인해주며 그 증거로 전국의 73개의 매장을 가진 이마트의 경우, 2004년 현재 건면의 매출 10위점 안에 대구지역의 4개 매장 중 3개점이 포함되어 있음을 제시했다(조선일보, 2005. 8. 1)[60]. 이러한 대구·경북 지역의 식성은 과연 무엇을 말해주는가?

이는 대구가 현대적임에도 불구하고 여전히 변하지 않는 보수성을 간직하고 있다는 아주 훌륭한 예가 된다. 대구는 누가 뭐래도 한국에서 손꼽는 근대화된 대도시 중 하나이다. 그러나 그러한 변화 속에서도 변하지 않은 끈질긴 무엇인가를 대구는 가지고 있다. 그런 점에서 필자는 이 논문의 준거틀 내에서 대구가 한국적 근대성의 전형 또는 원형을 보여주고 있다는 가설을 조심스레 제기한다. 그런데 이 논의를 더 진전시키기 전에 필자는 버거의 소비관련 언급을 잠시 짚고 넘어갈 필요를 느낀다. 왜냐하면 이것이 대구에서의 라면 소비의 저조와 한국적 근대성에서 보이는 "경신의 결여"를 논의할 때 그것을 이해하는데 도움을 주기 때문이다.

버거는 헌팅턴과 함께 엮은 「여러 개의 세계화」란 책의 서문에서 소비를 "성사(聖事)적 소비"(sacramental consumption)와 "비성사적 소비"(non-sacramental consumption)로 구분했다(Berger, 2002: 7). 버거가 이 구분으로 말하고자 했던 것은 동일한 소비 행위라 할지라도 현대적인 세계에 참여하고 있다는 것을 직

59) 서울신문(2008. 12. 23).

60) 이를 보도한 기자는 대구의 큰 유통업체 직원들의 말을 인용해 대구사람들의 식성의 보수성을 지적하고 있다. 직원에 따르면, 대구에서는 수산물로는 갈치와 고등어밖에 팔리지 않아 결국 다른 수산물들은 그저 구색 맞추기에 불과하다. 오이는 가시오이만 팔리는데 전국 이마트의 평균 판매량이 21.8%인데 비해 대구 매장의 가시오이 판매량의 비중은 82%로서 상대가 되지 못한다. 국수와 라면의 한판승부도 이와 같은 맥락에서 결판이 난 것이다.

·간접적으로 보여주는 징표가 되는 것을 "성사적 소비"로, 아닌 것을 "비성사적 소비"로 분명히 구분하고 싶었던 것이다. 만일 현대적 세계에 소비자가 참여하는 것 자체가 그 행위 이전에 소비자가 몹시 갈망했던 것이라면 현대적 세계는 일종의 신과 같은 성스러운 것으로 여길 수 있으며, 그 세계의 어떤 것을 소비한다는 것도 성스런 세계에 자신이 결국 몸담았다는 것을 보여주는 것이므로 그 소비 자체는 성스러운 것이 된다. 그런 의미에서 "성사적"이라는 표현을 사용한 것이다. 만일 맥도날드 햄버거를 먹는다는 것이 현대적 세계에 동참한다는 의미로 받아들여진다면 그것은 곧 버거 식으로 이야기 하면 "성사적 소비"에 해당한다. 한국인들이 베니건스와 스타벅스 커피점과 같은 미국계 프랜차이즈에서 음식과 음료를 먹는 것은 바로 그런 의미를 띨 수 있다. 즉 그런 소비 행위들은 현대적 생활양식에 뒤지지 않고 산다는 것을 보여주는 일종의 상징이며(A. A. Berger, 1999), 혹은 시쳇말로 "엣지 있게" 사는 이라는 것을 보여주는 매우 함축적인 소비 행위가 된다.

그렇다면 대구에서 라면이 홀대받는 것이 의미하는 바는 무엇일까? 이에 답하기 위해 필자는 버거의 두 가지 소비 구분을 더욱더 세분화하고 싶은 충동을 느낀다. 특히 "성사적 소비"를 "의도적인 성사적 소비"와 "비의도적인 성사적 소비"로 나누고 싶은 강한 충동을 느낀다. 왜냐하면 대구에서의 라면의 소비는 바로 "비의도적인 성사적 소비"에 포함시키고 싶기 때문이다. "의도적인 성사적 소비"란 말 그대로 "성사적 소비"를 의도적으로 행한 소비를 말하고, "비의도적인 성사적 소비"란 아무런 의도가 없이 어떻게 하다 보니 "성사적 소비"가 된 것을 의미한다. 즉 어떻게 하다 보니 그것이 근대적인 것을 드러내는 소비가 된 것을 말하는 것이다. 만일 이것이 이해가 되었다면, 라면이 햄버거, 명품 가방, 혹은 휴대폰 등과 같이 그것을 소비하는 것 자체가 "의도적인 성사적 소비"와 확연히 구분되는 "비의도적인 성사적 소비"라는 것도 이해가 쉽게 될 것이다. 즉 어찌하다 보니 대구에서는 라면이 근대를 표시하는 "성사적 소비"가 되었을 뿐이다. 따라서 그것은 확실히 결코 의도하지 않은 “비의도적인 성사적 소비”에 해당한다. 해서 결과적으로 라면은 허접한 근대적인 음식으로 무시되거나 홀대 되었고 대신 라면 보다는 더 전통적인 것으로 보이는 국수가 대우를 받는 것이다. 이는 앞서 언급했듯이 대구 지역의 큰 유통업체에서 팔리는 건면의 매출을 전국적으로 따져 보았을 때 명확히 나타날 뿐만 아니라 대구 지역에서 유독 눈에 자주 띄는 국수집을 보아도 충분히 알 수 있다. 그리고 더 나아가서 생일날이면 장수를 뜻하는 국수를 먹는 전통을 여전히 고수하는 대구·경북의 식문화가 이를 여실히 증명하고도 남는다.

그러나 이렇게 대구에서 국수보다 라면이 홀대를 받는다고 해서 대구가 전통만을 고집하는 곳이라고 보면 그것은 크나큰 오산이다. 왜냐하면 현대적 대도시로서의 면모 또한 대구가 갖추고 있으므로 버거가 말한, 그리고 필자가 거기에 살을 붙인 “의도적인 성사적 소비” 또한 대한민국의 그 어느 곳 보다 더 대구에서 성행하고 있기 때문이다. 대구사람들은 다른 대도시의 사람들에 뒤지지 않는 현대적인 세계를 선망하고 그 세계에 속한 사물들을 소비한다. 이런 점에서 대구가 그리고 대구 사람들은 과거 전통 사회의 사람들과는 확실히 구분된다. 그럼에도 불구하고, 대구의 “의도적인 성사적 소비”에도 어김없이 변하지 않는 우직함이 도사리고 있다. 왜냐하면, 대구 사람들은 현대적인 세계에 일원으로서 소비를 하고 있다는 징표로서 현대적인 것을 소비하는데 열을 올림에도 불구하고 그들은 일단 택한 것을 좀 체 바꾸려 들지 않는 뿌리 깊은 성향을 보이고 있기 때문이다. 해서 이들은 자동차도, 은행도, 자동차 기름도 그리고 명품 옷도 특정 브랜드를 고집하는 경향이 다른 지역 사람들에 비해 매우 짙다[61].

그렇다면, 라면 보다 국수를 더 선호하는 대구 사람들과 이른바 “의도적인 성사적 소비”의 첨단에 선 대구사람들을 관통하는 그 공통분모는 과연 무엇인가?

---

61) 대구를 방문한 외지 사람들은 길거리를 잠시 거닐면 이를 대번에 눈치 챌 수 있을 것이다. 이는 이미 전 세계 기업으로 탈바꿈하려 그 출발점이었던 대구의 이미지를 완전히 벗어던진 기업 삼성에 대해 대구 사람들이 지니는 여전한 충성심에서도 발견할 수 있다.

그것은 바로 '충성도'이다. 이것은 일반적으로 서구의 근대성을 특징짓는 변덕성, 가변성, 즉흥성, 임시성, 경신의 현격한 결여를 의미한다. 즉 한국인에게는 변화가 밀려올지라도 해서 비록 변화할 수밖에 없다고 할지라도 어떤 것을 고집스럽게 고수하려는 그런 기질이 숨어 있음을 우리는 보게 된다. 심지어 변화를 적극적으로 받아들인 후에도 일단 변화 후 받아들인 것을 고수하려는 복지부동의 모습을 보게 된다. 그런데 이러한 과정에서 내용을 제거하고 남은 껍데기를 보면 그것은 변화와 무관한 과거 사회의 전통적 요소가 배태되어 있음을 감지할 수 있다. 해서 현대적인 것의 "의도적인 상징적 소비" 속에서도 충성심과 보수성이라고 하는 전통적 요소가 똬리를 틀고 있음을 우리는 목도할 수 있다.

필자는 앞서 현재 논의의 준거틀 내에서 대구가 한국의 전형 또는 원형쯤으로 간주될 수 있다고 언급하였다. 그 준거틀 내에서 뿐만 아니라 이와 같은 이유에서도-충성심과 보수성의 유지- 필자의 눈에는 대구가 한국의 전형적인 모습으로 비춰지는 것이다. 그리고 그 대구에서 라면의 소비가 저조하고 오히려 전통적인 국수가 더 많이 소비된다는 전통적인 풍경에서 필자는 우리만의 근대성의 진수를 엿볼 수 있다고 확신한다. 우리만의 근대성의 진수는 한국의 근대화가 최단기간 내에 압축적으로 진행되어 온 만큼, 근대성 내에 전통이 함께 병존하는 독특한 풍경을 보여주고 있다는 것이다. 그리고 특히 여기서 일반적인 근대성이 보유하는 '경신'의 모습을 '우직함'의 모습으로 변질시킨 한국의 근대성을 발견하게 된다.

5. 끝맺는 말

이 장에서 필자는 일반적인 근대성과 한국적 근대성의 진수에 도달하려고 노력하였다. 그리고 그 목적을 달성하기 위해 라면이라는 인스턴트식품을 동원하였다. 근대에 탄생하고 성장한 패스트푸드로서의 라면이 근대성과 밀접한 관련성과 상동성을 가지고 있다고 확신했기 때문이다. 따라서 본 연구는 우선 패스트푸드와 근대성의 관계를 살펴보았고, 이후 라면 속에 녹아 있는 근대성을 의미보다는 기능이 중시된다는 것과 아우라가 상실되었다는 점, 그리고 근대성이 포괄적 동일성을 지향하고 있다는 사실로 규명하였다.

이러한 작업 이후에, 이 장에서는 일반적인 근대성과 차이를 보이는 한국의 근대성을 세계 제 1의 라면 소비국으로서의 면모에 의거해 라면을 통해 규명하려 애썼다. 최단기간 내에 근대화를 달성한 세계에서 유일무이한 나라답게 한국의 근대성은 이른바 "압축적 근대성"으로 규정된다. 근대화가 압축적으로 진행되었기에 거기에는 근대성 외에도 전통적인 요소가 여전히 잔존하고 있다는 가정 하에 한국적 근대성의 특징이 묘사되었다. 그것은 바로 '양면성'과 '경신의 결여'로 포착되었으며, 이것은 라면에 대해 한국인이 가지는 이중적 혹은 양가적 감정과 태도와도 일맥상통하는 것이어서, 필자가 이 장에서 시도한 근대성을 꿰뚫어 볼 수 있는 일종의 창 또는 그것을 반영하는 하나의 거울로서 라면이 훌륭한 하나의 수단이 될 수 있다는 주장은 무리가 없다는 것이 판명되었다고 확신한다. 즉 근대성과 한국적 근대성을 보기 위해 멀리 갈 필요가 없이 우리가 지금도 애용하며 우리의 식탁에 올려놓고 섭취하는 라면만 보면 그것들의 진수를 간파해 낼 수 있다는 것을 이 연구는 확인해 주고 있다.

〈참고문헌〉

국민일보, "주부가 가장 먹고 싶은 추석 음식? '간단한 라면, 피자 좋아!'", (2010. 9. 17).

김광기. "양가성, 애매모호성, 그리고 근대성: 알프레드 슈츠의 '전형성' 개념의 응용 연구", 「한국사회학」. 37집 6호, (2003a), 1-32쪽.

김광기. "익명성, 추상성, 그리고 근대성: 일상생활세계의 익명성과 현대사회의 익명성", 「철학과 현상학 연구」. 21집, (2003b), 249-272쪽.

김광기. "소설 속의 전통과 현대: 이문열의 〈아가〉에 묘사된 근대성에 대한 사회학적 소고", 「사회이론」. 25호, (2004), 352-395쪽.

김광기. "대면적 상호작용, 기러기 아빠, 그리고 이방인: 가족의 친밀성 변화에 관한 사회현상학적 소고", 「현상과 인식」. 33권 1/2호, (2009), 172-203쪽.

김광기, "관용과 환대, 그리고 이방인: 하버마스와 데리다를 중심으로", 「현상과 인식」, 36권 4호, (2012), 133-160쪽.

라면천국. 「라면 요리 천국」. (서울: 리스컴, 2008).

김문겸, "현대 한국 사회의 문화적 풍경", 제 3세션 사회자 촌평, 「한국사회학회・한국문화사회학회 공동 심포지움」, (2010. 10. 29).

매일경제, "특급호텔 야식 메뉴 1위 '라면'...2~3만 원대 고가에도 불티", (2010. 8. 8).

서울신문, "대구 경북 인구 내리 7년 감소", (2008. 12. 23).

아시아 경제, "한국 라면사에 이런 일이?", (2010. 4. 12).

연합뉴스, "'천안함' 이후 쌀, 라면 판매 증가..'사재기'?", (2010. 5. 25).

장경섭. "압축적 근대성과 복합위험사회" 「비교사회」. 2호, (1998), 373-414쪽.

전자신문. "9월 15일 한국 최초의 라면 등장", (2010. 9. 15).

조선일보, "수산물은 갈치・고등어, 라면보다 건면 잘 팔려: 새것 기피 보수성 강해 입맛도 수백 년 간 유지", (2005. 8. 1).

한국경제신문, "'슈퍼스타K2' 우승자 허각 '아버지와 라면 먹고 싶다' 우승 소감", (2010. 10. 23).

Aoki, Tamotsu. "Aspects of Globalization in Contemporary Japan", In *Many Globalizations: Cultural Diversity in the Contemporary World*. Peter L. Berger and Samuel P. Huntington, (eds.), (Oxford: Oxford University Press, 2002). Pp.68-88.

Benjamin, Walter, *Illuminations*, (New York: Schocken Books, 1969).

Best, Steven & Douglas Kellner, *Postmodern Theory: Critical Interrogations*, (New York: The Guilford Press, 1991).

Berger, Arthur Asa, *Signs in Contemporary Culture: An Introduction to Semiotics*, (2nd edition), (Salem, WI: Sheffield, 1999).

Berger, Peter, *A Far Glory: The Quest for Faith in an Age of Credulity*, (New York: Anchor Books, 1992).

Berger, Peter, "Introduction: The Cultural Dynamics of Globalization", *Many Globalizations: Cultural Diversity in the Contemporary World*, Peter L. Berger・Samuel P. Huntington (eds.), (Oxford: Oxford University Press, 2002).

Berger, Peter, ・Brigitte Berger, and Hansfried Kellner, *The Homeless Mind: Modernization and Consciousness*, (New York: Vintage Books, 1973).

Boas, Max & Steve Chain. *Big Mac: The Unauthorized Story of McDonald's*. (New York: E. P. Dutton).

Chang, Kyung-sup, "Compressed Modernity and its Discontents: South Korean Society in Transition," *Economy and Society*, 28(1), (1999), 30-55쪽.

Chang, Kyung-sup, "The Second Modern Condition?: Compressed Modernity as Internalized Reflexive Cosmopolitization." *British Journal of Sociology*. 61(3), (2010), 444-464쪽.

Chang, Kyung-sup & Song, Min-Young, "The Stranded Individualizer under Compressed Modernity: South Korean Women in Individualization without Individualism," *British Journal of Sociology*, 61(3), (2010), 540-565쪽.

Collins, Glenn, "A Big Mac Strategy at Porterhouse Prices", *New York Times*, (1996), Aug. 13.

Habermas, Jurgen, "Modernity versus Postmodernity", *New German Critique*. 22, (1981), 3-14쪽.

Habermas, Jurgen, *The Philosophical Discourse of Modernity*, (Cambridge: Polity Press, 1987).

Kalberg, Stephen, "Max Weber's Types of Rationality: Cornerstones for the

Analysis of Rationalization Processes in History", *American Journal of Sociology.* 85, (1980), 1145–1179쪽.

Kalberg, Stephen, *Max Weber's Comparative-Historical Sociology,* (Chicago: Chicago Univ. Press, 1994).

Kim, Kwang-ki, "Face-to-Face Interaction, Kirogi Papa (Wild Goose Dad), and The Stranger: A Social-Phenomenological Study of Changing Intimacy in the Family", *Interaction and Everyday Life: Phenomenological and Ethnomethodological Essays in Honor of George Psathas,* Hisashi Nau · Fances C. Waksler (eds.), (New York: Lexington Books, 2012).

King, Margaret, "McDonald's and the New American Landscape", *USA TODAY Magazine,* (1980), Jan.

Kinsella, Marjorie, "The Fast Food Restaurant: Expression of Popular Culture" *Journal of Cultural Economics.* Vol.6, No. 1, (1982), 59–70쪽.

Lash, Scott, *Sociology of Postmodernism,* (London: Routledge, 1990).

Lash, Scott, *Another Modernity: A Different Rationality,* (Oxford: Blackwell, 1999).

Lawrence, Jil, "80 Pizzas Per Hour", *Washington Post,* (1996), June. 9.

Leidner, Robin, *Fast Food, Fast Talk: Service Work and the Routinization of Everyday Life,* (Berkeley: Univ. of California Press, 1993).

Luxenburg, Stan, *Roadside Empires: How the Chains Franchised America,* (New York: Viking, 1985).

Parsons, Talcott, *Social Systems and the Evolution of Action Theory,* (New York: The Free Press, 1977).

Rawls, Anne, "Language, Self, and Social Order", *Human Studies,* (Special Issue: Erving Goffman's Sociology), 12(1–2), (1989), 147–172쪽.

Reiter, Ester, *Making Fast Food: From the Frying Pan into the Fryer,* (Montreal and Kingston: McGill-Queen's Univ. Press, 1991).

Ritzer, George, *The McDonaldization of Society 5,* (Thousands Oaks, CA: Pine Forge Press, 1996).

Seligman, Adam, *Modernity's Wager: Authority, the Self, and Transcendence,*

(Princeton, NJ: Princeton Univ. Press, 2000).
Seligman, Adam, *Tolerance and Tradition,* (Sarajevo, Bosnia: Forum Bosnia, 2001).
Serrin, William, "Let Them Eat Junk", *Saturday Review,* (1980), Feb. 2.
Simmel, Georg, *The Philosophy of Money,* (London: Routledge, 1978).
Wax, Alan, "Takeout Meals Take Off", *Newsday,* (1998), July. 27.
Weber, Max, *Economy and Society,* (Totowa, NJ: Bedminster, 1968).
Zijderveld, Anton, *On Cliché: The Supersedure of Meaning by Function in Modernity,* (London: Routledge and Kegan Paul, 1979).

제9편

라면의 기호학

09

라면의 기호학

박선웅

1. 라면, 4분 30초의 예술

요리 책을 두 권이나 낸 가수 이현우는 2010년 7월 21일에 방영된 SBS의 '라면' 특집 다큐에서 말하기를, "만약에 5분 안에 맛있는 요리를 해야 한다면, 여러분은 무엇을 선택하겠습니까? 아마도 저처럼 많은 분들이 라면을 선택하지 않을까요? 준비물도 요리법도 아주 간단합니다. 팔팔 끓는 물에 우선 라면을 넣고요, 파 송송 계란 탁하면, 4분 30초의 예술, 맛있는 라면이 완성됩니다." 간편함과 신속함이 어우러진 4분 30초의 예술은 값이 저렴하여 서민적이기도 하다. 게다가 컵라면까지 개발되면서부터 라면은 이제 누구든 언제 어디서나 쉽게 즐길 수 있는 대한민국 대표 식품이 되었다.

라면의 제조 기술이 발달함에 따라 현재 라면 종류는 200여종에 이른다고 한다. 종류가 다양한 만큼 라면을 한마디로 정의하기도 쉽지 않다. 일반적으로 라면은 곡분 또는 전분을 주원료로 하고 몇 가지 첨가물 등을 혼합한 후 면발을 성형하여 열처리, 유탕처리, 건조 등의 방법으로 가공하여 스프를 첨가한 것을 말한다. 라면의 기원은 1937년에 발발한 중일 전쟁 때로 거슬러 올라간다. 당시 일본의 관동군은 중국인들이 비상식량으로 사용한 국수를 일본으로 전파한 것으로 추측된다(강희오, 1996). 이후 1958년 일본의 닛신 식품회사는 편리성, 신속성, 경제성을 고려하여 즉석면(인스턴트 라면)인 '치킨라멘'을 처음으로 선보였다(최용민, 2010a). 국내에서는 삼양사가 1963년에 처음으로 '삼양라면'을 시판하였으며, 그 후 라면 산업은 시대적 상황에 따라 변화를 거치면서 성장이 가속화되었다. 소득 수준이 높아감에 따라 건강이나 기능성을 강조하는 식료품 소비 패턴은 차별화된 라면 제품의 개발 경쟁을 촉진시켰으며, 라면은 맛과 영양가, 원료 등에서 질적인 향상을 지속적으로 이루어내고 있다.

세계라면협회에 따르면, 2009년 기준 국가별 라면 소비량은 중국 408억 개, 인도네시아 139억 개, 일본 54억 개, 베트남 43억 개, 미국 40억 개, 그 뒤를 이어 한국이 34억 개이다. 전체 라면 소비량으로 보면 한국은 세계 6위를 차지하지만, 1인당 라면 소비량으로 보면 단연 선두다. 한국인 한사람이 한 해 동안 먹은 라면은 68개에 달한다. 라면 최대 소비국이라는 중국은 1인당 33개, 라면 종주국이라는 일본은 1인당 44개이다. 한국의 라면은 전 세계 95개국에 연간 2억 달러 이상 수출되어 한국의 매운 맛을 세계화하고 있다(우득정, 2012).

이처럼 라면 소비량과 수출이 세계적으로 으뜸 수준에 이르렀음에도 불구하고, 라면에 대한 연구는 식품영양학과 경영학에서 주로 라면의 위해성이나 마케팅 전략 등에 관해 수행되었을 뿐 사회학적 연구는 거의 전무한 편이다. 본 연구는 기호학적 관점에서 라면의 사회적 의미를 밝혀보고자 한다. 간편하고, 신속하며 저렴한 '4분 30초의 예술'에 담겨진 사회적 의미는 무엇일까? 라면은 단순히 허기를 채우는 간편하고 값싼 수단만은 아니다. 라면은 구조화된 음식의 분류체계에서 특정한 위치를 차지하고 있으며, 그 위치로 인해 특정한 의미를 생성하게 된다. "오늘날 우리는 음식적 사회에서 사회적 음식을 먹으면서 살고 있다"(주영하, 2000: 216).

2. 음식의 기호학

음식의 섭취가 인간의 생존을 유지시켜주는 가장 기본적이며 필수적인 활동임에도 불구하고, 음식에 대한 사회학적 관심은 놀라울 정도로 거의 없었다. 먹거리의 생산·유통·소비는 인간의 사회적 관계를 매개하며 사회조직의 근간을 구성해왔으며, 개인과 사회의 정체성 형성, 종교적 실천, 때로는 심각한 집단 갈등과 국가 간 분쟁을 야기해왔다. 이처럼 음식 섭취가 사회학적 주제들의 중심적 위치를 차지할 만한 이유는 충분히 있다. 하지만 대부분의 음식 사회학 연구는 음식과 먹기에 대한 주제가 그동안 사회학에서 주변화 되어왔다는 아쉬움을 토로하면서 시작한다(Warde, 1997; Ashley, Hollows, Jones and Tayler, 2004).

국내의 경우, 인접 학문 분과를 포함하여 음식과 관련된 학문적 성과물을 손꼽을 정도로 이 분야는 연구의 불모지로 방치되어왔다. 그 중의 몇 가지를 소개하면, 김치와 한국인의 민족 정체성에 대한 연구(한경구, 1994; 주영하, 1994); 미식 추구 성향을 포함한 다양한 소비 양식과 문화 자본의 차이를 조사한 연구(장미혜, 2001); 음식 문화의 동질화, 이질화, 혼성화 그리고 민족 음식 문화의 변용, 식량 문제 등 전지구화 과정의 다각적 측면을 음식 문화를 통해 조명한 연구(박상미, 2003); 유기농산물 소비 문화와 그에 따른 문제점에 대한 연구(허미영, 2005); 광주의 지역 정체성에 미친 음식 문화의 모호성에 연구(박해광·송유미, 2007); 닭갈비가 춘천 향토 음식으로서 전통이 '발명'되어가는 과정에 대한 분석(황익주, 1994); 세계 식량 체계의 구축과 먹거리의 탈정치화로 인해 먹거리 생산자 및 소비자 간 먹거리 공동체 붕괴 현상을 탐색한 연구(김종덕, 2008); 끝으로 사이버공간의 새로운 음식 문화와 그 향유자들의 상호작용 과정을 분석한 연구(윤명희, 2009)들이다.

문화산업론적 관점에서 정치경제학적 논리에 의한 음식의 산업화와 세계화를 조명한 접근을 제외하고, 음식에 대한 문화사회학적·인류학적 연구들은 대체적으로 음식 소비의 상징적 차원, 즉 음식이 하나의 기호(記號)로서 작용하고 있음을 전제하고 있다. 무엇을 그리고 어떻게 먹는가는 개인이나 집단 혹은 지역 정체성과 밀접히 연관되어 있음을 보여준다. 한경구(1994)가 밝혔듯이, 김치가 한국의 대표적인 음식으로 민족적 정체성을 드러내기도 하지만, 우리 안에서도 김치를 꼭 먹어야 함은 촌스러움, 하층 계급, 시골 사람을 상징한다. 반면, 김치를 안 먹어도 견딜 수 있다는 것은 세련됨과 상류층, 도시 사람의 상징이기도 하다. 또한 김치의 매운 맛은 힘과 남성성을 나타내기도 한다.

음식은 때로는 계급, 신분, 지역, 민족의 문장(紋章)으로, 때로는 의사소통 체계로서 사회적 관계 및 상호작용을 매개하기도 한다(Douglas, 1975; Goody, 1982; Fischler, 1988). 음식의 교환 및 증여는 특정의 사회적 관계를 표현하는 문화적 실천이다(Radcliffe-Brown, 1922; Richard, 1939; Mauss, 1989). 예컨대, 혼인 과정에서 음식을 교환하거나 증여하는 의례 행위와 신부가 시댁 식구들에게 음식을 만들어 주는 것은 여자를 매개로 한 법적·경제적 관계의 성립을 의미한다(김광억, 1994). 또한 '함께 식사하기'는 밥상 공동체의 감정과 정서를 공유하며 공동체성을 형성하고 확인·유지하는 중요한 기제로 작용한다(Watson, 1987). 우리는 오랜만에 연락된 사람에게 인사로라도 '밥 한번 먹자'는 말을 함으로써 연대 의식을 확인하고자 한다. 그뿐만 아니라, 음식의 섭취와 비섭취, 주기와 받기는 인간관계의 서열과 배제를 매개한다. 예컨대, 1920~30년대의 소설에서 빈/부와 남/녀의 위계적 관계는 먹이는 자/먹는 자, 요리하는 자/시식하는 자로 구획되며, 여성은 임신을 한 경우를 제외하곤 남자의 밥상을 물려서 먹는 것으로 드러난다(이경, 2004).

이처럼 음식 소비는 단순히 신체에 필요한 영양분의 공급이 아닌 사회적으로 구성된 의미와 상징을 소비하는 것이다. "특정의 먹을거리 품목에 관한 우리의 견해는 그 품목의 맛 또는 그것이 신체의 영양 욕구를 충족시키는 능력에 의해서만큼이나 그 품목이 우리에게 의미하는 바에 의해서도 틀지어진다"(비어즈워스와 케일, 2010: 92). "음식 기호가 존재할 수 있는 이면에는 한 사회가 자신의 존재 의미를 획득하게 되는 일련의 의미 체계가 존재하며, 음식 기호의 소통 과정에서도 구성 요소 상호 간의 대립 관계나 결합 법칙은 랑그를 이루고 개인적인 차이에 의한 선택과 변이 가능한 요소들은 파롤을 구성한다"(이경, 2004: 135).

소쉬르(Saussure, 1959)가 말한 바와 같이, 기호는 유사성과 차이의 논리에 의해 기호체계(랑그)가 조직되면서 의미를 발생시킨다. 음식과 관련하여, 가장 기본적인 이항 대립은 먹을 수 있는 것과 먹을 수 없는 것의 구분(Falk, 1991)이다. 혹은 레비스트로스(Levi-Strauss, 1964)처럼 날 것과 요리된 것으로 구분할 수도 있을 것이다. 부르디외(Bourdieu, 1995)는 식품 소비 공간이 사치 취향과 필요 취향의 대립에 의해 구조화되어 있음을 보여준다. 대체적으로 음식에 대한 담론은 아래와 같은 다양한 이항대립의 쌍에 의해 조직된다고 볼 수 있다.

먹을 수 있는	먹을 수 없는
요리된	날 것의
유기농(천연)	가공
주식	간식
정성이 깃든	간편한
영양	불량
싱거운	자극적인
담백한	기름진

이와 같은 음식의 코드에 의해 특정 음식에 대한 인식과 평가가 이루어진다. 예를 들어, 밥과 반찬으로 이루어진 한정식은 떡과의 관계 속에서 전자가 주식이라면, 후자는 간식에 해당된다. 그런데 코드의 기호학적 작용과 관련하여 한 가지 주목할 만한 것이 있다. "코드의 기호학은 특정 코드의 각 측면에 있는 개별 요소들을 담론 전체의 동일한 측면에 있는 다른 요소들과 서로 연관시키고 묶는다"(알렉산더, 2007: 270). 즉, 주식으로서의 한정식은 간식인 떡에 비해 정성이 깃들고, 영양가가 많다고 볼 수 있다. 특정 음식이 유기농이며, 싱겁고 담백할수록, 그렇지 않은 음식에 비해 영양이 풍부하고 몸에 좋다고 인식한다. 또한 먹을 수 없는 것을 먹게 되면 신체적으로 탈이 나거나 심리적인 걱정이 유발되듯이,

간식이 주식을 대신하게 된다면 배고픔을 해결할 수는 있겠으나 정서적인 충만감을 얻을 수 없을 것이며, 그것이 지속된다면 필요한 영양분을 섭취하기가 어려울 것이다.

위에서 언급한 바와 같이, 특정 음식에 의미를 부여하는 음식의 기호체계는 사회적 의미체계와 조응한다. 음식은 "사회의 숨은 생각을 읽을 수 있는 좋은 의미체계이다"(주영하, 2000: 216). 레비스트로스는 음식과 요리의 구조주의적 분석을 통해 날 것과 요리된 것의 대립을 자연과 문화의 대립으로 파악하고자 하였으며, 살린스(Sahlins, 1976)는 육류 소비를 가축과 인간이 맺는 관계의 방식과 연관하여 설명하였다. 이는 곧 음식 코드를 조직하는 상동성과 상반성이 음식 외적인 사회·문화적 의미체계로 확장되면서, 음식의 사회적 의미가 해독될 수 있음을 알려준다. 이에 착안하여 아래와 같은 표를 작성해볼 수 있다.

음식 코드	
먹을 수 있는	먹을 수 없는
요리된	날 것의
주식	간식
정성이 깃든	간편한
영양	불량
음식외 코드	
문명	자연
정상	비정상
제도(일상)	비제도(탈일상)
남	여
어른	아이

위의 음식외 코드는 단지 하나의 일례에 불과할 뿐이지 이항대립의 쌍은 지속적으로 추가 가능하다. 특정 음식은 다른 음식과의 관계 속에서 코드를 구성하는

개별 요소들의 선택과 조합에 의해 의미화 되며, 요소들 간의 자의적 결합은 무의식적 실천, 즉 이데올로기에 해당된다. 기호학에서 이데올로기란 기표들 간의 자의적 관계가 레비스트로스가 말한 바 있는 '경험적 필연성'으로 전환되는 것을 말한다. 예를 들어, 설렁탕, 갈비탕, 추어탕, 보신탕 등과 같은 각종 탕류를 남성(혹은 어른) 음식으로, 피자와 스파게티 등을 여성(혹은 아이) 음식으로 분류하는 것이다.

이제 위의 코드를 준거삼아 라면의 사회적 의미를 분석해보자.

3. 라면의 사회적 의미

국수는 특유의 가늘게 이어진 모양 때문에 길함이 계속 되기를 바라는 뜻으로써 생일, 혼례, 빈례용 등 통과의례 음식으로 사용되어 왔다. 국수는 밀의 생산량이 적고, 재면법이 복잡하여 상류층의 음식으로써 특별식의 형태로 사용되었다(장지, 1994). 국수가 상용음식으로 된 것은 1950년대 이후 밀의 수입량이 늘어나면서부터이며 제면법이 기계화되면서 대중화되었다. 이후 국수는 통과의례 음식도 상류층의 별식도 아닌 서민의 주식 대용이거나 간식으로 자리매김 되었다. 특히 라면은 국수의 계열체 중에서 가장 저렴하고 서민적인 지위를 차지해왔다. 주식인 밥과의 관계 속에서 간식으로 라면을 섭취할 때와 주식 대용으로 이용할 때와 의미는 사뭇 달라진다. 후자의 경우, 라면은 가난과 역경을 의미화 한다.

라면 생산 기술을 최초로 도입한 삼양식품의 전중윤 회장은 한 인터뷰에서 라면 생산의 계기가 배고픔을 극복하는데 있다고 하였다. 그는 59년 제일생명 사장 당시 도쿄 출장에서 라면을 먹어 본 후에 김종필에게 라면 시식을 권유한 일화를 다음과 같이 소개하였다. "맛이 어떠냐고 했더니 맛있다고, 이게 뭐냐고, 라면이라고 설명을 하면서 국민 배부터 채워줘야 할 거 아니냐 했더니 빨리 하라는 겁니다"(이호, 2006: 15).

1963년 처음 출신된 삼양라면의 가격은 10원이었다. 서민층을 고려한 가격이었지만, 당시 꿀꿀이죽이 5원, 버스 10원, 자장면이 30원이었던 만큼 그리 싼 가격이 아니었다. 기름진 음식을 접하기 힘든 시절의 서민층에게 라면은 특별한 영양의 보고처럼 인식되었다. 이문열의 소설 『변경』 7권에서 다음의 장면이 묘사되었다.

> 노랗고 자잘한 기름기로 덮인 국물에 곱슬곱슬한 면발이 담겨 있는데, 그 가운데 깨어 넣은 생계란이 또 예사 아닌 영양과 품위를 보증하였다.…철은 갑작스레 살아나는 식욕으로, 그러나 아주 공손하게 라면을 먹기 시작했다. 그 때의 주관적인 느낌으로는 세상에서 가장 귀하고 맛난 음식을 먹고 있는 듯했다(이문열, 1998: 177).

시인 안도현은 1960년대 후반의 초등학교 시절 라면이 아주 특별한 음식 중의 하나였음을 회상하였다. 그는 아이들 사이에서 아래와 같은 사설이 구전 민요처럼 떠돌아 다녔다고 한다. "1_일반 시민 여러분 2_이것이 무엇입니까 3_삼양라면입니다 4_사용해보시죠 5_오골오골한 라면에 6_육류 수프를 넣고 7_칠칠하게 끓이지 마시고 8_팔팔하게 끓여서 9_구수하게 잡수시고 10_십원짜리 동전 두개만 내십시오"(안도현, 2002: 17). 그 당시 '육류 스프'는 채소 위주의 식생활을 영위해 오던 가난한 사람들에게 라면 국물을 통해 쇠고깃국을 섭취할 수 있는, 슬프지만 그럴듯한 희망을 주었다고 한다.

라면의 고칼로리는 한국인이 라면을 많이 먹게 된 경제적인 이유다. 점차로 라면은 싼 값에 대량 유통되었고, 고칼로리와 높은 열량으로 배부름을 오래 지속시킬 수 있게 해주었다. 라면 값은 오랫동안 한 끼를 때우는 '최저 끼니 비용'으로 여겨져 왔다. 김훈은 "이 배고픈 시절에 나타난 라면의 맛은 경이로운 행복감을 싼 값으로 대량 공급했다"고 말한다(김훈, 2007: 196).

경제적으로 어려웠던 60년대와 70년대를 지나 현재까지도 라면은 저렴함으로 인해 '가난'의 상징 같은 식품이다. 시인 함민복이 80년대 발표한 시 '라면을 먹는 아침'에서 라면은 가난을 은유적으로 표현하고 있다.

프로 가난자인 거지 앞에서
나의 가난을 자랑하기엔
나의 가난이 너무 가난하지만
신문지를 짝 펼쳐 놓고
더 많은 국물을 위해 소금을 풀어
라면을 먹는 아침
반찬이 노란 단무지 하나인 것 같지만
나의 식탁은 풍성하다.

〈홍성담의 라면식사〉

1998년에 나온 GOD의 히트작 〈어머니께〉라는 노래의 가사에도 라면은 가난을 상징하였다: "어려서부터 우리 집은 가난했었고/언제나 혼자서 끊여먹었던 라면/그러다 라면이 너무 지겨워서 맛있는 것 좀 먹자고 대들었었어." 이처럼 라면은 가난한 시절 배고픔을 해결해주는 음식으로 각인되며 사람들의 애환과 함께 해왔다. 집을 떠난 자취생과 고시생들에게는 간편한 조리와 싼 가격 때문에 라면을 지겹도록 먹었을 것이며, 30대 이후의 세대에 라면은 양은 냄비와 구공탄, 석유 곤로 등의 기억과 얽혀 있을 것이다. 반합으로 끓여먹던 라면은 힘든 군 생활 가운데에서도 아련한 추억으로 남아 있다.

라면은 가난과 역경뿐만 아니라 유해한 식품으로도 널리 알려져 있다. 라면에 대한 최초의 학술적 연구는 1972년 나온 식품영양학자인 김이식 교수의 "Instant 식품(라면)이 백서(白鼠)에 미치는 생화학적 연구"이다. 이 연구에 따르면, 7주간 라면을 섭취한 쥐가 백미를 섭취한 쥐보다 혈액 내 콜레스토롤 함량이 늘어났다. 콜레스토롤은 동맥 경화증과 심장병과 관련이 높은 만큼, 라면 유해론에 대한 시비를 불러일으켰다. 하지만 보다 더 큰 사회적 파동을 일으킨 사건은 1989

년에 공업용 쇠기름으로 사용했다는 혐의로 삼양 식품의 관련자가 구속된 '우지라면' 파동이었다. 1997년까지 8년여의 공방 끝에 대법원의 무죄 판결로 논란은 종결되었으나 라면 업계를 한 때 위축시켰다. 2005년에는 영국 식품표준청(FSA)이 방사선을 쬔 원료를 농심라면에 사용하고도 이를 포장지에 표기하지 않았다는 이유로 '식품 경보'를 발령하는 사태를 빚기도 하였다.

라면에 대한 유해성 측면은 크게 다섯 가지로 요약된다(김은남, 2005). 첫째, 영양 불균형을 꼽을 수 있다. 봉지 라면 1개의 열량이 450kcal 안팎인데 비해 탄수화물 65g, 단백질 9g, 지방 14g이다. 라면은 높은 열량에 비해 영양이 별로 없는 식품이다. 둘째, 라면 제조 시 사용되는 기름 문제이다. '우지라면' 파동 이후 라면 업체는 라면용 튀김 기름을 동물성 우지에서 식물성 팜유로 교체했으나 팜유 역시 몸에 해로운 포화 지방산을 50% 가량 함유하고 있다. 셋째, 라면에 다량 함유된 나트륨이다. 최근 3년간 시장에서 가장 많이 팔린 라면 11개를 대상으로 나트륨 함유량 조사를 한 서울환경연합은, 이들 라면 1개당 나트륨 평균 함량이 2,075mg에 달했다고 밝혔다. 이는 우리나라 1일 나트륨 섭취 기준치(3,500mg)의 59%에 해당한다. 그런데 한국의 나트륨 섭취 기준이 다른 나라에 비해 상당히 높게 책정되어 있음에 주목할 필요가 있다. 미국(1,500mg)이나 세계보건기구(1,968mg)기준을 놓고 본다면, 한국인들은 라면 한 개를 먹는 것만으로 이들의 1일 기준을 초과하는 나트륨을 섭취하게 된다. 넷째, 화학조미료 문제이다. 라면에는 화학조미료, 향료, 색소, 유화제, 안정제, 산화방지제 등을 포함한 각종 식품 첨가물이 함유되어 있다. 라면 봉지에 밝혀 있는 스프 성분에서 주목할 만한 것이 L-글루타민산나타륨이다. 이는 MSG로 잘 알려져 있는 화학조미료의 일종인데, 라면의 감칠맛을 좌우하는 성분이라 할 수 있다. 이를 다량 섭취할 경우, 두통, 무력감, 간경변, 지방간, 생리 이상 등을 유발할 수 있다고 한다. 다섯째, 라면은 당 지수가 높은 식품이다. 라면은 적은 양으로도 혈당치를 급상승시키면서 공복감을 해소시키는 대표적인 식품이며, 이를 지속적으로 섭취할 경우 당뇨,

비만이 오는 것은 물론 신체 혈당 관리 시스템을 약화시킨다.

라면은 저렴함으로 '가난'과 '역경'을 상징하고, 유해한 식품으로 인식됨에 따라 아래와 같이 밥과의 관계 속에서 다양한 사회적 의미를 생성시킨다. 즉, 밥이 정성이 깃들고, 영양이 풍부한 주식이라면, 라면은 간편하고 영양가가 많지 않은 간식에 해당된다. 그리고 음식 코드는 음식 외적 코드와 조우하게 된다. 즉 전자가 사회적으로 부, 제도, 정상을 상징한다면, 후자는 그와 대립된 가난, 비제도, 비정상을 의미한다고 볼 수 있다.

밥	라면
주식	간식
정성이 깃든	간편한
영양	불량
부	가난
제도	비제도
정상	비정상

4. 영화 속의 라면

기호로서의 음식은 실제 사회에서 뿐만 아니라 실제 사회의 단면을 극적으로 재현하는 영화에서도 기호로서 작용한다. 언어, 소리, 영상이 조합된 복합 기호 체계인 영화에서 음식은 기호 속의 기호인 셈이다. 그렇기 때문에 영화에서도 음식은 단순히 식욕을 충족시키는 물적 재료가 아니라 개인의 정체성, 인간관계, 사회적 삶을 드러내는 상징이다. 또한 영화 속의 음식은 종종 플롯의 전개나 관객의 수용에 중요한 역할을 수행하기도 한다(Loukides and Fuller, 1993; Ferry, 2003; Keller, 2006). 그렇다면, 영화 속의 라면은 어떤 의미를 전달하는가? 위에서 언급한대로, 밥과의 관계 속에서 비제도와 비정상을 나타내는가?

2001년에 상영된 〈봄날은 간다〉는 사운드 엔지니어 이상우(유지태 분)와 지방 방송국 라디오 PD이자 아나운서인 한은수(이영애 분)와의 사랑과 이별의 이야기이다. 치매에 걸린 할머니와 아버지, 고모와 함께 화목한 가정을 이루며 살아가는 상우는 낭만적 사랑의 서사를 추구한다. 그는 '영원한 사랑'과 '사랑=결혼'의 공식을 믿고 있다. 치매에 걸린 할머니가 사랑을 듬뿍 주던 당시 할아버지의 젊은 모습만을 기억하는 것을 보며, 상우는 고모에게 할아버지가 바람핀 이유에 대해 묻는다. "살다보면 그럴 수도 있는 거야."라는 고모의 대답을 상우는 이해하지 못한다. 한편, 이혼의 상처를 안고 있는 은수는 사랑은 적극적이며 자유롭게 하되 더 이상 결혼의 멍에를 지고 싶어 하지 않는다.

어느 겨울 날, 자연의 소리를 채집해두었다가 방송에서 틀어주는 은수는 그 일로 상우를 처음 만나고 함께 소리 채집 여행을 감으로써 그 둘은 급속히 가깝게 된다. 상우는 은수에게 상대적으로 많은 사랑을 주게 된다. 그는 은수에게 청혼을 하게 되는데 은수가 이를 거절하면서 둘의 관계는 삐걱거리게 된다. 상우가 점점 부담스러워 거리를 두는 은수에게 상우는 "어떻게 사랑이 변하니?"라고 묻지만 대답은 "헤어져"라는 단호한 말뿐이었다. 상우는 상처를 입고 배신감을 느끼며 방황하다 끝내 이별을 결심한다.

이 영화에서 라면은 영화의 전개 과정에서 하나의 전환점을 알려주는 중요한 단서를 제공한다. 어느 날 늦은 밤, 일을 마치고 은수 아파트까지 바래다준 상우에게 은수는 "라면 먹을래요?"하면 다가간다. 자신의 공간으로 초대한 은수는 상우와 하룻밤을 보낸다. 이처럼 일 관계에서 연인 관계로의 전환은 라면에서 출발한다. 이미 둘 사이의 관계가 불편해지기 시작한 어느 날, 은수의 아파트 앞에서 상우는 일이 있어 어디 좀 가야한다고 말한다. 은수는 "빨리 와서 라면이나 끓여"라고 하자, 상우는 "내가 라면으로 보여" 대꾸하며 마침내 화를 낸다. 여기서 라면은 둘 관계의 파국을 예고한다.

이만교의 소설을 영화화한 〈결혼은, 미친 짓이다〉(2002)는 결혼 적령기를 넘어가는 두 남녀의 애정과 결혼관을 통해 '결혼'이라는 이데올로기'의 단면을 드러낸다. 원작 작가는 말하기를, "너무 많은 사람들이 결혼에 대한 환상을 갖고 있다. 그래서 각자의 결혼 생활을 거짓으로라도 미화시키거나 편협한 도덕론으로 묶어놓기에 바쁘다. 특히, 경제적 손익계산표를 바탕으로 한 거래이면서도 마치 순수하게 사랑하는 척하는 위선이 젊은이들 사이에서 만연되고 있다. 그런데도 결혼이 아주 성스러운 것인 양 치장된다. 결혼에 대한 이러한 환상은 우리를, 도리어 억압하는 기제로 작용하는 게 아닐까(이만교, 2000: 282-83)."

여주인공 연희(엄정화 분)는 매우 현실적인 여자이다. 남주인공 준영(감우성 분)을 맞선에서 보자마자 그의 조건에 대해 묻고 실망한다. 결혼할 의지가 강한 연희는 한편으로 점점 사랑하게 되는 준영과 결혼을 하고 싶기도 하지만, 사랑보다 조건을 우선시하기에 의사와 결혼을 한다. 결혼에 대한 환상을 갖고 있지도 않다. 비록 사랑의 결실로 결혼을 하게 되더라도 결국 사랑이 결핍된 껍데기만 남는다는 것도 안다. 상투적인 결혼 생활에 충실하면 될 뿐, 사랑 없는 결혼은 물론 결혼 이후의 외도도 가능하다고 믿는다.

준영: 너가 결혼을 한다면 그건 일종의 범죄아냐…
너같은 스타일이 결혼하면 평생 신랑 하나만 바라보고 살 수 있을 것 같아?
그게 가능하다고 생각해?

연희: 난 자신 있어. 절대로 들키지 않을 자신.

준영: 이거 한 가지는 분명한 것 같아.
너나 나나 열두 살 이후로 누군가를 끊임없이 좋아했어. 그리고 사랑해왔어.
그런데 그 감성이 그 감각이 결혼하는 걸로 땡하고 끝날 것 같아.
그건 웃기는 얘기지.

연애지상주의자인 준영은 결혼 제도 자체에 대해 매우 회의적이다. 결혼은 단지 그의 사랑을 구속할 뿐이다. 그에게서 결혼과 사랑은 철저히 분리되어 있다. 결혼은 포기할 수 있어도 사랑은 포기할 수 없기 때문에 전자를 거부한다.

준영과 연희는 연희의 결혼 이후에도 만남을 지속한다. 연희가 마련해준 옥탑방에서 둘은 격주마다 하루는 마치 신혼부부처럼 달콤한 밀월을 즐긴다. 하지만 언제나 연희의 남편으로부터 전화가 걸려온다. 연희 남편에 대한 준영의 죄책감과 불안감이 깊어지면서, 그는 마침내 연희와 헤어지기를 결심하게 된다. 영화의 마지막 부분에서,

연희: 자기야, 지금 내가 뭐 만드는지 알아?

준영: 뭔데?

연희: 콩나물국에 콩나물 무침, 그리고 콩나물비빔밥!

준영: 난 라면이나 끓여 먹을란다.

연희: 콩나물비빔밥 싫어? 별미자나.

준영: 너한텐 별미지만, 난 별로야. 라면이나 끓여줘.

연희: 지금 반찬 투정하는 거야? 내가 이렇게 정성을 다해서 밥을 차리고 있는데?

준영: 그렇게 안해도 돼.

결국 준영은 연희가 마치 사랑하는 신랑에게 차려주는 것과 같은 밥 대신에 손수 라면을 사와 끓여 먹는다. 이내 둘은 식사를 마치지 못하고 헤어질 것을 다짐한다. 여기서 라면은 〈봄날은 간다〉에서처럼 연인 관계의 파국을 의미했다.

라면은 영화에서 단지 플롯의 구성에서 단계 전환의 단서로만 작용한 것은 아니다. 그것은 특정한 기의를 담고 있는 기표이기도 하다. 무엇보다도 라면은 가난과 삶의 고단함을 표상한다. 음식 영화 〈식객〉을 보면, 라면 전문점을 차리기 위해 맛있는 라면 개발에 여념이 없는 보조 요리사 우중거(김상호 분)가 나온다.

그가 맛본 최고의 라면은 군대에서 기압을 받은 후 선임 병장인 호성(정은표 분)이 끓여준 라면이었다. 그 맛을 되살리기 위해 호성에게 비결을 묻지만, 우중거는 결국 맛의 비결이 군대 생활 같은 인생의 고된 삶에 있음을 깨닫게 된다. 특히 호성은 우중거에게 면발이 꼬불꼬불한 이유에 대해 묻는다. 사실, 그 이유는 제조 과정에서 신속한 튀김과 수분 증발, 포장의 용이성 그리고 조리 시간의 단축을 위함이다(이지선, 2008; 최용민, 2010b). 그러나 우중거는 면발이 꼬불꼬불한 이유를 꼬이고 꼬인 인생이 들어있기 때문이라고 답한다.

위에서 언급하였듯이, 밥이 주식이고 정성이 깃든 음식이며 영양이 풍부하다면, 라면은 그 반대의 의미를 갖게 된다. 밥과 같은 주식이 안정적이고 지속적이며, 정상적인 사회적 관계나 제도라면, 라면은 불안정하고, 불안한 사회적 관계나 비제도적 차원으로 의미화 된다. 이는 영화 속에서 등장하는 라면을 통해서도 드러난다. 〈봄날은 간다〉에서 은수와 상우가 그녀의 아파트에 있을 때는 언제나 라면이 식사 메뉴로 등장한다. 오직 한번 예외가 있었다. 사랑은 하지만 결혼까지는 아니기에 힘들어 술이 취한 은수를 위해, 다음날 아침 상우는 밥과 함께 북어국을 끓여준다. 하지만 끝내 은수는 먹지 않는다. 마치 〈결혼은, 미친 짓이다〉에서 준영이 연희가 만들어준 콩나물비빔밥을 거부하고 라면을 먹는 것처럼. 밥, 북어국, 콩나물 비빔밥이 결혼을 통한 정상적인 가족 제도를 함축하는 기표라 한다면, 이 두 영화에서 라면은 불안정하며 제도적으로 허용하지 않는 관계를 표상한다. 그밖에도 영화 〈파송송 계란탁〉(2005)에서의 부자 관계나 〈우아한 세계〉(2007)에서의 기러기 아빠 역시 불안정하고 정상적이라 보기 어려운 가족 관계를 라면이 표상한다.

5. 라면의 변신은 무죄?

90년대 중반 이후부터 라면 시장에 새로운 바람이 불기 시작하였다. 첫 신호탄이 기존 라면 5개사 중에서 시장 점유율이 가장 열세인 빙그레로부터 터졌다. 빙

그레는 새로운 제품 개발을 위해 기존 라면에 대한 소비자 불만 요인을 조사한 결과, 라면에 화학 조미료가 많은 점, 느끼하고 뒷맛이 개운치 않으며, 영양이 결핍되어 있는 점을 소비자들의 가장 큰 불만요인으로 추출했다. 이 점을 감안해 '화학조미료가 첨가되지 않은 맛있는 건강 천연라면'이라는 새로운 제품을 출시하였다. 이 제품의 이름은 광고 문구처럼 라면이 아니라 '뉴면'이었다. 뉴면은 당해 연도 판매 목표인 1백20억 원을 달성하였을 뿐만 아니라 5백원대 봉지면 시장의 시장점유율 1위 차지하였다(정재석, 1997). 이처럼 라면 시장에 웰빙 바람이 들어오면 뉴면 이후에 건면과 생면 등 웰빙형 신제품이 개발되었다(김언경, 2008). 농심은 오곡으로 빚어 성장기 어린이 필수 영양분을 모두 담고 튀기지 않는 어린이 전용라면 '아낌없이 담은 라면'을 출시하기도 하였다(김정배, 2009)

라면의 새바람은 웰빙뿐만이 아니었다. 라면 종류의 세분화가 급속히 진행되어 냉라면, 비빔면, 메밀면, 설렁탕면, 쌀라면 등 라면의 종류가 150여 가지에 이른다. 심지어 라면은 우주 식품으로도 인정받았다. 수증기가 생기면 전자 기계에 문제가 발생할 수 있기 때문에 물을 끓일 수 없는 우주선 내에서 우주 라면은 낮은 온도에서도 잘 익을 수 있도록 개발되었다. 아울러 식사 도중 국물이 우주선 안으로 흩날리지 않도록 국물 흡수와 압력 평형 기능을 갖춘 전통 발효식품 포장용기도 개발되었다.

이와 같은 라면의 진화와 함께 라면 요리가 탄생하였다. 라면 마니아를 중심으로 규격화된 라면을 좀 더 맛있고 다양하게 먹는 방법들이 개발되기 시작하였다. 사실 라면 그 자체가 아니라 라면을 부대찌개와 같은 전골 요리에 추가하는 보조 재료로 활용한 적은 오래되었다. 1995년 삼양식품은 전골 전용으로 분말스프 없는 「사리면」을 출시하기도 하였다. 그러나 이는 단지 라면을 보조 재료로서 이용했을 뿐이지 라면 그 자체가 주요 재료로 사용된 요리는 아니었다. 정확히는 알 수 없으나 1990년대 중후반부터 소수 마니아들은 라면을 이용한 다양한 메뉴들을 개발하였다.

2005년에는 다양한 라면 요리법을 소개하는 단행본 『라면』이 출간되었다. 저자인 정지애는 라면 메뉴를 크게 '+알파 라면', '일품 메뉴', '간식 메뉴', '신세대 퓨전 메뉴' 등 4개의 범주로 나누어 소개하였다. '+알파 라면'에는 '분식집 라면', '치즈라면', '떡라면과 만두라면', '된장라면', '짬뽕라면' 등 비교적 우리에게 익숙한 라면 등이 소개되었고, '일품 메뉴'에는 '베이컨볶음 라면', '카레를 넣은 라면그라탕', '토마토소스라면', '치킨라면', '라면콘비프해시' 등 낯선 라면 요리를 다루었다. 간식 메뉴에는 '라면 강정', '궁중 떡라면 볶음', '별사탕라면땅', '라면 빼빼로' 등이 있었고, 신세대 퓨전 메뉴에는 '라면 미네스트로네', '단호박크림 라면', '라면 양배추말이', '감자컵라면 베이컨 그라탕' 등이 있었다. 특화된 라면 메뉴를 개발하여 '틈새라면'과 같은 체인점이 등장하게 된 것도 주목할 만하다. 83년부터 명동에서 분식집을 시작한 김복현 사장은 국물에 고춧가루를 푼 매콤하고 시원한 맛의 해장 라면 전문점을 열었다. 이후 틈새라면의 메인 메뉴로 등극한 이 라면은 '빨계떡'이라고 불리며 선풍적인 인기를 끌었으며, 틈새라면은 120여개 가맹점을 거느린 프랜차이즈 기업으로 성장하였다(이지선, 2008).

이처럼 다양한 메뉴 개발에 의한 라면 요리가 뜻하는 바는 라면을 더 이상 '간편'하고 '규격화된' 음식으로 간주하기 어렵다는 것이다. 라면 요리도 여타의 요리 과정에 들어가는 정성을 요구한다. 특히 라면은 빨리 붇는 단점이 있기 때문에 특별한 요령이 요구된다. 예컨대, "차가운 요리에 사용할 면은 삶아 건진 후 바로 찬물에 헹구고, 뜨거운 국물 요리에 사용할 면은 꼬들꼬들하게 삶아 체로 건져둔다. 남은 열로 인해 면이 붇는 것을 감안해서 평소보다 덜 삶는 것이 요령이다. 면을 볶아야 할 경우에는 삶는 물에서 건져 바로 볶는 것이 가장 이상적이다"(정지애, 2005: 66).

'건강'과 '영양'을 증진시키기 위한 라면의 변신, 다양한 메뉴의 개발과 '정성'이 담긴 라면 요리의 탄생은 그동안 라면을 의미화 했던 이항대립적 코드를 서서히 내파시키고 있다. 소쉬르의 이항 대립 도식은 닫혀진 체계이자, 명확한 의미를 전달하기 위해서 코드 내 경계가 절대적이어야 한다. 근대성의 의미체계 구조가 그러한 성격을 지닌 반면에, 탈근대성 혹은 후기 근대성은 그 구조가 구축한 경계를 무너뜨리는 특징이 있다. 경계가 무너진다는 것은 무엇을 의미하는 것일까? 다소 길지만 이어령의 통찰력을 인용해보자.

> 속과 성, 여느날 과 축제날—이것은 개인이나 사회에 있어 생존의 리듬을 결정짓는 두 바퀴이다. 우리들의 삶이란 성과 속의 두 바퀴로 굴러가는 수레에 지나지 않는다. 그것이 바로 문화란 것이다. 그리고 그 성·속의 두 경계선을 그어주는 것이 밥과 떡이다. 즉 주식과 별식의 대립구조이다. 그런데 라면은 어디에 속하는 음식인가. 라면은 엄격한 의미에서 밥과 떡의 문지방 위에 놓여 있는 경계 침범의 식품이라고 할 수 있다.…성과 속의 문화가 뒤범벅이 된 현대사회, 의외성에서 새 감각을 찾는 미스 매치의 잡종변태, 그 바람이 우리에게도 벌써 일고 있는 것이다(이어령, 1986: 58-59).

이미 오래 전에 밥과 떡의 대립 구도 속에서 처음부터 라면을 경계 침범 식품으로 규명한 점은 필자의 시도와 다르긴 하지만, 라면의 역치성이 현대 사회를 표상하는 바에 대해서는 전적으로 공감한다. 성과 속의 경계의 무너짐이 서서히 현대사회의 문화적 풍경으로 형성되어가고 있는 것이 아닐까? 만약 그렇게 된다면, 〈봄날은 간다〉, 〈결혼은, 미친 짓이다〉, 〈우아한 세계〉에서 나타난 라면의 기표는 '탈일상성', '비제도', '비정상'의 기의를 상실하게 되면서, 앞으로 있을 유사한 시나리오의 영화에서 더 이상 라면은 출현하지 않을 지도 모른다.

〈참고문헌〉

강희오. 1996. “라면산업의 현황과 전망,” 『식품기술』 9 (3): 57-76.

김광억. 1994. “음식의 생산과 문화의 소비: 총론.” 『한국문화인류학』 26: 7-50.

김상보. 2004. 『한국의 음식생활문화사』. 광문각.

김은남. 2005. “속모를 먹거리 라면의 비밀.” 『시사저널』 7월 19일. pp.38-42.

김정배. 2009. “리면: 지난해 매출 1조 7천억 전년비 13% 성장.” 『식품저널』 139: 56-57.

김종덕. 2008. “식량(음식)의 탈정치화와 음식문맹.” 한국환경사회학회 추계학술대회 발표집. pp.36-46.

김훈. 2007. 『너는 어느 쪽이냐고 묻는 말에 대하여』. 생각하는나무.

박상미. 2003. “맛과 취향의 정체성과 경계 넘기.” 『현상과인식』 가을: 54-70.

박해광 · 송유미. 2007. “문화적 정체성과 전통: 광주 사례를 중심으로.” 『문화와 사회』 3: 65-122.

부르디외(Pierre Bourdieu). 1995. 『구별짓기: 문화와 취향의 사회학 上』. 새물결.

비워즈워스 · 케일(Beardsworth, Aland · Keil, Teresa). 2010. 『메뉴의 사회학』. 박형신 · 정헌주 옮김. 한울.

안도현. 2002. 『사람』. 이레.

알렉산더(Alexander, Jeffrey). 2007. 『사회적 삶의 의미: 문화사회학』. 박선웅 옮김. 한울.

우득정. 2012. “라면.” 『서울신문』. 3월 30일.

윤명희. 2009. “이미지음식의 소비와 커뮤니티의 창조.” 『문화와 사회』 6: 205-234.

윤호우. 2004. “라면 ‘신화’는 끝나지 않았다.” 『경향신문』. 1월 10일.

이경. 2004. “근대 소설과 음식의 기호학.” 『현상과인식』 봄/여름: 134-161.

이문열. 1998. 『변경 7』. 문학과지성사.

이어령. 1986. 『신한국인』. 문학과지성사.

이윤주. 2010. “한국인의 정체성을 드러내는 맛.” 『주간한국』. 6월 30일.

이지선. 2008. “꼬불꼬불 면발에 얽힌 얼큰한 사회학 ‘라면’.” 『경향신문』. 7월 2일.

이호. 2006. “오랜 침묵 깬 전중윤 삼양식품 회장.” 『이코노미스트』 832: 12-15.

장미혜. 2001. “문화자본과 소비양식의 차이.” 『한국사회학』 35 (3): 51-81.

장지. 1999. 『한국전래 면류음식사 연구』. 수학사.

정재석. 1997. "철저한 소비자 조사로 차별화된 새로운 라면 시장 창출." 『광고정보』 4:48-50.

정지애. 2005. 『라면』. 김영사.

주영하. 1994. 『김치, 한국인의 먹거리-김치의 문화인류학』. 공간.

주영하. 2000. 『음식전쟁, 문화전쟁』. 사계절

최용민. 2010a. "원조부터 비운의 스타까지-라면 열전." 『아시아경제』. 2월 15일.

최용민. 2010b. "라면에 대한 오해와 진실." 『아시아경제』. 3월 15일.

한경구. 1994. "어떤 음식은 생각하기에 좋다: 김치와 한국민족성의 정수." 『한국문화인류학』 26: 51-68.

허미영. 2005. "유기농산물 소비분화의 딜레마." 한국사회학회 전기학술대회 발표집. pp. 401-410.

황익주. 1994. "향토음식 소비의 사회문화적 의미: 춘천닭갈비의 사례." 『한국문화인류학』 26: 69-93.

Ashley, B., Hollows, J., Jones, S. and Tayler, B. 2004. *Food and Cultural Studies*. London: Routledge.

Douglas, M. 1975. "Deciphering a Meal," *Daedalus* 101: 61-81.

Falk, P. 1991. "The Sweetness of Forbidden Fruit: Towards an Anthropology of Taste," in E. L. Furst, R. Rattala, M. Ekstrom, L. Holm, an U. Kjaemes(eds.). *Palatabe Worlds: Sociocultural Food Studies*. Oslo: Solum Forlag.

Ferry, J. 2003. *Food in Film: A Culinary Performance of Communication*. London: Routledge.

Fischler, C. 1988. "Food, Self and Identity," *Social Science Information* 27 (2): 275-292

Goody, J. 1982. *Cooking, Cuisine and Class: A Study in Comparative Sociology*. Cambridge: Cambridge University Press.

Keller, J. R. 2006. *Food, Film and Culture*. Jefferson, North Carolina: McFarland & Company, Inc., Publishers.

Levi-Strauss, C. 1964. *The Raw and the Cooked*. London: Jonathan Cape.

Loukides, P. and Fuller, L. (eds.). 1993. *Beyond the Stars: The Material World in American Popular Film*. Bowling Green: Bowling Green State University Popular Press.

Mauss, M. 1989. *The Gift: The Form and Reason for Exchange in Archaic Societies*. London: Routledge.

Radcliffe-Brown, A. R. 1922. *The Andaman Islanders*. Cambridge: Cambridge University Press.

Richards, A. I. 1932. *Hunger and Work in a Savage Tribe*. London: Routledge & Kegan Paul.

Sahlins, M. 1976. *Culture and Practical Reason*. Chicago: University of Chicago Press.

Saussure, F. 1959. *Course in General Linguistics*. New York: McGraw-Hill.

Watson, J. I. 1987. "From the Common Pot: Feasting with Equals in Chinese Society," *Anthropos* 82: 389-401.

Warde, A. 1997. *Consumption, Food and Taste*. London: Sage.

색인

(ㄹ)

(ㅁ)

(ㅂ)

(ㅅ)

(ㅇ)

(ㅈ)

(ㅊ)

(ㅋ)

(ㅌ)

(ㅍ)

(ㅎ)

(A)

(B)

(C)

(H)

(K)

(L)

(P)

(R)

(S)

(W)

(Z)

(숫자)

저자 소개

◉ 이수안 (李受晏)

독일 프랑크푸르트대학교 사회학 박사. 성신여대 대학원 여성학과 교수 역임. 현재 이화여자대학교 이화인문과학원 교수. 대표 저서 『이미지 문화사회학』(2012, 북코리아).

◉ 김광기 (金光基)

미국 보스턴대학 사회학 박사. 경북대학교 일반사회교육과 교수. 대표 저서 『Order and Agency in Modernity: Talcott Parsons, Erving Goffman, and Harold Garfinkel』(2002, SUNY Press).

◉ 김무경 (金武慶)

프랑스 파리 V대학 사회학 박사. 서강대학교 사회학과 교수. 저서로는 『자연회귀의 사회학』(2007, 살림)이 있음.

◉ 김홍중 (金弘中)

파리사회과학고등연구원(E.H.E.S.S.) 언어과학 박사. 현재 서울대 사회학과 교수. 계간 〈문학동네〉 편집위원. 저서로 『마음의 사회학』(2009)이 있음.

◉ 박선웅 (朴善雄)

미국 UCLA 사회학 박사. 현재 한국교원대학교 일반사회교육과 교수. 대표 저서(공저) 『상징에서 동원으로: 1980년대 민주화운동의 문화적 동학』(2007, 이학사). 역서 『사회적 삶의 의미: 문화사회학』(2007, 한울).

◉ 박소진 (朴昭珍)

미국 일리노이대학 문화인류학 박사. 현재 연세대학교 사회발전연구소 전문연구원, 연세대학교, 이화여자대학교 강사. 최근 논문 「한국 사회 문화 재인식과 세계 속 자기 정체성 찾기 : 대학생 단기 해외연수 동기와 경험」(2010, Comparative Korean Studies 18(1): 217-262).

◉ 윤명희 (尹明姬)

부산대학교 사회학 박사. 국가청소년위원회 전문위원 역임. 현재 한림대학교 사회조사연구소 연구교수. 대표논문 "네트워크시대 하위문화의 애매한 경계, 그리고 흐름"(2010), "이동하는 세계에서 관광-하기"(2012) 등.

◉ 전상인 (全相仁)

미국 브라운대학 사회학 박사. 한림대 사회학과 교수 역임. 현재 서울대학교 환경대학원 교수. 대표 저서 『아파트에 미치다 - 현대한국의 주거사회학』(2009, 이숲).

◉ 최종렬 (崔鍾烈)

미국 네바다대학 사회학 박사. 계명대학교 사회학과 교수. 대표 저서 『사회학의 문화적 전환』(2009, 살림)

이 책의 내용 중 이미 학술지에 발표된 논문을 책의 형식에 맞추어 수정하고 재구성한 글이 포함되어 있으므로 그 출처와 논문 제목을 아래와 같이 밝힙니다.

제1편 | 미디어스케이프와 모바일 성찰성 김홍중
『문화와 사회』 통권 10호(2011년). 「미디어스케이프와 모바일 성찰성」

제2편 | 배달의 사회학 최종렬
『문화와 사회』 통권 10호(2011년). 「배달의 현상학과 상호 작용 의례 : 2011년, 한국사회의 문화풍경」

제3편 | 찜질방 : 숨은 광장? 김무경
『문화와 사회』 통권 10호(2011년). 「찜질방 : 숨은 광장?」

제4편 | 혼종공간으로서 카페와 유목민의 문화풍경 이수안
『문화와 사회』 통권 10호(2011년). 「혼종공간으로서 카페와 유목민의 문화풍경」

제5편 | 자기표현과 전시 : 대학생의 노래방 체험 박소진
『문화와 사회』 통권 13호(2012년). 「대학생의 노래방 체험 : 자기표현과 전시」

제6편 | 네트워크 풍경, PC방으로 연결되다 윤명희
『문화와 사회』 통권 10호(2011년). 「PC방의 네트워크 일상풍경」

제8편 | 라면의 사회학 김광기
『사회이론』 통권 38호(2010년 가을/겨울). 「우리 안의 라면, 라면 속의 한국 : 라면, 한국적 근대성의 진수를 엿볼 수 있는 하나의 창」

이 도서는 2009년도 정부재원(교육과학기술부 인문사회연구역량강화사업비)으로 한국연구재단의 지원을 받아 연구되었음(NRF-2009-328-B00038)

도서출판
그린

한국사회의 문화풍경

초판 1쇄 ▶ 2013년 1월 15일
초판 2쇄 ▶ 2015년 3월 25일
저　자 ▶ 이수안, 김광기, 김무경, 김홍중, 박선웅, 박소진, 윤명희, 전상인, 최종렬
발행처 ▶ 도서출판 그린
발행인 ▶ 윤 덕 우
출판등록 ▶ 제8-161호(1995. 5. 3.)
주소 ▶ 서울시 서대문구 연희로5길 50 (우)03716
전화 ▶ 02)333-2574, 2575
Fax ▶ 02)333-2561
E-mail ▶ greenpress@greenpress.co.kr
Homepage ▶ http://www.greenpress.co.kr

Green Pub.

정가 : 16,000원
ISBN : 978-89-5727-191-9 (93310)